朝日新聞
編

日本の百年企業

朝日新聞出版

はじめに

日本には、創業から100年を超える企業が2万社以上あるといわれるのをご存知でしたか？　300年以上の企業も400を数えるそうです。

こうした企業には、信用を重んじる社訓や社是があり、時代に流されず、経済環境の変化に果敢に立ち向かっていった経営者がいます。幾度もの経営危機を乗り越えなければ、歴史を刻むことはできなかったでしょう。

今、あらゆる分野でグローバル化が進んでいます。どんな企業も世界経済の動向とは無縁ではいられません。2008年9月のリーマン・ブラザーズの破綻を機に広がった世界的な金融危機はいまだ克服できたとはいえず、不透明な経済環境の中で、多くの企業が日々、対応に追われています。

まさに「百年に一度の危機」といわれる時代だからこそ、地域に根付き、地元に愛され続けてきた老舗から学ぶものは多いのではないか——。朝日新聞社が「百年企業」をキーワードに、各地の長寿企業への取材を始めた背景には、そんな問題意識がありました。

取材は「老舗の長寿の秘訣はどこにあるのか」を共通テーマに、社訓や家訓、社是をひもとき、経営者に会い、歴史や息づかいをたどる作業となりました。そこには、優れた技術を生み出したエピソードがあり、独特のノウハウを培った社風があり、倒産の危機を乗り越えた人間ドラマがありました。

もちろん、単に長い歴史が未来を保証するわけではありません。リーマン・ブラザーズも前身時代を含めると160年近い歴史を誇っていました。しかし、それゆえに、多くの難問を解決してきた老舗企業の歩みには、明日のビジネスを考えるヒントが詰まっていると思います。

朝日新聞の各地域面で連載を始めたのは2010年4月です（一部地域は3月に開始）。半年ほどで、取り上げた企業は全国で100社を超えました。ただ、それぞれの地域での掲載だったため、多くの読者から「他の地域の老舗企業の話も読みたい」という声が寄せられ、本書の出版に至りました。

取材にあたっては、帝国データバンクの資料を一部参考にさせていただき、終章に同社産業調査部より百年企業分析の一文を寄せていただきました。また、肩書や年齢等は原則的に紙面掲載時のままとしました。快く取材に応じていただいた企業の皆さまに改めて厚くお礼を申し上げます。

朝日新聞東京本社編成局長補佐　市村友一

日本の百年企業　目次

第10章　四国地区「暖簾を破れ」……323

装幀　間村俊一

序章

今、老舗から何を学ぶべきか

なぜ、今、老舗が注目されるのか

２００８年に起きた世界金融危機後、短期的な利益、目先の利益を優先する企業行動への批判と反省が相次いだ。同時に、経営者や市場関係者には、より中長期的な視点、企業が果たす社会的役割を重視する日本的経営を改めて見直すべきではないか、という議論が広がった。企業は誰のモノか。高度な金融技術の発達から生じた株主至上主義への反省であり、地域、従業員、取引先との関係も重視するべきだという視点だ。

日本は世界でも類をみない「老舗大国」。日本人の勤勉さや手先の器用さから生まれた技術が、息の長い商いを育んだといえる。ただ、それよりも、老舗は目先の利、自らの利だけを追わずに、社会とともに生き、生かされてきた。近江商人に伝わった「売り手よし、買い手よし、世間よし」、いわゆる「三方よし」の教えは現代にも通じる。

世界最古の企業とされるのが、大阪・四天王寺のお抱えの宮大工として、歴史を刻んできた金剛組だ。聖徳太子に招かれて百済《くだら》から渡来した工匠が始祖というから、歴史はざっと１４００年に上る。

帝国データバンクによると、創業・設立から１００年超の企業は金剛組を頂点に２万社を数える。先行きの見通せない経済情勢の中で、老舗から学ぶべきものは何か。

ここに収録された百年企業は、少なくとも昭和恐慌、第２次世界大戦、ニクソン・ショック、２度にわたる石油危機、バブル経済の崩壊、そして今回の世界金融危機を含む激動の近・現代を生き抜いた企業である。さらに、阪神・淡路大震災などの天災によって打撃を受けた老舗もある。その強靱な生命力の根源には何があるのか。

改めて記事を読み直すと、それぞれの老舗に幾つかの共通点を見いだすことができる。

一つは、絶えず時代の流れを見据え、変革を恐れないことだ。例えば、1895年創業の愛媛県松山市の水口酒造の社訓は「暖簾《のれん》を守るな、暖簾を破れ」。1930年に製氷業を、1996年にはビール製造を始めた。消費者の「日本酒離れ」を補完する事業の柱を育てようという挑戦だ。福島県郡山市で味噌《みそ》などを造る宝来屋本店の社員がもつ手帳には「老舗とは、変化し得るものだけが生き残れる」とある。

石川県金沢市にある麩《ふ》専門店の加賀麩不室屋は150年近く続く。長く料亭や市場への卸売りが中心だったが、40年ほど前に家業を継いだ先代が観光客向けの麩を開発、麩料理の専門店も開設して業績を伸ばした。先代の「伝統とは革新の連続」という言葉は今も新鮮だ。

二つ目は、創意工夫によって新たな顧客開拓に余念がないという点だ。新たな試みは、本業との関連が深く、既存の経営資源を有効に活用するという手堅い手法だ。熊本県山鹿《やまが》市の栗川商店は1889年から続く、柿渋を塗った和紙を使う「来民《くたみ》渋うちわ」の老舗だ。扇風機、クーラー、安価なプラスチック製うちわに市場を奪われた。そこで、贈答用うちわとして新たな市場を開拓、海外にも販路を広げようとしている。200年近く続く新潟県燕《つばめ》市にある銅器製造の玉川《ぎょくせん》堂は、法人向け営業から百貨店などでの対面販売にシフトした。結果、流通コストを抑えることにも成功。ほかに、ネット通販で実績を上げている老舗も少なくない。

最後に、顧客との厚い信頼関係だ。長野市の八幡屋礒五郎《やわたやいそごろう》は江戸中期から七味唐辛子を販売する。当主が父から伝えられたのは「お客さんが袋の大きさで迷っていたら、小さい袋を勧めなさい」という教え。小分けして購入したほうが新鮮な風味を楽しめる。目先の利益ではなく、顧客との長い信頼関係を築け、という経営哲学だ。京都に110余年続く計量機器のイシダも「重さの異なるピーマンを自動的に選別して一定の重さに袋詰めする機械を開発してほしい」という顧客からの難しい注文から、ヒット商品を生み出した。

収載された企業ではないが、二度、廃業の危機に追い込まれながらも、顧客の声援を頼りに、かつての従業員が退職金を持ち寄って、再建を目指す老舗が神戸にある。菊水總本店は、南北朝時代の武将、楠木正成をまつる湊川神社前にある。幕末の開港から発展、歴史の浅い神戸には名産品が少なく、菊水の「瓦せんべい」は貴重な一品だった。

明治期の神社創建時に、地域の人々が寄進した瓦にちなんで売り出された。神戸港に入る小麦粉と砂糖を原料に焼いたせんべい。1981年のポートピア博覧会時には、生産が追いつかないほどの売れ行きで、最盛期には百貨店を中心に十数店舗を構えた。

それでも、和菓子離れや観光客の減少から、2006年に経営危機に陥った。「神戸」という都市のイメージからは洋菓子のほうが好まれた。さまざまな商品開発を試みたが、瓦せんべいに代わる次の柱を見いだせなかった。また、6代目社長には後継者がいなかった。

6代目は、同じ神戸・新開地で創業、大学の同窓が会長を務めるUCC上島珈琲に支援を求めた。UCC傘下ではいくつかの経営改善策が施された。本店の改装、営業車の導入、事務処理のデジタル化も進んだ。当時、社会問題化していた品質管理、賞味期限などへの対応も終えた。だが、販売網を強化しても、瓦せんべいは神戸でしか売れず、次のヒット商品を生み出すことができなかった。結果、2009年暮れには廃業が決まった。

ただ、本店の店長だった堀木利則さんらには、顧客から存続を望む声が寄せられた。堀木さんらベテランの再就職も難しく、工場長ら数人が退職金などから計600万円を持ち寄り、事業を継承、営業を再開した。ただ、廃業時の6店舗は本店をのぞいて閉めた。規模縮小からの再々スタートだが、半年が過ぎて、徐々に顧客も戻りつつある。瓦せんべいの改良にも取り組むようになった。代表の堀木氏は「二度の危機を経て、神戸の街に生かされているということを身に染みて感じた」と言う。これも老舗の生きざまの一つなのだろう。

事業継承の難しさ——「2012年問題」

だが、経済のグローバル化はかつてない試練を老舗企業に強いている。老舗企業の大半は中堅・中小企業が占める。しかも、地域密着型が多く、国内市場は少子化で縮小傾向にあり、デフレ脱却の道筋も見えない。グローバル化の進展は新興国からの安価な輸入品の増加を招き、取引先からの値下げ圧力は高まるばかりだ。円高の進展から生産拠点の海外移転を考える製造業も少なくない。

『中小企業白書』(2010年版)で、「会社企業」と「個人企業」の開業率、廃業率を比較すると、04~06年では、会社企業は開業率5・6%、廃業率5・5%と差はないが、個人企業では、4・8％と6・6％となり、廃業率が開業率を大きく上回る。しかも、廃業率は上昇傾向にあり、99〜01年の7・1％をピークに高どまりしたままだ。

一方、中堅・中小企業によるM＆Aが活発化しつつある。過去20年間に、約700件のM＆Aを手がけた日本M＆Aセンター（東京、東証1部）の2010年第2四半期（7〜9月）の成約件数は過去最高の44件。通期でも、過去最高だった08年度、09年度の122件を突破する勢いだという。

背景には、自ら起業、あるいは家業を継承した団塊の世代がそろそろ事業継承の時期を迎えるという事情がある。業界では「2012年問題」と呼ばれ、株式譲渡、事業譲渡が急増すると見られている。日本M＆Aセンターの三宅卓社長は「国内市場が拡大していれば、毎朝、早起きして、店の前を掃除する生真面目さがあれば、中堅・中小企業もなんとかやっていけた。でも、もうそういう時代ではない」と言う。

しかも、中堅・中小企業の半数には後継者がいないという。仮に後継者となる候補がいて、既に幹部候補生として一緒に仕事をしていたとしても、不透明な先行きを考えれば「継がせる不幸」というのもある。さらに、子どもがサラリーマンとして働いていれば、中堅社員として働き盛りの時期にある。その職を捨てて家業を継がせるかどうか。家業を継ぐということは、資産と同時に負債も背負い込むことになる。経営者だけの意志、判断だけでは難しい。

また、有能な社員がいたとしても、株式を引き受ける経済的な余裕があるかどうか。今の経営者が自宅を売却して借入金を清算できればいいが、そういう資産が潤沢な事例は少ない。そこで、退任を間近に控えた団塊の世代が考えるのは、雇用を維持でき、取引先との関係も損なう恐れの少ない株式譲渡、事業譲渡だという。

では、この厳しい経済情勢の下、引き受け手は見つかるのだろうか。三宅社長は「現状のままでは生き残れない」と考える危機意識は業績堅調な企業も同じだという。今のうちに、自らの事業を補い、中長期的な戦略を見直そうという思惑が働いている。M&Aの対象は、相乗効果の期待できる隣接業種、川下と川上業種の組み合わせが目立つ。

M&Aの仲介を生業にする彼らの目には老舗企業はどう映るのだろうか。

「相談に来る老舗企業の経営状態は厳しいところが多い」と三宅社長。分厚い資産で赤字を埋め、何とか生き延びているところが多い。成長戦略を語る経営者は少ない。そうした老舗には、改めて5年後の事業計画を立案してもらう。冷静に事業を見極め、将来性がなければ決断を促す。借入金を返済して、まだ資産が残るようであれば、早期の清算を勧め、そうでなければ事業譲渡を勧める。

規模の大小を問わず、企業の使命は発展的な事業の継続だ。さらに、老舗は貴重な技術、歴史の伝承者でもあり、地域の雇用を支える社会的な存在でもある。過去、さまざまな苦境を克服してきた老舗、中堅・中小企業のうち、どれほどの企業が、今の苦境を乗り越え、新たな歴史を刻むことができるのか。

それには、事業継承の重要性を改めて思い知らされる。著作『ビジョナリー・カンパニー』で知られる経営学者のジェームズ・C・コリンズ氏は近著『ビジョナリー・カンパニー3　衰退の五段階』で、「一人の指導者が独力で永続する偉大な企業を築くことはできないが、間違った指導者が権力を握った場合、ほぼ一人の力で会社を没落させることができる」と指摘している。

本書に登場する多くの経営者が「変革の必要性」を唱える。ただ、変革は「拡大」ではない。過去、企業の盛衰を見ると、規律なき拡大から衰退を招いた事例は少なくない。コリンズ氏も衰退の第2段階に「規律なき拡大路線」を挙げる。

世界最古の企業、金剛組も1990年代、不慣れなマンション建築に進出し、経営危機に陥った。今では中堅ゼネコンの高松建設の支援を得て再建中だ。老舗から学ぶものには負の教訓もある。

変革もさまざま。いかに時代を見据えた企業に変革できるか。それを成し遂げ、初めて老舗と呼ばれる息の長い商いが可能になる。

朝日新聞編集委員　多賀谷克彦

第1章

北海道地区

「うそをつかない」

（碓氷勝三郎商店）

五島軒

ひと抱えもある大釜いっぱいの黄色いルーに果物をすりつぶしたペーストが流し込まれ、ゆっくりとかき回される。近くの大釜では、熱湯の中で具材の鴨肉がゆで上がる。

「タマネギなどは時期によって甘みが違う。味が変わらないように食材を考えながら作ります」と製造部長の川渕則夫さん（60）は言う。

老舗洋食店の看板商品・レトルトカレーを作る北斗市の工場では、早朝からカレーの香りが立ちこめる。大釜一つで1200袋分。観光客が増える夏から秋はフル稼働だ。

量り売りで培われたノウハウ

1879（明治12）年、初代若山惣太郎氏が函館市内でパン屋を開業したのが始まり。長崎県五島列島出身の五島英吉氏を料理長に招き、ロシア料理とパン、ケーキの店も開業した。店名はここに由来する。

洋食文化が芽生えた函館で好まれたフランス料理に、その後切り替えた。1886（明治19）

五島軒

本社所在地
函館市
主な事業内容
飲食店経営・物菜等製造販売
創業年
1879年
売上高
14億8500万円
（10年6月期）
従業員数
130人（パート含む）

年ごろの新聞広告には「食室取広げの御披露」「牛鶏肉をも最良品を選び売捌《うりさばく》」などの文字が躍り、繁盛ぶりがうかがえる。大正末期から昭和初期は市内の造船会社や百貨店に食堂をつくるなど、商売の幅を広げた。

戦時中は西洋料理というだけで、警察から一時営業行為を禁止されたことも。20代だった３代目若山徳次郎さんは、警察にこう掛け合って禁止を解かせたという。「あなたが履いているもの、着ているものは何ですか。洋食だからいかんというなら、あなたはかみしもを着るか、裸で歩くべきだ」。終戦から5年間、店は進駐軍に接収され、仮店舗の営業を余儀なくされた。コロッケやキャンディーなどに加え、カレーも量り売りした。「このときに店舗販売のノウハウが培われた」と若山直《なお》社長(65)。

レストラン「雪河亭」に立つ若山直社長

五島軒の名前を全国に知らしめたのは１９８９年、天皇ご夫妻が函館を訪れた時だ。同店での昼食に、２代目が帝国ホテルで修業中に会得した味をアレンジした「リッチ合鴨カレー」が、コース料理の一品として登場した。その2年前から生産を始めた缶詰カレーは90年代に入ると増産が続き、１９９2年にはレトルトも売り出した。函館みやげの定番となり、三越や高島屋など東京の大手百貨店にも販路を広げた。

130年余の歴史で、店は函館大火などで過去5回にわたって被災している。

2002年9月夜、隣の空き家からのもらい火で火災が起きた。けが人はなかったが、消火活動で天井に穴があいた。水浸しになった店にたたずむ直さんに、すでに経営から退いていた徳次郎さんが声をかけた。「よかったじゃないか。前の4回に比べると今回が一番軽い」。店のシンボルだった約120年前のステンドグラスも破損するなどしたが、「父の言葉にはずいぶん励まされた」と直さんは振り返る。

五島軒に特別な思い入れのある人もいる。徳次郎さんと親交があった開業医で、函館日仏協会名誉会長の関口昭平さん(81)は、姉2人と自分のきょうだい3人が五島軒で結婚式を挙げた。関口さんの3人の子どもも、披露宴は五島軒だ。「小さいころはなかなか行けない場所だった。単なるレストランではなく、函館の歴史や文化を感じさせる場所ですね」

新たな商品への取り組みも続く。130周年を記念して2009年に売り出した「海鮮カレー」は、エビ、ホタテ、カニなどの具とルーを別にしたレトルト商品。一緒に煮込むと海産物の臭みが出るためだ。コストはかかるが、味を追求した。

翌年7月には、五稜郭に箱館奉行所が復元されたのに合わせて鴨肉を使った「箱館奉行所カレー」を発売。函館や近郊の菓子メーカーと「函館スイーツの会」を結成し、キャラメル味のあんが洋風の甘みを醸し出す「箱館奉行所最中《もなか》」も売り出した。

若山社長は言う。「現状維持で守りに入るのではなく、今後は食材の物語や昔の味の再現など、函館の歴史や文化の発信もしていきたい」

（芳垣文子）

ほんま

本社所在地
札幌市豊平区
主な事業内容
菓子製造販売
創業年
1906年
売上高
3億8000万円
従業員数
約45人

本店に併設された工場を訪れると、ほんのり甘い生あんの香りが漂う。札幌市豊平区月寒《つきさむ》にある和菓子「月寒あんぱん」を作るほんまだ。

2009年秋に改装した店内には、裸電球の下で職人らが道産小豆の生あんを練り、薄皮で包む古い写真。歴史が壁面いっぱいに綴《つづ》られている。「百年前から、北海道産。」とうたい売り込む。あんぱん、とはいっても手のひらサイズで、饅頭《まんじゅう》のようだ。製法はいまも変わらない。

「自社の強みを認識しないと生き残っていけない」

5代目の本間幹英社長(39)が打ち出した販売戦略は、あんぱん作りの歴史を前面に据える手法だった。

「懐かしい味」に複雑な思い

月寒あんぱんが誕生するきっかけは、東京・銀座の名物として明治初期に人気を呼んだ「桜あんぱん」とされる。

手作業で作られる復刻版の月寒あんぱん

当時、陸軍歩兵第25連隊が現在の豊平区月寒地区に駐屯していた。連隊内で菓子を販売していた仙台出身の大沼甚三郎氏が人気ぶりを耳にし、あんぱん作りを試みた。

現物を見ず、想像で作って月餅《げっぺい》のような和菓子となったとされる。その製法を初代本間与三郎氏が受け継ぎ、1906（明治39）年に創業。当初から道産食材にこだわった。道産の生あんを仕入れ、独自に練る。あんを包む薄皮も道産小麦が中心だ。

25連隊は1911年、平岸《ひらぎし》から月寒への新道約2・6キロを約5カ月かけて造った。地元の人たちは兵士たちに感謝の気持ちを込め、あんぱんを毎日、提供した。完成した道路は「アンパン道路」と呼ばれ、いまも親しまれる。

7軒あったあんぱん屋は戦中、戦後の混乱で次々と店をたたんだ。ほんまだけが1947（昭和22）年、製造を再開した。月寒あんぱんは1984（昭和59）年、北海道一村一品推奨品に選ばれ、いつしか札幌名物にもなった。創業期のあんぱんは現在より一回り大きく、復刻版として商品化されている。

本州の食品会社で営業マンをしていた本間社長は２００５年、ほんまに入社。翌年、社長になった。あんぱんを食べたお客さんが「懐かしい味」と話すのを耳にし、複雑な心境になった。「懐かしい」と感じるのは「久しぶりに食べる」という証しでもあったからだ。

「月寒あんぱんをもっと知ってほしい」。販路拡大こそが打開策と、津軽海峡を渡った。東京の百貨店が開く北海道物産展に出店。小売店との商談会で熱心に売り込んだ。

「素朴な味わい。まじめに作り上げている。こんな商品を探していた」。２００８年秋、良質なこだわり食品を扱う首都圏のスーパー、成城石井の買い付け担当の鈴木啓司さん(33)らの目にとまった。成城石井の首都圏の店舗のほとんどで月寒あんぱんを扱うようになった。和菓子は年配層が得意客だが、「北海道産スイーツ」は首都圏ではブランド力を発揮した。

「とにかく行動が早い」。新千歳空港で土産物店を開く小笠原商店の小笠原航《わたる》専務(43)は、地道さが信条だった経営路線から積極策に転じた本間社長をたたえる。

「北海道はもっと頑張れるはず」。若手経営者の思いは同じという。

2人はいま、月寒あんぱんと並ぶ次なる商品は、50年の歴史がある「玉ドーナツ」とにらむ。一口サイズの球状。生地はサクサク、独自製法のあんはとろりが自慢だ。小笠原専務は「最もおいしい揚げたてを空港の店でも販売できたら」と構想を描く。それを聞いた本間社長は確信する。「さまざまなチャレンジが月寒あんぱんの伝統の味を守ることにつながる」　(綱島洋一)

碓氷勝三郎商店

本社所在地
根室市
主な事業内容
酒造業
創業年
1887年
売上高
約4億5000万円
従業員数
23人

根室市の一角にレンガ造りの酒蔵が立ち並び、壁面の「碓氷《うすい》」の文字が朝の陽光にまばゆく輝く。蔵に足を踏み入れると、原酒の貯蔵タンクがずらりと並び、ほのかな酒の香りが漂う。

「お酒は生きもの。造るものではなく、育てるもの。それも、その土地の気候風土の中で」

日本最東端の地酒「北《きた》の勝《かつ》」で知られる碓氷勝三郎商店（碓氷商店）の5代目店主、碓氷ミナ子さん（66）は、その酒の味のように、切れよく、さらりと言う。

「北の勝」は、地元で絶大な人気を誇る。流通量が限られ、「幻の酒」とも呼ばれる。だが、増産も、直販もしない。「目の届く量、手抜きをしないで造れる範囲で、納得のいく酒を造りたい。地元の旬の食材を引き立てる酒であり続けたい」。そう、思うからだ。

酒も人を見ている

かつて千島列島の玄関口として栄えた根室港。漁業者を中心にした酒需要にこたえるため、明治20年代から造り酒屋が興っては消えた。初代勝三郎氏が興した碓氷商店は有力な蔵の一つとして、また、国後島《くなしりとう》などに多くの缶詰工場を構えるなど、根室の産業基盤を築いたとされる。
だが、北方領土を失った戦後はいばらの道だった。缶詰会社は二十数億円の負債を抱えて倒産。東京の大学を出て、家業を手伝っていた一人娘のミナ子さんは病に倒れた父から1988（昭和63）年、引き継いだ。その肩に負債の整理が重くのしかかった。

大正初期に建てられたレンガ造りの酒蔵

酒造りが本業の碓氷商店は、法人格のない個人商店だ。倒産した缶詰会社とは別だったが、4代目の父は個人保証をしていた。

責め立てる債権者。「一歩引いて見ていました。そうすると、いろいろなことが見えてくる。ああ、この人はうそをついているな、とか。人を見る目、けんかの仕方、交渉術を覚えました」。酒造りに心血を注ぎながら債権者と渡り合い、負債を清算した。

酒卸問屋の担当者として40年以上の付き合いがある、道東セイコーフレッシュフーズ根室支店長の渋田豊さん（61）は、「味にこだわり、地元にこだわる、かたくななまでの堅実経営はあのころの経験が糧になっているのでは」と言う。

重ねて、「かといって伝統にあぐらをかくのではなく、店主、杜氏《とうじ》、蔵人《くらびと》が気持ちをひとつにして、酒の味を時代に合わせて微妙に進化させている」とも評す。

こだわりを物語るエピソードがある。

「味が違う」。1993年秋の純米酒は店頭に並ばなかった。1999年の本醸造は瓶詰めまでしながら、出荷を取りやめた。「納得いかない酒をお客さまに飲んでいただくわけにはいかない」。この話はかえって「北の勝」ファンを増やしたという。

根室市にある市民有志の「北の勝を愛する会」。会ができて38年、会員約70人。月1回の例会で季節のサカナと「北の勝」を楽しむ。7代目会長の佐藤喜一郎さん(87)は「自分たちは当然のように北の勝を飲む。それだけじゃない。根室に勤務した転勤族が懐かしがって、各地で北の勝のファンの会をつくっているんです」。

清酒の消費量は全国的に減り続ける。そんな中、毎年1月に限定出荷される「搾りたて」は発売当日に売り切れになる。さらに「純米酒」「大吟醸」なども季節限定で出荷。この限定酒戦略がまた、ファンの心をつかんでいる。だが、ミナ子さんは静かに言う。

「少しでも気を抜けば気が抜けた酒になるし、条件が悪くてもちゃんとやれば『ぴんとした』酒になる。人は酒を見て、酒も人を見ている。本物を造るために当たり前のことをしているだけです」

座右の銘は「うそをつかない」「仕事は楽しく、遊びはまじめに」だ。

（深沢　博）

金森商船

「ベイエリア」と呼ばれる函館港の一角。薄暮に函館山が浮かび、赤レンガの倉庫群の輪郭が、蛍光色のイルミネーションに縁取られる。アーチ型の七財橋《しちざいばし》の上では人々がしきりにシャッターを切る。観光都市・函館の中でも、ここは人気の撮影スポットだ。

「商業施設になる20年以上前、この辺りは夜になると真っ暗。今からは想像ができなかった」。7代目の渡辺兼一社長(63)は振り返る。1988(昭和63)年4月の施設開業前、基幹産業の北洋漁業や造船業は衰退。港湾機能も市北東部に移り、倉庫業がメーンだった金森商船は、事業の再構築に迫られていた。同年3月には青函トンネルも開業、千載一遇の好機でもあった。先人の遺産をどう活用するのか――。倉庫群の約4分の1を使い、ビアホールや多目的ホール、ショッピングモールなどを備えた「函館ヒストリープラザ」の開業を決めた。

　周辺は高倉健主演の映画『居酒屋兆治』のロケに使われ、もともと知名度はあった。「伝統的建造物」に指定されたのも追い風となり、社運をかけた観光商業施設への転換は、当たった。

　金森商船を語る時、忘れてならないのは初代の渡辺熊四郎翁だ。現在の大分県に生まれ、箱

金森赤レンガ倉庫
KANEMORI RED BRICK WAREHOUSE

本社所在地
函館市
主な事業内容
倉庫業、地所建物の貸付業
創業年
1869年
売上高
非公表
従業員数
19人

館奉行所ができる前年の1863（文久3）年、20代前半で長崎から箱館に渡った。昆布など海産物の輸送で富を築くがたびたび大損、実業の世界に目を向ける。

逸話がある。函館山から箱館戦争の戦況を見ていた時、和服の侍が鉄砲に洋装の官軍に次々倒される。この時、翁は洋服の時代の到来を確信し、洋品店の開業を決めたという。戦後、店は大繁盛した。洋品店に限らず、翁の事業は「北海道初」という枕ことばがついてまわる。靴、時計、書店、新聞……。一方、その名を今に残すのは慈善家としての業績もあるからだ。貧困家庭の子弟のため学校をつくり、病院を建てる。函館公園の造営にも取り組む。慈善に取り組む実業家3人とともに、「函館財界の四天王」と称された。「四天王で、函館に根付いて商売が続くのは金森商船だけ。熊四郎は機を見るに敏。先見の明があった。金にならない仕事でも全力を尽くしたところもすごい」。函館市の郷土史家、近江幸雄さん（73）はそう話す。

夕闇に浮かび上がる「金森赤レンガ倉庫」

地元に「喜ばれる」施設に

海に囲まれ、木造家屋が密集した函館はたびたび大火に見舞われた。近代の函館建築物に詳しい市立函館博物館の田原良信館長（58）は「函館の街づくりのキーワードは『防火』。防火といえばレンガだった」と解説。大火のたびに防火帯としての道路は拡幅され、レンガを使った建物が増えていった。1879（明治12）年、2300戸余りが焼失した。翌年に完成した金森洋物店（現市立函館博物館郷土資料館）は、レンガを使った防火建築を誇った。しかし、1887年に建てた倉庫は20年後の大火で焼失する。屋根から火が入ったという教訓から、再建した倉庫は天井にもレンガが使われた。この時の倉庫群が100年以上、その姿を今に残す。

内部は、太いヒノキの柱が天井まで伸びる。床板、梁《はり》、天井もすべてヒノキで、その周囲を分厚いレンガが覆っていた。

「喜ばれ、愛され、評価される」——。初代から続く金森イズムだ。「市民に評価される施設なら、観光客も来てくれる。金森イズムは続いています」と渡辺社長。ヒストリープラザの開業時、地元への配慮から、海産物など周辺の店舗と競合する商品は扱わないと決めていた。

「喜ばれる」象徴は金森ホールだ。200人収容の施設は市西部地区から文化を発信する拠点で、毎年12月に開かれる函館港イルミナシオン映画祭実行委員長の米田哲平さん(60)は「公民館しかなかった西部地区にとって金森ホールはかけがえのない空間となった」と話す。

ヒストリープラザに加え、生活雑貨やアンティーク商品をそろえた金森洋物館、運河を囲むようにチャペルやカフェなどが配置されたBAYはこだて。異国情緒あふれるウォーターフロントは市民に限らず、多くの観光客から愛されている。1998年から始まった「はこだてクリスマスファンタジー」は、冬の函館の行事として定着した。12月、高さ20メートル前後の巨大ツリーが、ベイエリアに現れる。

（加賀谷直人）

第一滝本館

登別温泉の名所、地獄谷を望む男性大浴場。泊まり客が宿を後にするころ、従業員たちがデッキブラシで黙々と浴槽を磨き始めた。半ズボンに、首にはタオル。湯を抜き、浴槽を洗い、また湯を注ぐ。額にも体にも汗が光る。長年の日課だ。

「温泉は生もの。湯も風呂も変わりなく、『やっぱりいい湯だ、また来るよ』と言ってもらえるのが魅力であり、誇りです」。湯の管理人「湯守《ゆもり》」の根井勇一さん(59)はそう話す。

登別温泉は硫黄泉や塩化物泉など9種類の温泉がわき出るため、「温泉のデパート」と称される。1世紀半の第一滝本館の歩みは、この「湯」へのこだわりの歴史だった。

「毎日飲まれる二級酒であれ」

「登別温泉の開祖」とされる創業者の滝本金蔵氏は、湯治した妻の皮膚病が治った温泉の効能を広めようと湯守の許可を取り、湯宿を設けた。昭和に入り、経営を受け継いだ南外吉氏は規模を拡大した。

第一滝本館

本社所在地
登別市

主な事業内容
温泉旅館業

創業年
1858年

売上高
約39億円（08年度）

従業員数
約150人

地獄谷の間近にある大浴場で進む清掃作業

祖父が温泉街で商売を始めた佐々木一さん(72)は、婦人服店を営む3代目。祖父の代から100年近くかかわりがある第一滝本館や温泉の資料を集め、歴史に関心を寄せてきた。その佐々木さんが「登別温泉革命」と呼ぶ時代が、1937(昭和12)～38年だった。温泉街に近代的な公衆浴場やホテルが登場。第一滝本館は全国に名をはせた広さ700坪(約2300平方メートル)の「東洋一の大浴場」を造った。

　子どものころ、第一滝本館が遊び場だった佐々木さんは、「太い柱が並ぶ大浴場はギリシャ神殿、宿はアニメ『千と千尋の神隠し』の建物のよう。子ども心にはワンダーランドだった」と振り返った。「別府温泉を追い越せ」という気概があったと言い、そこには「成長主義とも言える投資意欲と、温泉への絶対的な自信がうかがえる」と佐々木さんは話す。

　近代化の流れにあっても、農閑期に農民らが疲れを癒やす湯治場として、大衆的な性格は変わらなかった。

　第一滝本館に勤めて約40年の鈴木精一さん(62)も、湯治客でにぎわい、風呂を通してふれあう憩いの場だった時代を覚えている。祖父も父も従業員。幼いころは社宅とつながった館内が生活の場だった。湯治客は「親類のおじさん」のような存在で、湯治部屋に泊めてもらったこともあった。湯治客が減った今も、鈴木さんは「泊まる場所もある風呂屋のイメージは変わらない」と言う。

大浴場は50年近くを経た１９８６（昭和61）年に改装され、２００３年には露天風呂が増設された。その矢先の２００４年、国内の温泉地に冷や水を浴びせる事件が起きた。長野県内の温泉に端を発した温泉の「偽装」騒動だった。第一滝本館はこの時、温泉への信頼をつなぐため、「本物の温泉シリーズ」の広告を展開。毎日の浴槽の清掃や源泉かけ流しの光景など「ありのままを見せる」戦略をとった。ここにも温泉への自信がのぞく。

「滝本は毎日飲まれる二級酒であれ」――。第一滝本館にこんな言葉がある。「滝本の湯を使ってもらってなんぼ」という創業時からの「滝本イズム」を受け継ぐ言葉だ。

２００８年、創業１５０年を迎えた。その前年、記念誌「湯のもと」を作るため2千枚以上の写真などに目を通した常務の南信行さん(36)は、1枚の写真にひき付けられた。

勢いよく蒸気を噴き上げる源泉のそばに立つ法被《はっぴ》姿の湯守。１９４２（昭和17）年ごろ、場所は現在の本館の真下。70年近くたった今も使われている自家源泉の一つだ。人力で掘り当て、誇らしげな湯守の表情に、南さんは「第一滝本館を象徴する写真です」と言った。

南家4代目の現社長の長男である南さんは、第一滝本館を「湯宿」と表現する。「お風呂に入りたいと思った時に滝本を連想し、気軽に来てもらえる場所でありたい」。そんな思いを込め、「新しいサービスを提供し、変わらないために変わり続けたい」と考える。（島田賢一郎）

福山醸造

赤れんが造りの三角屋根。足を踏み入れると、醤油《しょうゆ》の香りが一気に身体に染み込んだ。札幌市東区苗穂町の福山醸造傘下の醤油工場。近くのサッポロビール博物館や雪印乳業史料館とともに2004年、「北海道遺産」に選ばれた。北の近代産業史を今に伝える「生き証人」でもある。

醤油造りはまず、小麦と大豆に麹《こうじ》菌を混ぜる。塩水を加えて熟成、発酵させたのが「もろみ」。これを圧搾機で絞ると醤油ができる。

5代目の福山耕司社長(58)がきっぱりと言った。「醤油は人間が造り出すのではない。麹菌や乳酸菌といった微生物が良質の醤油を生む。今も昔も醤油の造り方は同じなのです」

発酵タンクでは、ブクブクと泡が浮かんでは消える。沢田明夫工場長(49)が「実は」と、明かした。「タンクの周りには、わが社ならではの酵母菌がすみ着いているのです。醤油の味わいはこの工程がカギを握っています」

腕利きの職人を集めただけでは味わいある醤油はできない。機械化しても無理。菌は歴史を

トモエ
福山醸造株式会社

本社所在地
札幌市東区

主な事業内容
醸造業

創業年
1891年

売上高
約32億円

従業員数
155人

重ねてこそ独自の味わいを生み出す。だから、新規参入は容易ではない。福山醸造も創業当初、もろみの発酵に2年かかったという。

不運が転機に

創業の歴史は北陸から。北海道へと北上、コメや味噌《みそ》を売りさばいた回船問屋に由来する。創業者の福山甚三郎氏が回船業を引き継いだのは1886（明治19）年だった。

転機は不運がきっかけだった。暴風雨で持ち船が利尻沖で遭難すると、甚三郎氏は海から陸へと上がる決意を固めた、とされる。1891年、現在の札幌駅前付近の創成川沿いで、醬油造りを始めた。醬油や味噌造りに不可欠な質のよい水を求めて苗穂地区に移転したのは、1918（大正7）年。豊平川の伏流水を生かし、「道外産に比べ品質で劣る」とされた道内産醬油の品質を際立たせた。

時代の変遷は、醬油と味噌造りの経営環境を大きく変えた。北海道開拓使が設置された明治初めは、食料の自給自足が課題。官主導で醬油や味噌造りが進められた。戦中戦後の統制を経て市場競争の時代を迎えた今、醬油と味噌メーカーの生き残りは、厳しさを増すばかりとなった。

1991年、創業100年を迎え、社訓を一新した。「誠実　和協　根性」から「チャレンジ（挑戦）」へ。これにあわせて、商品開発に力を注ぐ方針を打ち出した。

すぐに売り出され、主力商品となったのが「日高昆布しょうゆ」だ。健康志向が高まる中、濃口醤油は消費者に敬遠される。だが、減塩醤油では味が物足りない。そこで注目したのが、道産昆布だった。釜ゆでした昆布はうまみと風味のよさが際立つ。醤油の原料に加えることで、塩分を控えめにしてもコクと香りが豊かな醤油が生まれた。

北海道遺産にも選定された倉庫と福山耕司社長

「今はデフレで低価格競争が激しさを増すばかり。だが、値下げで挑んでも全国大手にはかなわない。うちは道産食材を原料とし、差別化を図りたい」

厚岸《あっけし》産の牡蠣《かき》エキスや、平取《びらとり》産のトマトを原料に加えた独自の醤油販売も始めた。味噌も「白つぶ」「だし入り」と種類の豊富さを誇る。福山社長の経営方針は明確だ。

自ら量販店を巡り、自宅で味わう醤油や味噌を買い求める。消費者の目線を常に忘れない。

「かつての社訓が作られた経緯はよく分からない。だが、北海道へ渡り、醤油や味噌造りを始めたのは新たな世界への挑戦だったはず」

社訓に込められた企業姿勢は変わらない。だからこそ、100年を超す歴史が今につながる、と見る。

（綱島洋一）

五勝手屋本舗

赤い筒型容器のふたを開け、ラベルを少しはがして糸を引き出す。底から食べる分だけ押し出し、糸をぐるりと回して切る。毎日昼前。近くの工場でできたばかりの羊羹《ようかん》を、小笠原隆社長(65)は口にし、味や硬さなど、出来を自ら確かめる。

この独特の容器は戦前からずっと同じ形。すずらんの花をあしらった図柄も変わらない。指を汚さず食べられるようにと約70年前に考案されたこの「丸缶羊羹」。江差町の菓子製造会社「五勝手屋本舗」が、年間１００万本を売り上げる主力商品だ。

「五勝手」は、樹木の切り出しなどに従事していた「杣人《そまびと》」が、アイヌ語で波打ち浜を意味する「ホカイテ」に住み着き、「五花手」となり、後に「五勝手」の文字が当てられたとされる。そこで実った小豆で菓子を作って松前藩に献上、非常に喜ばれたのが始まりという。

道産の金時豆を炊いてあんにする。砂糖と寒天を煮詰め、あんを入れて練り上げる。できあがったものを容器に流し込んで1日置く。手間を惜しまず、丹精を込め――。歯ごたえとともに、ほどよい甘みが口に広がる。職人の泉温夫《はるお》さん(62)は、釜をまきでたいていた時代から、

本社所在地
江差町
主な事業内容
菓子製造販売
創業年
1870年
売上高
非公表
従業員数
26人(パート含む)

変わらぬ味を支える。半世紀近く工場で働き、「先代社長も、現社長も、少しでも納得がいかないと、練った羊羹をひと抱えもある釜ごと捨てさせます」と話す。

正直に、背伸びをせずに

かつてこの地域はニシン漁で栄え、最盛期には「江差の5月は江戸にもない」と言われるほどのにぎわいを見せていた。そこでの和菓子製造。1936（昭和11）年、昭和天皇が函館を訪れた際に献上され、五勝手屋羊羹の名が広く知れ渡った。

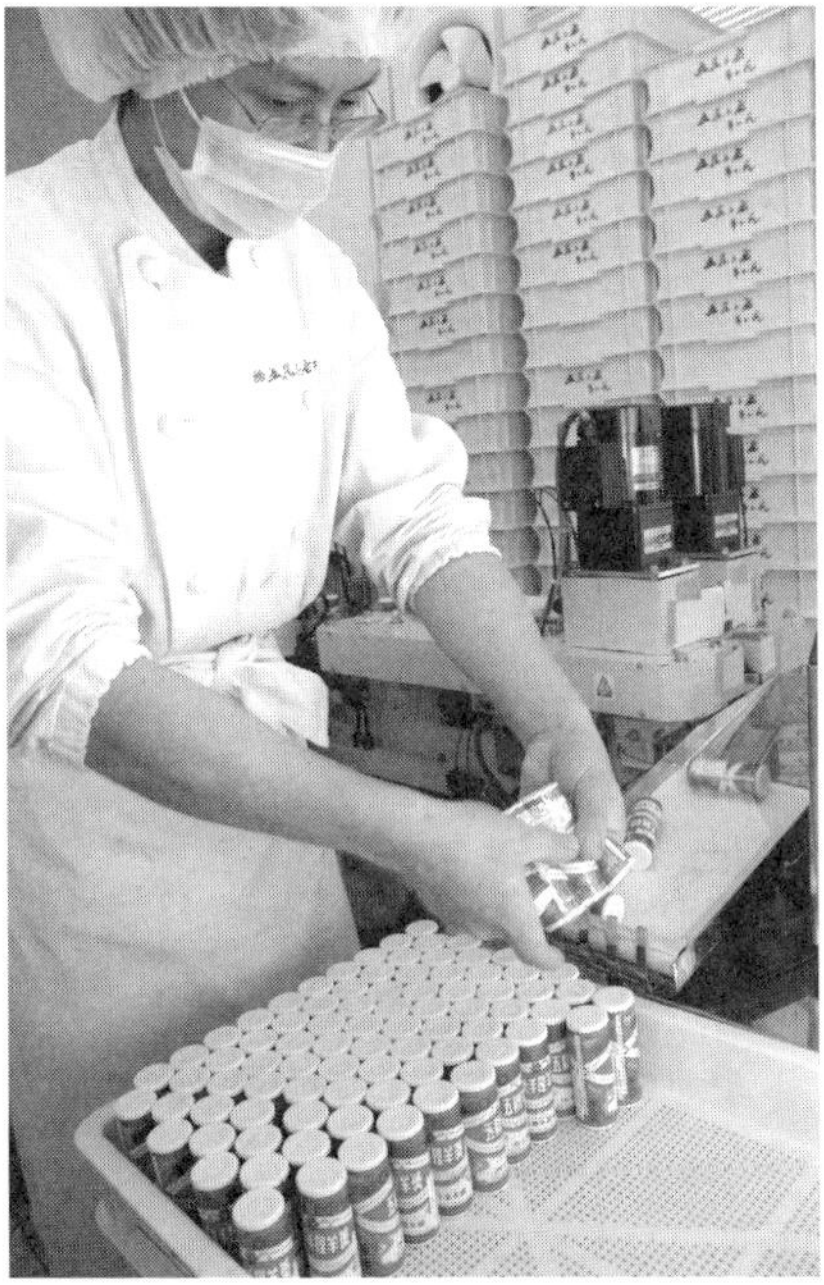

丸缶羊羹を一つ一つ確認しながら作業を進める

「江差警察署では三町以内に水も漏らさぬ衛生陣を敷いて、市内料理店やカフェー全般に一斉に糞便《ふんべん》の検査を行った」。当時の新聞にはこんな記事が残る。

戦後は、小笠原社長の母がおかもちに菓子の見本を入れて営業に歩く時期もあった。そんな時代を経た1952（昭和27）年、羊羹は道南名物コンクールで1位に選ばれ、売り上げが飛躍的に伸びた。

ところが2007年、看板商品に思いも寄らない危機が訪れる。丸缶羊羹にカビが見つかった、という苦情が2件寄せられた。すぐ約10万本を回収。生産ラインを止めて調べると、湿度管理に問題があった。ちょうど食肉偽装事件など、食の安全が問われる事件が相次いでいた。機械設備を取り換え、容器を透明のビニールで密封する対策を取った。結局、丸缶羊羹の生産は半年間ストップし、売り上げは激減した。

顧客からの問い合わせの対応に追われる老舗に、地元企業が手伝いを出すなど応援を買って出た。「本当にお世話になった」と、小笠原社長は静かに振り返る。

また、町で30年以上続く同人誌「江さし草」を発行する松村隆さん(83)には、こんな経験がある。「江さし草会」の主催で毎年2月、町の小中学生の俳句展が開かれる。展示は店舗の2階。10年ほど前、応募数が当初の半数くらいに落ち込んだ時期があった。

小笠原社長に何げなく話すと、小さな羊羹の提供を申し出てくれた。この参加賞のおかげで、翌年から応募数が回復。今では町の小中学生約700人から作品が集まる。年4回発行する同人誌への毎号の寄付も30年近く続く。「会社が大変だった時期にも一貫して変わらなかった。地元の地味な活動に対する支援は、私たちの大きな力になっている」と松村さん。

東京都内や道内各地の百貨店、函館、江差などで委託販売網を広げるものの、140年間、江差の地で営んできた店舗は、支店を設けていない。「これからも正直に、背伸びをせずにやっていきたいと考えています」。小笠原社長はこう語る。

(芳垣文子)

藤丸

釧路からの大型バスが帯広市の繁華街にとまった。身なりを整えた主婦や子ども連れの家族が、楽しそうに次々と降りてきた。その数、約50人。「藤丸《ふじまる》」の山田章男専務（62）や社員たちが、おじぎと笑顔で出迎えた。

「百貨店はいいですね。気に入った品物に出合える期待感のほか、見て歩く楽しさもありますから」。釧路市の主婦（72）は笑顔を見せ、お目当ての売り場に向かって行った。約1時間後、今度は北見からのバスが到着した。

道東地区では丸井今井釧路店が2006年8月に、きたみ東急百貨店が2007年10月に営業を終了。藤丸が唯一残った百貨店だ。

「道東各地の百貨店ファンに来てもらいたい」と、山田専務が日帰りの「買い物ツアーバス」を発案。釧路発着で2008年に始まったツアーは現在、北見、網走、中標津《なかしべつ》に拡大している。

「藤丸さん」と親しみを込めて呼ばれる地上8階地下3階の店舗は、反物の店が始まりだった。創業者の初代藤本長蔵氏の出身地は富山県。「寒冷地では身につける物が必要」と、1897

藤丸

本社所在地
帯広市
主な事業内容
百貨店
創業年
1900年
売上高
約78億円
（10年8月期）
従業員数
約200人（パート含む）

（明治30）年、発展が見込まれた下帯広村（現帯広市）にやってきた。

その3年後に創業。翌1901（明治34）年、自前の木造平屋建て店舗を構えた。1915（大正4）年に土蔵造り2階建てに建て替え。1930（昭和5）年には十勝初のエレベーターを備えた4階建てビルと、街の発展とともに大きくなった。

「エレベーターに乗れるのがうれしくてよく連れていってもらった」。こう振り返るアマチュア写真家の荘田喜与志さん（80）は、藤丸とは目と鼻の先で生まれ、育った。写真が珍しかった子どものころ、藤丸にあったカメラにあこがれた。肺結核を患った26歳の時、父が買ってくれた。以降、時代ごとの街並みや住民たちを収め続けている。

ずっと、心のふるさとに

♪「夢の十勝の／帯広に／今日もたたずむ／藤丸さん」「心のふるさと／藤丸で／藤丸で逢いましょう」……。8階のホールで2010年3月、主婦ら約100人の歌声が響いていた。題名は「藤丸で逢いましょう」。1959～62年、藤丸に勤務していた主婦鎌田志津子さん（73）が作詞した。4階の呉服売り場を担当。売り出しがあると、開店とともに階段をドドッと駆け上ってくる買い物客の様子を今も思い出す。「藤丸へ行くというと、親子そろって一張羅を着る、というのが当時の十勝人の定番でした。歌は思い出が詰まった藤丸の応援歌です」

帯広市のＯＬ（35）も「贈り物や大事な洋服は藤丸で買いますね。『藤丸ブランド』を信仰してる人は同世代にも多いです」と話す。十勝人にとって、「藤丸さん」との思い出は尽きない。

しかし、郊外型の量販店の進出に加え、長引く消費不況。市街地の空洞化が年々進み、その中心にそびえ立つ藤丸も売り上げの減少という逆風が続いている。

「お客さまを最高の笑顔でお迎えしましょう」――。毎朝9時40分ごろ、館内に放送が流れている。すると間もなく、4代目の藤本長章社長(56)が正面入り口に立ち、開店と同時に買い物客を出迎える。1987年の就任以来、「お客さま第一」という初代から続く店の理念を行動で示している。

入り口に立ち、買い物客を笑顔で迎える藤本長章社長

店周辺の繁華街で始めた夏の歩行者天国が年々浸透。商店街アーケードの更新計画も具体化するなど、一体となった集客の動きも芽生えている。2005年には藤丸ファンの市民グループができ、ボランティアでカタログ送付などを手伝う。

2011年度には、道東道が帯広まで全線開通する。これを見据え、「道東がいま以上に一つになって買い物、行楽客らの誘致策を考えなければいけない時代」と、藤本社長は考える。その中で「藤丸さん」の役割については「十勝にはまだ隠れた味があるはず。その『十勝ブランド』の集約に取り組みたい。周辺の商店街と手を携え、互いに補完しあえるような姿を目指したい」と話す。（田中義信）

札幌駅立売商会

白衣に白い帽子と白マスク。全身、白ずくめの女性たちが作業台に整列すると、おかず、ご飯を手際よく詰め始めた。札幌市東区の札幌駅立売商会の工場。旅の楽しさを演出する駅弁が、流れ作業で次々と作られていた。

3代目の比護了造社長(68)は謙虚さが信条。「仕事中はいつも白衣」という比護社長が駅弁づくりの先頭に立っていた。「弁当づくりは衛生管理が第一。万が一、食中毒を起こしてしまえば会社はなくなる。100年を超す歴史も一瞬にして消え去る」

白衣姿なら、いつでも製造工場に足を運べる。工場が忙しくなると、自らも手伝う。社員の声に絶えず耳を傾ける。風通しを良くすることでおいしく、衛生管理が行き届いた弁当づくりに一丸となる態勢が整うという。それが歴史を一歩一歩、積み重ねる力となった。

駅弁は鉄道の歴史とともに歩んできた。札幌駅では1890(明治23)年に高田文蔵氏らが弁当、すしの販売を始めたのが走り、と『北海道駅弁史』(日本鉄道構内営業中央会刊)はつづる。高田氏の後継が新潟・糸魚川出身の調理人だった比護與三吉氏。1899(明治32)年、

株式会社 札幌駅立売商会

本社所在地	札幌市東区
主な事業内容	弁当製造販売
創業年	1899年
売上高	12億7000万円
従業員数	約200人

「比護屋」の屋号で創業。その後、札幌駅で今も売られる「柳もち」を手がけた洲崎庄次郎氏らが加わり、札幌駅立売商会が設立された。

社名は、弁当を山積みした販売箱を首からぶら下げ、「弁当、弁当」と停車中の列車の車窓近くを売り歩く「立ち売り」に由来する。

「駅弁販売は1950年代後半から60年代後半にかけて活況を迎えた」と営業担当の洲崎昭圭専務（70）が振り返る。高度経済成長から旅行ブーム。道内では函館と釧路間を約10時間かけた長距離列車が駆け抜けた。長旅の魅力は何より駅弁だった。

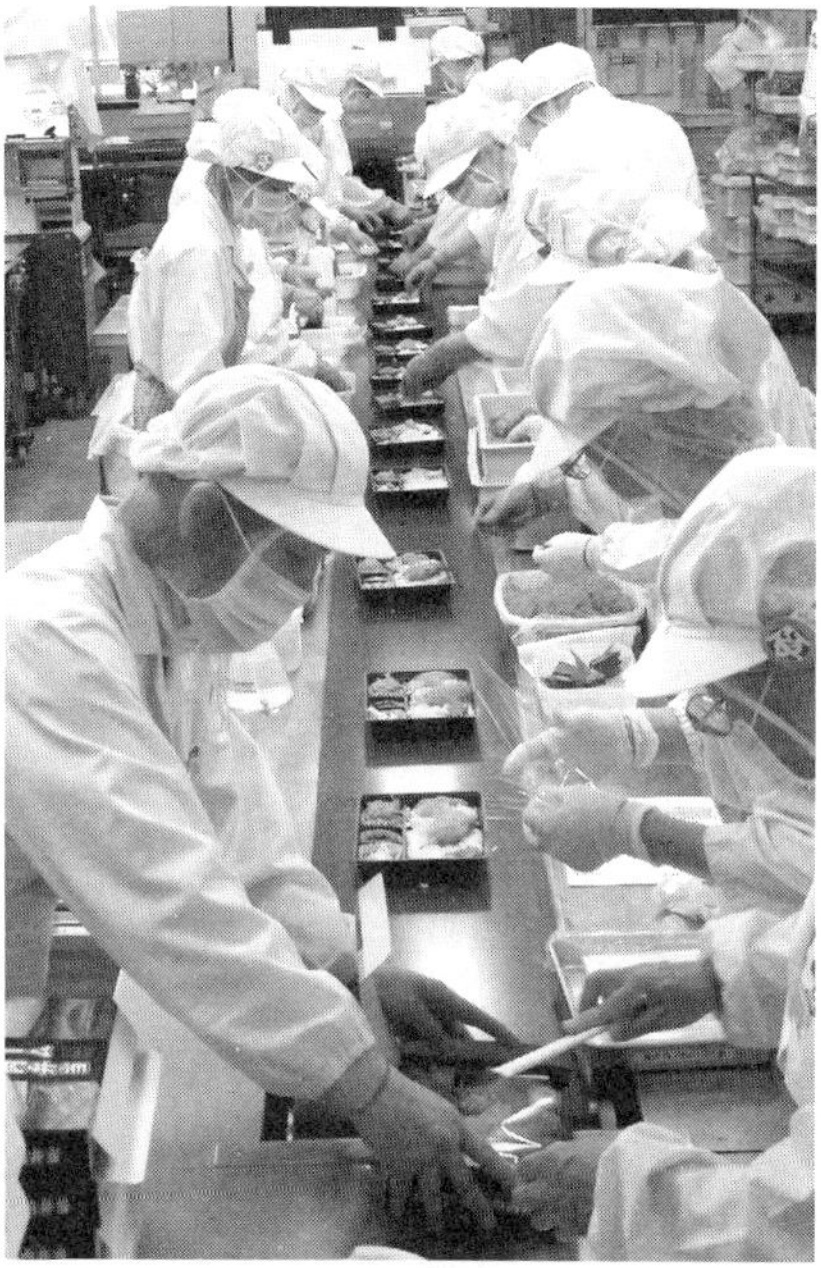

手作りで一つずつ丹念に作られる

競争相手と同じではだめ

そんな鉄道の旅も新たな時代を迎えた。1970年代に入るころ、蒸気機関車（SL）が姿を消し始め、電化が進んだ。1987年、国鉄の分割・民営化でJR北海道が発足。新型の特急が相次ぎ登場するようになり、高速交通の時代に突入した。

立ち売りで駅弁を売り込めたのは、車窓が自由に開けられたからだった。新型車両は窓が開閉できない。一方、駅周辺にはコンビニエンスストアなどが進出し、弁当の販売競争が激化。弁当を買ってから列車に乗り込む時代となった。

「競争相手と同じような駅弁を作ってもだめだ」。比護社長は、新たな時代の駅弁づくりを若手に委ねた。洲崎昭光・営業部長(38)を中心に、斬新な発想で挑むことになった。

2007年春のJR北海道・20周年記念企画「新・駅弁コンテスト」。札幌駅立売商会は、JRが開発した線路と道路を走るデュアル・モード・ビークル(DMV)に着目した「DMVトリップBOX」でグランプリに輝いた。駅弁といえば、折り詰めが定番。それを「DMV」ではホタテ、牛肉、豚肉を小型カップに盛りつけ、ランチボックスに納めた。「見た目も新しい感覚に仕上げられた」と洲崎営業部長は胸を張る。

楽しさを満載にした駅弁づくりは今も続く。2009年に一新した「SL弁当」はご飯を車輪として並べ、おかずを窓と煙突に仕立ててSLを再現した。「YOSAKOIソーラン弁当」はご飯が鳴子形の赤飯だ。2010年夏には栄養バランスに配慮した「ヘルスツーリズム」駅弁を発売した。

世はデフレ時代。300円を切る低価格弁当も登場した。ならば、旅の途中で楽しむ駅弁はどうあるべきか——。

「さすが老舗、といわれるようまじめに一つずつ手をかけて作り続けたい」

比護社長は創業以来続く真摯《しんし》な姿勢を貫く。

(綱島洋一)

しんや

ほのかに森のにおいがした。北見市常呂《ところ》町常呂にあるホタテ加工「しんや」の燻煙《くんえん》庫。1皿約400玉のホタテの載ったトレーが、7段重ねになっていた。

主力商品の帆立燻油漬《くんゆづけ》は、自然塩でホタテを釜炊きしたあと、道産ナラ材で1時間半ほどいぶし、菜種油に2時間ひたす。しっとり加工し、旨みを凝縮。すると、直径7〜8センチだった生ホタテは、燻煙時には半分以下の3・5センチほどになった。

「完成品は重さ換算で生鮮時から8%まで小さくなります」と新谷《しんや》有規専務(48)。製法は50年来変わらない。並んだホタテは、さしずめオホーツク海の「黄金」のようだった。

ホタテ養殖2人の父

しんやの歴史は、サロマ湖のホタテ養殖の歴史でもある。その礎を築いた2人が今も語り継がれている。1人は、しんや2代目社長の新谷広治氏だ。戦前、サロマ湖は牡蠣の名産地だった。漁港がある栄浦《さかえうら》の東側には別名「牡蠣島」と呼ばれた漁場があり、貝殻が累々と堆積して

本社所在地
北見市
主な事業内容
水産物製造業・加工・卸
創業年
1891年
売上高
6億4500万円
従業員数
40人

主力商品の「帆立燻油漬」

いた。しかし、１９２９（昭和４）年、湖北側で湖口が開墾され、環境が激変。海水と淡水が入り交じって海水性が強まり、水位と水温低下で牡蠣資源が激減した。その問題解明に１９３３年、北海道水産試験場から派遣されたのが当時29歳だったもう１人の功労者、木下虎一郎技官。調査の過程で、牡蠣採苗器にホタテの稚貝が付着しているのを偶然発見し、ホタテ養殖の可能性に気づいたのだった。

１９３５年、広治氏は常呂漁協の組合長に就任した。が、その２年後の１９３７年、ホタテの大不漁で「全面禁漁」という辛酸を嘗《な》めた。これを機に、木下技官の発見を糸口にして、サロマ湖でのホタテ種苗生産と沿岸のホタテ漁業振興に生涯をかける、と考えた。

太平洋戦争中の１９４２年12月、栄浦にサロマ湖水産増殖研究所が開設された。所長には木下技官が就任し、研究所は漁師も通う「育てる漁業」の学習の場となった。

戦後、湖で数百万粒規模の天然採苗には成功したが、外海に地まきしても漁獲が伴わない。稚貝を越冬させ中間育成する技術が未開だった。その結果、１９６７年以降に４年間の輪採制種苗放流漁業という現在の漁法ができあがり、１９７１年、常呂で漁獲量が１万トンを突破するまでになった。

しかし、木下氏は1966年3月に、新谷氏も同年11月にいずれも病に倒れ、2人は「育てる漁業」の成果を見ずに亡くなっていた。見晴らしのいいサロマ湖の湖畔。1983年、「ほたて養殖発祥之地」の碑が建立された。2人の業績を後世に伝えるためだった。

元道立栽培漁業総合センター場長の西浜雄二氏(69)は「2人が夢みたホタテ貝養殖事業は恐らく、生産性において世界最高の漁業に到達した」と評する。道内のホタテ生産量は2008年で全国の8割（42万9千トン）を占める。数量ではサケやスケトウダラなどを引き離し、道内水産物では首位。金額も2008年は540億円とサケ（593億円）に王座を譲ったが、1994年から2005年まで首位を独走。産地別では網走地方が最も多く、そのうち常呂が約3万9千トンと最大だ。これもサロマ湖の養殖が軌道に乗ったからだった。

一方、しんやでは、3代目の淳治社長(81)＝現会長＝が1958年、海産物の珍味加工部門に進出した。帆立燻油漬は、ホタテ生産の拡大を前提に、常呂漁協が網走水試に商品開発を依頼して50年代に試作した技術を受け継いだ。「干し貝柱や秋サケ加工という1次加工から、付加価値を持つ2次加工業者への脱皮を図った」と淳治氏。70年代、テレビCMで知名度を上げ、道内の百貨店やスーパー、道内外商社と販路も広げた。

現在は、ホタテを原点に加工の際に出る「煮汁」を活用した調味の素を研究中だ。5代目の俊秀社長(74)は「煮汁に昆布だしを入れると、それだけでスープになる。それをもう少し進化させたら、と基礎技術を磨いています」と話す。育てたホタテを大事に、そしてよりおいしく——。ホタテが秘めた未来を今も見据えている。

（加賀　元）

北一硝子

窓一つない石造倉庫は昼間も闇に包まれる。そこに幾多の石油ランプを灯《とも》すと、ロマンがあふれた。

小樽市堺町の「北一硝子《ガラス》三号館」。歴史の重みを感じさせる灯りの下で、観光客がゆったりとお茶やワインを楽しんでいる。北一硝子の最初の主力商品は石油ランプ。次はガラス製の漁業用浮き球づくり。そして今はガラス工芸品で、小樽観光の顔となった。

「時代の変化に合わせないと企業は滅びる」

3代目の浅原健蔵社長(64)は企業が存続する秘訣をきっぱりと言ってのけた。

新たな戦略のヒントは

話は「小樽運河論争」が熱く燃えていた昭和末期、1980年代にさかのぼる。道内経済を担う港町として栄えた小樽港。石造倉庫が並び、かつては物資を乗せた船が運河を行き交った。港が寂れると、運河を埋め立てる道路計画が持ち上がった。

北一硝子

本社所在地
小樽市
主な事業内容
ガラス製造販売
創業年
1901年
売上高
24億7000万円
(08年度)
従業員数
266人(パート含む)

「運河は小樽の歴史的遺産だ」と、市民グループが計画反対に動いたのが運河論争。小樽の名は全国に知れた。

その少し前から、旧国鉄が「ディスカバー・ジャパン」と銘打った旅行キャンペーンに乗り出し、小樽は観光地として脚光を浴び始めていた。「カニ族」と呼ばれる大きなリュックを背にした旅の若者らもやって来ていた。

多くの観光客でにぎわう北一硝子の店内

『小樽ガラス物語』の著者の大石章さん(75)は、カニ族がガラス製の浮き球をリュックにくくりつけて歩く姿を今も覚えている。同市総合博物館学芸員の石川直章さん(53)は、小さな店構えだった北一硝子の店頭にぶら下がる石油ランプをカニ族が興味深げに見ていたと明かす。

若者らはお決まりの観光みやげでは満足しなかった。

「北一硝子がガラス工芸品の製造販売に転ずるヒントがそこにあったのでは」

2人の見方は一致する。

そのころ、浅原社長は新たな主力商品の販売戦略づくりに懸命になっていた。北一硝子の前身、浅原硝子は1901年に創業。主力だった石油ランプは、電灯の普及で役割を終えた。2代目の時代には、漁場に網を張るための必需品であるガラス製の浮き球づくりに力が入った。北洋漁業の隆盛が追い風だったが、1977（昭和52）年に始まった「200海里規制」で北洋漁業が衰退。浮き球を必要とする時代にも終止符が打たれた。

「運河論争」はそんな時代に持ち上がっていた。

浅原社長は、石造倉庫を店舗としてガラス工芸品を売り出す構想を抱いた。誰もが首をかしげたが、1983年2月、「北一硝子三号館」をオープンさせた。

石造倉庫という小樽らしさを前面に「小樽に来なければ買えない」という商品は当たった。オープンから十余年で売り上げは50億円を超した。周囲には石造倉庫を店舗とする同業の店舗が増え、菓子メーカーの六花亭や北菓楼《きたかろう》なども出店した。

「イヌ一匹歩かない石造倉庫の通りが観光客でにぎわう小樽の繁華街となった」。大石さんは浅原社長の戦略が小樽を再生させたと讃《たた》える。

ガラス工芸品で時代の変化という荒波を乗り越えてきた北一硝子も今、未曽有の不況のまっただ中にいる。浅原社長は「今は産業革命期のよう」ととらえる。次代の北一硝子はどんな姿か。そのありようをランプの灯りの下で焦らずじっくりと煮詰めている。

（綱島洋一）

第2章
東北地区

「分を尽くせ」
（菊地保寿堂）

田中屋

のぞき込むと、自分の顔が鮮明に映るほどの光沢。漆黒の中に金単色が浮かび上がるデザイン。何度も塗り重ねた漆を研いで模様を出す津軽塗。その中でも漆を塗っては研ぎ、また塗っては研ぎを50回ほど繰り返し、赤や緑を使って複雑な柄を浮かび上がらせる唐塗にしては、意外なほどすっきりとしている。

「時代に合わせてシンプルな柄を増やしている」と、田中屋の4代目、田中久元社長（53）はその理由を話す。電気がなく、ろうそくの明かりで暮らした時代は色数が多い器が受けた。だが、蛍光灯の光がまばゆい今は、色数を抑えた柄が栄えるという。

最近、2色だけで仕上げ、「なごり雪」の名をつけた箸などに力を入れている。

時代に合わせて、新しく

青森県津軽地方の伝統工芸、津軽塗は江戸時代、弘前藩に納める高級な漆器や刀の鞘《さや》などとして、藩主お抱えの塗り職人が発展させた。明治以降、大衆向けに制作されるようになると、

田中屋

本社所在地
青森県弘前市

主な事業内容
津軽塗製品製造販売

創業年
1897年

売上高
非公表

従業員数
14人（うち塗り職人6人）

商品の陳列をチェックする田中久元社長

多くの漆器製造会社が設立されたという。

　田中屋もその一つ。1874（明治7）年に地元の資産家らが作った合資会社を、1897（明治30）年に初代の田中三郎氏が引き継ぐ形で創業した。

　今でも職人が家内工業で仕上げることの多い津軽塗だが、田中屋はその当時に、製造から販売まで一貫して自社で行い、自前の店舗で売る斬新なスタイルを確立した。

「老舗は常に新しく」。田中社長が常に心掛けている母親の言葉だ。

　シンプルな柄の塗り方を増やしたほか、社長に就任して3年後の2000年以降、イタリアを代表する万年筆メーカー、アウロラ社などと提携し、ボディーとキャップに津軽塗を施した製品を開発。米国などへも輸出された。

　こうした海外の一流メーカーとの協力は「外国はもちろん、国内でも津軽塗という伝統工芸の価値を再評価してほしい」という思いからだ。
そのため、2001年に店舗を増築して開いた「津軽塗資料館」で、制作過程を一般公開している。「100円でおわんが買える時代に、津軽塗だと6千円～1万円もする。だからこそ、職人が2カ月以上かけて作る津軽塗のおわんの丈夫さと美しさを理解し、価格に納得してもらいたい」

製造・販売する津軽塗製品は食器や花器、万年筆や座卓など多岐にわたるほか、自社製品を入れる紙の器も作っている。店舗内には画廊や喫茶店もあり、地元の市民や観光客が集う。看板商品は1975年に内閣総理大臣賞を受賞した、黒一色で仕上げる紋紗《もんしゃ》塗の弁当箱だ。

インターネット販売も始めた。時代に合わせて「常に新しく」を心掛けて編み出した柄や販売方法。一方で、「高い技術と時間をかけたいい物を広く人々の手に」との哲学は、創業時から変わらない。

（鈴木友里子）

神田葡萄園

山すその畑で育てたブドウを一つひとつ手で摘み、小さな工場でぎゅっと搾る。新鮮で優しい甘さの「ブドウ液」が地域で愛されてきた。

「子どもの時、風邪をひいたら飲ませてもらえた」「親類が集まると出してくれた」。岩手県の沿岸南部、陸前高田市にあるブドウ園には、いつまでも変わらない味を求めて、古里を離れた人からも注文が入るという。

危機から生まれたヒット商品

100年以上続くヒット商品だが、5代目の熊谷和司社長(66)は「仕方なく作り始めたのがきっかけだった」と言う。

同社が育った町は、江戸時代から「気仙大工」の里として知られてきた。

1880年代半ば、創業者の熊谷福松氏が「年をとると大工はきつい」と、果樹栽培を始めた。春先は海から冷たい「やませ」が吹き込む厳しい気候の中、1889(明治22)年にはブ

本社所在地
岩手県陸前高田市
主な事業内容
ブドウ栽培、飲料・加工品製造販売
創業年
1905年
売上高
非公表
従業員数
13人

会社を救ったマスカットサイダーを運ぶ熊谷和司社長

ドウの初出荷にこぎつけた。

当時は「果物はぜいたく品」というイメージもあり、あまり売れなかった。

「このまま腐らせるのは忍びない。搾れば保存できるかも」。苦肉の策で作った果汁が、「ブドウ液」の名前で受け入れられた。

「果物をそのまま売るのではなく、果汁に加工することをメーンにしたからこそ、続けてこられました」と熊谷社長は言う。

過去最大の危機は1960年代。コーラなどの炭酸飲料が急速に広まったためだ。

「夏場でも得意先に24本しか売れない日があった」。父で先代社長の正太氏と考えた打開策は、「自分たちも炭酸飲料を作ろう」。

約2千万円かけて製造ラインを導入。1970年から「マスカットサイダー」を売り始めると、当たった。会社を救ったサイダーは無果汁だが、素朴な味は今でも愛されている。

ブドウ畑では赤のキャンベル種と白のナイアガラ種を栽培。ワインは醸造していないが、販売はしている。２０１０年4月末には、市内の道の駅「高田松原」にある直営店でマスカットサイダーソフトクリームを期間限定で発売した。

最近は消費者の健康志向に照準を合わせている。

自家栽培した赤シソから抽出したエキスは、「効能」がテレビなどで取りあげられると、「爆発的に売れた」と熊谷社長。すっぱくて敬遠されていたヤマブドウのジュースも、「体によさそう」と今や売れ筋商品だ。

サイダー単品の生産量が年間20万本に対し、ブドウなどの果汁は全部で25万本。それでも、「懐かしがってくれるお客が多いから」と、ブドウ液を「主力」に据え続けるつもりだ。

ネット販売や観光農園など、新事業を模索する6代目の晃弘さん（27）も「伝統あるよい品は作り続けます」と誓っている。

（山西　厚）

小松太鼓店

盛岡市の中心部を太鼓や踊り手が練り歩く夏の風物詩「盛岡さんさ踊り」に欠かせない締《しめ》太《だい》鼓《こ》を作り続けている。

小松太鼓店は、盛岡市に3軒ある老舗太鼓店のうちの一つ。同市の「盛岡さんさ踊り」用の太鼓をメーンに、県内の神楽や剣舞、念仏踊りなどの郷土芸能用の太鼓を多く手がける。青森県八戸市の山車祭り「三社大祭」で使う太鼓も受注している。

創業は１９０年前の１８２０（文政３）年。店主の小松仁さん（53）は5代目だ。

さんさ用の太鼓は、打面を生の牛皮から作る。仕入れた生皮は油脂が残っているので、まず塩をまぶして取り除く。塩抜きのため水につけた後、毛を抜く。

毛を抜きやすくするため、石灰に1週間ほど入れる。本来は米ぬかの方がいい仕上がりになるが、夏場は発酵してしまうので使えない。

打面となる皮面は金輪に張って縁を縫う。ここを丈夫な革ひもを使って縫うのが、盛岡の太鼓作りの特徴だ。

本社所在地
岩手県盛岡市

主な事業内容
太鼓製造販売・修理

創業年
1820年

売上高
非公表

従業員数
1人

秋祭り用の太鼓の修復をする小松仁さん

天気がよければ、約10日間で完成する。皮の乾燥作業は天気との勝負。注文がくる時期と梅雨が重なるのが、毎年悩ましい。

技のすべては父から

大学を卒業した1979（昭和54）年春、4代目の父・国男さんを手伝うことで、太鼓作りを始めた。さんさ踊りがイベント化されて2年目の年だった。「技のすべては父から教わった」

その国男さんは、2010年7月に亡くなった。

さんさ用の打面には牛の腹の部分の皮が最適だという。小さい太鼓は直径1尺（約30センチ）で約2万円。大きいものは1尺8寸（約54センチ）で10万円ほどだ。値段はここ30年、ほとんど変えていない。

さんさ踊りの参加者は女性や子どもが増えた

ため、今は軽くて踊りやすい1尺6寸（約48センチ）と中型が主流になっている。

腹の部分の皮は柔らかく、厚みがある、いい音が出る。太鼓の大きさにより、最適の厚みになるよう、敷刃《しきば》という道具で削り、指の感覚で調整する。

「太鼓の音は、ドンと、どこまでも腹に響く余韻が残らないといけない」

音色だけでなく、仕上がった時の皮の色まで客の要望に応じている。

1995年ごろまでが、注文のピークだった。父や従業員の田上雄一さん（45）と、正月三が日しか休まず、年間約300張りを仕上げた。今はさんさ用も含め、ピーク時の3分の1ほどになった。

さんさが終わると、秋祭りに使う太鼓の皮の張り替えなどを行っている。

「注文が減ったのは時代の流れ。太鼓は職人として30年以上の生活の一部。息子は継がなかったが、伝統は必ず誰かが受け継いでくれる」

そう信じながら、黙々と作業を続けている。

（朝倉義統）

ホテル佐勘

「手あかをふき取ったのは初めてですよ」

老舗の温泉宿で2009年6月に起きたことが、従業員は忘れられない。

首都圏から「歴女《れきじょ》」約70人が集まった。手あかがついたガラスケース内には仙台藩主、伊達政宗直筆の古文書。歴史好きの若い女性らは飛びついた。

悠久の歴史の重みと「普通」の感覚

秋保《あきう》温泉は仙台駅から西へ車で約30分。近くには国の名勝に指定される幅6メートル、落差55メートルの秋保大滝がある。

飛鳥時代、欽明天皇が病にかかり、献上された湯で全快したと伝わる「名取の御湯《みゆ》」は日本三大御湯の一つ。開業は、平家の落人が湯守《ゆもり》になった平安時代末期説が有力だ。江戸時代には伊達家の湯あみ御殿として栄えた。政宗もタカ狩りの合間、疲れを癒やしたとされる。

だが、景気低迷や娯楽多様化で、宿の利用者は1994年のピーク時の半数近い13万人に。

伝承千年の宿
佐勘

本社所在地
仙台市太白区
主な事業内容
温泉旅館業
創業年
平安末期
売上高
27億円（09年7月期）
従業員数
288人（パート含む）

ホテルの源泉前で話す佐藤勘三郎社長

「ニーズが想像を超えて変わった。１組でなく１人に対応しないと」と34代目の佐藤勘三郎社長(48)。旅行業界から「秋保のリーダー」と一目置かれる存在だ。

歴史ブームを読んで歴女を集めた。人気ゲーム「戦国ＢＡＳＡＲＡ」ツアーで旅行会社に協力。ゲームに登場する政宗や重臣の片倉小十郎といった地元の戦国武将にまつわる名所を巡る旅は即完売。第２弾も検討中だ。

２００８年には「館内歴史ツアー」も始め、スタッフが伊達家ゆかりの工芸品や調度品を説明。身近な財産を生かし、「悠久の歴史に思いをはせてほしい」と考えた。

ウェブの宿泊予約にも注力する。ビジネス客には夕食抜き、チェックイン・アウトを正午にした長時間滞在など、常時30〜40プランを提示。人気薄のプランは週単位で差し替える。

地域との結びつきも重視。２００６年から他の旅館とジャズフェスタを催し、チケットにつけた入浴券で新規客を呼ぶ。秋には自然を散策するノルディックウォーキング、2009年秋からは地元で収穫した環境保全米の朝食。「佐勘は秋保に生かされている。地域の盛り上げが観光の盛り上げにつながる」

代々守ってきた御湯と、紡いできた歴史の重み。「ほかの人には何でもないことが、すごいプレッシャー」。佐藤社長は明かす。

乗り越えるため大事にするのが「普通」の感覚。館内の温泉に3日に1度は入り、宿泊者目線でチェック。スーパーへの買い物も行く。「モヤシがいくらとか、詳しいですよ」。それがアイデアの源と信じる。

「守るべきは守り、変えるべきは変えるにつきます」

（篠健一郎）

山田乳業

本社所在地	宮城県白石市
主な事業内容	牛乳・乳製品製造販売
創業年	1884年
売上高	11億3000万円（09年9月期）
従業員数	42人

コンビニエンスストアやスーパーで見かけるヨーグルト「フロム蔵王」。フルーツ入りで安定剤なしの自然派志向が受け、東北だけでなく全国にファンを持つブランドだ。

この味、生まれたきっかけは会社の危機だった。

山田乳業は、温泉地としても名高い蔵王連峰を北に望む宮城県白石《しろいし》市で、明治時代に開業した。地元で採れた牛乳を瓶詰めする町の牛乳店だった。県南部を中心とした小中学校の給食で飲まれたこともあり、人口が増え続けた高度経済成長期には業績も右肩上がりだった。

創業100年超でのブランド戦略

転機は1990年代後半。流通の発展で、大手スーパーやコンビニチェーンが県内にも進出。山田の牛乳は、徐々に安い大手商品に追いやられた。さらに牛海綿状脳症（BSE）問題、雪印事件は、牛乳の消費量が減る「ダブルパンチだった」と山田泰《たい》社長(55)。売上高は、ピーク時より1割減った。

蔵王連峰を背に立つ山田泰社長

「牛乳だけではダメだ」。社内で何度も話し合った末、行き着いたのが低温殺菌牛乳のブランド名だった「フロム蔵王」を、牛乳以外にも広げる戦略だった。

その筆頭が、当時としては珍しい安定剤なしのフルーツヨーグルト。本来の味を大切にし、形が崩れない発酵温度や時間を見つけるため試行錯誤した。乳酸菌を学ぶため社員を東北大学の研究室に派遣、その知識も生かした。半年かかって1998年に完成。早速、クーラーボックスに製品を詰め、山田社長は首都圏や関西を行脚した。

「ヨーグルトなんてどこにでもある」。自信作だったが、飛び込み同然で回った卸売会社やコンビニチェーンに断られ続けた。めげずに3カ月で30社。ついに安全志向やなめらかな食感を気に入った大手コンビニが陳列棚に並べてくれた。

ヒットした。「うちでも売りたい」と声が掛かり、今では東京の百貨店や自然派食品店にも並ぶ。

2004年からはウェブ販売も開始。「楽天市場」「Yahoo!」などで常時200種類を扱う。「40個入りのヨーグルト50セットが5分足らずで完売することも」（山田社長）。ウェブが売上高の1割を占める。

「フロム蔵王」の製品は、ヨーグルトのほか、牛乳、アイスクリーム、ケーキなどがある。本社近くに蔵王連峰を望む牧場「フロム蔵王アイランド」を持つ。かつて乳牛を育てていたが、今はイベント会場として活用している。

創業100年超で、顧客は全国に。でも、蔵王の牛乳にこだわった商品作りは町の牛乳店時代から「変わっていない」と山田社長。「お客さまに『なくなったら困る』と言われる商品を作り続けたい」

（篠健一郎）

イトー鋳造

社長室を見せてもらった。机といすと本棚があるだけの小さな部屋。壁には社訓の額も経営方針を書いた張り紙も、装飾品もない。草庵《そうあん》のたたずまいを連想させた。

3代目の伊藤和宏社長(67)はしかし、熱くエネルギッシュな口調でこう話す。

「発祥が町工場でしょ。社訓なんて大層なものはない。座右の銘も若い頃と今で変わっているのが当たり前。金科玉条を守っていればなんとかなるわけじゃない」

そして、こう続けた。

「物事は変化する。時代の変化に遅れず必死についていく。自分も変える。会社も変える。これが生き残る大前提です。変わらないものは誠実な物づくり。こんな当たり前なことを張る必要がありますか」

「おやじが社長、息子が専務」の町工場から

1888(明治21)年、祖父・谷吉さんが秋田市大町に伊藤工芸鋳物を開き、鍋釜などの日

株式会社 イトー鋳造

本社所在地	秋田市
主な事業内容	鋳鉄異形管製造
創業年	1888年
売上高	23億円
従業員数	約100人

主力製品の水道用ダクタイル鋳鉄異形管（手前）と伊藤和宏社長

用品を扱った。１９３６（昭和11）年、父・利助さんが建設機械部品の産業用鋳物に転向、戦中は軍指定工場、戦後は木材を運ぶトロッコの車輪を作った。１９５１（昭和26）年、水道管分野に進出。１９６８年、現社名に変え、異形管の量産を始めた。

「生まれた時から鋳物に慣れ親しんで、中学時代から工場を手伝ってきた」。大学卒業後2年半、名古屋で「外の飯を食った」後、24歳で専務に就く。「小さな町工場でおやじが社長、息子が専務さ。姉の事務員1人に現場の従業員約30人」。直管大手の関連会社の時代を経て、今は2工場と東京、大阪などに4営業所、従業員は約１００人に。

水道管のうち直管は大手3社が量産する。が、地中の状況に応じて管路を曲げたり枝分かれさせたりしなければならない。それが異形管だ。重量比で15％ほどの割合。形状がさまざまで数が出ないため、中小企業が請け負っている。同社は年間約４５００トンを生産、政令指定都市を中心に全国の自治体、管材商社、大手メーカーに納める。

主力製品は、水道用ダクタイル（球状黒鉛）鋳鉄異形管。上下水道管の直管以外、さまざまな形状の管や接合付属品を扱う。地震や地殻変動に対応する耐震異形管の生産量は国内トップクラスを誇る。

全国的な水道事業費の削減で、全国展開の異形管メーカーは現在わずか数社になった。

「全国に張り巡らされた管路は約61万キロ。法定耐用年数は40年。しかし、更新率はわずか約1％と見られている。今のままだと蛇口をひねっても水が出ない事態も起こりかねない。これが水道の現実です。

水道局の大半は経営がぎりぎりで更新のための投資をしない。でも、必要な公共投資というのはある。どんなインフラをどの程度守っていくのか、国は方針を示すべきです」（奈良岡勉）

小松煙火工業

本社所在地
秋田県大仙市
主な事業内容
煙火の製造販売、打ち上げ
創業年
1885年
売上高
非公表
従業員数
23人

２０１０年春、若者2人を新規採用した。地元高校新卒の18歳と派遣会社から転職した26歳、どちらも「花火師」志願の男性だ。

百年に一度といわれる大不況下、秋田県は全国下位の雇用環境に苦しむ。「今だからこそ、埋もれた人材が得られる。能力とやる気のある若者がね」。5代目の小松忠信社長（46）はドングリまなこでまっすぐ見据えて話した。

「一人前になるには最低10年かかる。才能や発想がものをいう世界。いい花火は失敗の連続から生まれる」

2人が加わり、花火製造部門は21人に。うち9人は女性だ。最高齢は73歳。夏場のシーズンは、現場の打ち上げを担当する兼業農家ら約１４０人を季節雇用する。

消えるからこそ、記憶に残る

初代の小松寅吉氏が煙火製造免許を取得したのは１８８５（明治18）年、32歳だった。それ以前の資料がないため、この時を創業年とした。全国に名をとどろかすことになる「大曲《おおまがり》の花火」、かつての奥羽六県煙火共進会（現全国花火競技大会）の第1回から初代と2代目が参加。以後、大会を毎夏支えてきた。

花火は娯楽の最たるものだが、不況に強いといわれる。社訓を小松社長に聞いた。「ありません」。家訓も「ないです。ちなみにノルマもありません」。じゃ、先代からの教えは――。しばらく考え込み、「安全第一です」。

工場内で重さ約8キロの尺玉を持つ小松忠信社長

「火薬はいつ悪さをするかわからないので。花火に命をかける必要なんてありません。私の代になってからは、『楽しくなければ花火じゃない』がキャッチフレーズです。花火は人を楽しませてなんぼですから」

2010年3月の「新作花火コレクション」では、B級グルメとして全国区の「横手やきそば」をイメージした花火で最高賞の金賞を受賞した。

創業125年。初代寅吉氏から受け継がれてきた花火屋としての「姿勢」がある。「できませんとは言わない。自分の都合で仕事しない」。客本位。それが今まで仕事が続いてきた秘訣という。

打ち上げ花火の年間製造数は約6万個。東北地方の自治体や商工団体が得意先だが、海外の大型イベントにも出品する。

地元の観桜会にも頼まれれば花火を上げる。1人千円持ち寄り。約130人が集まり、夜桜の上に大小約千発を打ち上げた。

「花火はパッと咲いてパッと散る。いい意味では使われません。でも、消えるからこそ記憶に残る。『花火のようにいつまでも記憶に残る出来事だ』みたいな使われ方をされる花火を作っていきたい」

（奈良岡勉）

菊地保寿堂

本社所在地
山形市
主な事業内容
茶の湯釜、鉄瓶、鋳物急須、彫刻、エクステリアの製造販売
創業年
江戸初期
売上高
非公表
従業員数
15人

芸術品のようなモダンな形と色づかいの和鉄ポットが、近年のヒット商品。欧米など13カ国に輸出もしている。フェラーリのデザインを手がけた奥山清行氏とのコラボレーションも話題を呼んだ。ティーポットやフライパンなどの日用品から茶釜、さらに釣り鐘や仏具などの特注品も手がける。

薄くて軽量の山形鋳物は、千年近い歴史を持つ。同社は1604（慶長9）年に山形城主・最上義光《よしあき》に御用鋳物師に取り立てられたのが起こりと伝わる。江戸期は主に仏具、明治以降は鍋など生活用品を作ってきた。明治、大正、昭和3代の天皇家には茶釜を献上した。

技術を守り、伝えてきた先人への思い

老舗中の老舗が革新的な鋳物を手がける。そのミスマッチを問うと、15代目の菊地規泰《のりやす》社長（50）は笑った。

「千利休の時代に、すでに現代で通用するほど洗練された鋳物の茶釜がありました」

工房内で修理中の茶釜と菊地規泰社長

社長自身、高校時代に米国に留学、武蔵野美術大学では西洋の彫刻も学んだ。「逆に日本の工芸に精神性の奥深さがあると気づいた」と言う。

代々伝わる家訓がある。

一つ、のれんを守れ

必要なのは世に受け入れられる商品だ。「クールジャパンの象徴」とも称される和鉄ポットはその代表格。デザイン性だけでなく、湯切れのよさ、持ちやすさ、保温性など道具としての実用性も追求したからこそ信頼を勝ち得た。

一つ、分を尽くせ

余計なことに手を出さず、身の丈にあった経営を心がける。人気の和鉄ポットは納品まで数カ月かかることも珍しくないが、年間生産は2万~3万個にとどめる。むやみな生産拡大には出ない方針だ。

一つ、次代を考えて経営を

リストラをしたことがないのも会社の誇りの一つだ。１９９０年代前半のバブル崩壊後、社長は自分の給与を2年間ゼロにして若手を雇った。技術の継承には人材が最も大切だと考えるからだ。現在社員の平均年齢は40歳未満。伝統産業には珍しく、後継者問題に頭を悩ませることはない。

進取の精神の根底に、山形鋳物の技術を守り、伝えてきた先人への畏敬の念がある。戦時中は手投げ弾造りをする条件で、技術保存のため少量の鉄瓶生産が許された。「技術を殺傷道具に使われるのは、断腸の思いだったはず」と菊地社長。現代は、中小企業までもが国際競争を迫られる時代。それでも「問題や課題がなかった時代はない。改革が積み重なり、『伝統』や『歴史』ができる」と４００年余の社歴に思いをはせる。

今度は、環境配慮型の商品を思案中だ。「詳しくは企業秘密」。また一つ、伝統が積み重なる。

（藤木　健）

宝来屋本店

夏に飲める冷やし甘酒、お米で作ったジャム、塩や大豆などの原料すべてを地元産にこだわった味噌《みそ》「まるごと福島」。「宝来屋本店」の社長室を訪ねると、これまでに開発した製品がずらりと並ぶ。

「これ、現在開発中なんですよ」

柳沼正人社長(59)が楽しそうにペットボトルを差し出してくれた。中には、白い液体。お米で作った新飲料だ。バーや居酒屋へ、カクテルの原液として売り込む。約3年がかりで開発している品。飲ませてもらうと、米の甘みが口中に広がった。

味噌、甘酒、漬物用調味料が、販売額の約3分の1ずつを占める。「三五八《さごはち》漬け」と呼ぶ一夜漬の素は、百年にわたって売れる定番商品だ。

「知りすぎ」も良しあし

社名は「会津磐梯山は宝の山よ」という地元民謡の文句に由来する。

本社所在地
福島県郡山市

主な事業内容
味噌、甘酒等の製造販売

創業年
1906年

売上高
3億8500万円
(08年度)

従業員数
20人

「創造性なきものは亡《ほろ》ぶ」。社長室にはこう大書されている。

創業時の製品は味噌造りなどに使う「糀《こうじ》」だったが、長年培った発酵の技術を核に製品を広げた。

開発を率いるのは商学部卒業の柳沼社長。「奇想天外な発想と社員は言うが、技術を知りすぎているのもよくない」と笑う。

今では当たり前だが、練り味噌タイプやカップ式の即席味噌汁を1970年代初めに大手に先駆けて開発した自負もある。ヒットしたが、大手がすぐ低価格品を作り、1年ほどで撤退した。価格で勝てない中小の生き残り策が、特徴ある新製品の開発だった。

製造基盤を強めるため、新工場を2007年に建設。鋼材価格上昇もあり、年商並みの資金を要したが、「やらなくてはおれの代で会社が終わる」と投資を決断したという。

「社外秘」と書かれた黒い社員手帳を、少しのぞかせてもらった。今後

製造した味噌の品質を確かめる柳沼正人社長

5年の経営計画や約20項目の会社の方針が記されている。全社員が持ち、朝礼で内容を復唱する。

「老舗とは」と書かれたページには、「変化し得るものだけが生き残れる」とある。「社員に関する方針」には人材観を載せた。会社の理念・考えを共有できて能力もある人には「ぜひ協力を」とし、共有できるが能力のない人も「能力は気にしない。よい上司を見つけます」と歓迎。一方、能力はあるが考え方を共有できない人には「他社で力の発揮を」。手帳は経営理念を社員に伝える道具だ。

もう一つ、柳沼社長が会社の宝として大切にするのが、一本の「てんびん棒」だ。初代が創業時に商品を売り歩く際に使っていた。

毎年初め、年間目標を記した紙を棒に巻き付けている。2010年は「温故創新」と書いた。「伝統の技術を生かし、食文化を創造する企業になりたい」と柳沼社長。新製品開発に加え、海外輸出の本格化に挑む。

（中川　透）

アルテマイスター

ALTE MEISTER

本社所在地
福島県会津若松市
主な事業内容
仏壇、仏具卸販売
創業年
1900年
売上高
48億円
従業員数
296人（グループ3社で）

仏壇・仏具の一大生産拠点が、福島県会津若松市にある。国内で生産される仏壇の約7〜8割を占める「アルテマイスター」の工場だ。

社名は、英語で祭壇を意味する「アルター」と、職人や名人を指すドイツ語「マイスター」を組み合わせた造語。創業１００年を迎えた２０００年、「鳳花工芸」から改めた。

仏壇・仏具の卸販売が販売額の約9割を占める。２００８年にはペット供養仏具の通信販売事業「ニーノニーノ」を始めた。過去に「パーソナル仏壇」「近代位《い》牌《はい》」などがグッドデザイン賞を受賞している。

心に響く仕事を

創業家4代目の保志康徳社長（46）は「祈りの文化の創造集団として伝統を大事にしながら、創意工夫を重ねる職人でありたい」と話す。

仏壇や仏具を製造し、全国の小売店に卸して成長してきた。２０００年代に入り、社名変更

「仏具に高いデザイン性を求める方が増えています」と語る保志康徳社長

と同時に同社が目指し始めたのは顧客満足の強化だった。当時、直売店を持っていなかった同社。「仏壇を求める生活者の本音が知りたかった」

2000年、本社内にショールームを開設。2001年には東京・銀座に店舗兼ギャラリー「厨子《ずし》屋」、2006年には会津若松市内に直売店「仏壇職人保志」をオープンした。

そうした展開の中で、都市部と地方では、求められる「祈り」の形態に違いがあることがわかったという。

「伝統的な田舎の家には立派な仏壇が一つあり、家族みんながそこで手を合わせる。でも、都会の人は祈りがパーソナル（個人的）なんです」

田舎ほど家が広くなく、和室が少ない首都圏。最近は位牌などを保管する「厨子」を自分専用に持ち、自分の机やベッドのそばなどにそっと置く人が増えた。仏壇も小型が好まれる。また、手帳サイズで二つ折りでき、戒名を書いたプレートを挟んだ「手帳仏壇」も売れ行きを伸ばしているという。

「祈りに決まった形はない。祈るプロセスや手段のニーズを大事にしたい」

この業界に入って17年の保志社長。実は転職組だ。

大切にする祖父の言葉がある。

中学生の時、当時社長だった祖父に「おれは家業は継がないよ」と言った。幼い頃、同級生に「他人の死で飯を食っている」とからかわれ、傷ついたことがあったからだ。

祖父は穏やかな口調で返した。

「仏壇を買いに来る人の気持ちを考えたことがあるか？　大切な人を失った人が、仏壇に手を合わせることで慰められる。尊い商売なんだ」

28歳の時、3代目社長の父・英輝さん(70)に家業を継ぐ意思を尋ねられた。胸の片隅にあった祖父の言葉がよみがえり、勤めていた音響機器メーカーから家業に飛び込んだ。

「今では音響機器も仏具も、心に響く仕事と思っています」

（池田拓哉）

第3章
北関東地区

「求めるものはここにある」（煥乎堂）

黒澤醤油店

黒ずんだ蔵に、大きなスギの木桶が所狭しと並ぶ。その数、26個。どれも100年以上、使い続けてきた。ここで1年から1年半、もろみをじっくり寝かせ、一つの桶から4千リットルの醤油《しょうゆ》が生まれる。

蔵が黒ずんでいるのは、もろみの発酵に使う酵母菌が壁や天井に付着したせいだ。「でも、うちの醤油の味を造るために必要な菌なんです」と、4代目になる専務の黒澤仁一《じんいち》さん（37）が説明する。

次々と生み出される「名脇役」

茨城県有数の漁港、那珂湊《なかみなと》のほど近く。黒澤醤油店のルーツは明治初期にさかのぼる。

大豆、小麦などを扱う穀物商を営んでいた黒澤仁右衛門《にえもん》氏が、自家用などで醤油造りを始めた。息子で創業者の丑之助《うしのすけ》氏が本格的に販売を手がけたのは、1905（明治38）年のことだった。

本社所在地
茨城県ひたちなか市

主な事業内容
醤油製造

創業年
1905年

売上高
非公表

従業員数
8人

醤油のもととなる「もろみ」を熟成させる大桶の前に立つ黒澤仁一さん。１年を通して、気温の変化が少ない蔵の中にある

主に業務用として出荷。漁港近くに集積していた水産加工会社の缶詰製造などに使われてきた。市内にあった日立製作所寮の食堂で調理にも利用された。

しかし、バブルがはじけた１９９０年代以降、取引のあった加工場が次々と姿を消し、日立の寮も閉鎖されるなどして、得意先が激減した。

流れを変えたのが、仁一さんだ。

15年前、父から商品開発を任されるようになった頃、醤油はまだ1種類しかなかった。「営業に回っても、いったん断られたら、もう武器がなくなってしまう」。思いついたのが、姉妹商品の開発だった。

醤油造りでは、一般的に塩水で麹《こうじ》を仕込む。その塩水の代わりに、1年かけて搾った生醤《きじょう》油《ゆ》を使ってみた。試行錯誤の末、２年物の二段仕込み醤油「醤蔵《ひしおぐら》」が誕生。独自商品が次々と生み出されていった。

最近は、県産大豆など地元産の材料にこだわったり、黒酢入りのポン酢を考案したり――。いまや姉妹品は十数種類を数え、売り上げ全体の約半分を占めるまでになった。

「家庭では醬油で煮物も作らなくなった。でも、醬油をベースにした加工品には、まだまだ可能性が広がっていた」と、開発に明け暮れた日々を仁一さんは振り返る。

イベントなどに臨時出店し、PRを重ねた。当初は経費にもならない、わずかな売り上げだった。が、「新しい味」は口コミで徐々に広まっていった。

主力の「醬蔵」は2005年、全国醬油品評会の優秀賞を受賞した。

「醬油を愛してくれる地域の人たちとのつながりを大切にしてきた。人に恵まれたとも言えるかもしれない」

ただ、どんなに姉妹品を増やしても、ベースにある伝統の製法を変えるつもりはない。醬油はあくまで、食材のおいしさを引き出す「脇役」。「主役にはなれない」というのが、仁一さんの信念だ。

これから生み出す商品も、「名脇役」の味を追求していくつもりだ。

（今　直也）

マイコール

使いすてカイロのメーカーとして、大手4社の一角を占める。商品名は「オンパックス」。1988年秋に業界で初めて衣類に貼るタイプを発売し、市場占有率（シェア）を一気に伸ばした。

日本カイロ工業会によると、2008年度の販売実績は加盟する18社の合計で14億5500万枚。マイコールのシェアは15～20％と同社は説明する。

「使いすて」に活路を見出す

創業は風土に深く根ざしている。

栃木県は「野州麻《やしゅう》」の名で知られる麻の大産地だった。戦前から戦中にかけて、全国の半分に当たる約5千ヘクタールの作付面積を誇っていた。繊維をとった後の麻殻《おがら》を蒸し焼きにして砕いた麻殻灰は長い間、懐炉《かいろ》の燃料、懐炉灰の主原料に使われてきた。

創業者、臼井處一《しょいち》氏はもともと懐炉灰を包む和紙を製造していた。やがて麻殻灰製造、つい

マイコール

本社所在地	栃木市
主な事業内容	カイロ・温冷熱製品の開発・製造販売
創業年	1904年
売上高	53億円（10年6月期）
従業員数	120人

製造ラインの前に立つ臼井康雅社長（右）。「パイオニアとしてどんどん新商品を開発し、消費者にアピールしたい」

で懐炉灰そのものの製造に乗り出す。日露戦争で懐炉が軍需品として使われたこともあって、需要が急拡大した時期だ。

ところが、第2次世界大戦後になると、電気やガスなどの暖房器具が普及。麻もまた、化学繊維に押されて作付面積が激減した。1971（昭和46）年から2年間続いた暖冬も、経営を圧迫した。電気製品などの販売会社を設立するなど多角化に挑んだが、決め手に欠け、工場の閉鎖や従業員の解雇に追い込まれる。

現社長の臼井康雅さん（82）は3代目。1971年に社長に就任したばかりで危機に直面した。折からの石油危機で懐炉が見直されたことと、大幅なリストラや値上げでなんとか息を吹き返したが、時代の流れに抗しきれないのは明らかだった。

使いすてカイロは米軍が朝鮮戦争の際に使

ったといわれる。日本の市場には、1977年から製品が出回り始めた。マイコールの参入は1978年。臼井社長は当初、それまでの懐炉にとって代わるとは考えていなかったが、徐々に市場は広がっていった。

10年後、衣服に貼るタイプのカイロを他社に先駆けて売り出す。熱が加わると収縮する新素材を包装に使い、発熱材が片寄らないよう薄いシート状に工夫したのが受けた。その後も靴下に貼るタイプや、素肌に直接貼る医療用商品などを開発。2003年には芳香消臭剤などのメーカー「エステー」と業務提携し、全国への販売力を強化した。

使いすてカイロへの転進は功を奏したが、市場は成熟が著しい。業界全体の2008年度の販売実績は、暖冬の影響もあって、前年を約1割下回った。2009年度は前年度を上回ったものの、2・9%増とわずかな伸びにとどまっている。量販店で安売りされる一方で、原材料価格は値上がり傾向にある。最近は保温性下着など新しいライバルも現れた。

2010年秋、マイコールは足首などの関節にも貼りやすいように、発熱材を分割した新商品を市場に出した。「地球温暖化とか保温性下着の流行とか、カイロをとりまく環境は厳しいが、多様な消費者のニーズに合った商品の開発の余地はまだある」。臼井社長はカイロ「専業」の自負をのぞかせた。

（今田幸伸）

板室温泉 大黒屋

山ひとつ越えれば会津という那須の山中に13軒の旅館が連なる。

平安時代後期に発見されたと伝えられる板室温泉は今も「下野《しもつけ》の薬湯」と親しまれる湯治場だ。その奥近く、約1万平方メートルの敷地を構える大黒屋の創業は、室町時代末期。室井俊二社長(64)が16代目という板室温泉きっての老舗だ。

だが、宿のたたずまいに古めかしさは露ほどもない。山と川の景観に調和したモダンな庭は現代美術作家、菅木《すがき》志雄《しお》さんの作品。館内の廊下や客室にさまざまな作品がさりげなく飾られているのはもちろん、客の目に触れない従業員通路にも壁画、調理場の壁にもオブジェと、全館にアートがあふれている。

「保養とアートの宿」を掲げる。「温泉の伝統にアートを組み込んだ。そこが私の経営にとってのオリジナリティーです」と室井社長は誇る。2005年、企業メセナ協議会のアートスタイル経営賞を受賞した。

板室温泉 大黒屋
Itamuro Onsen Daikokuya

本社所在地
栃木県那須塩原市
主な事業内容
旅館業
創業年
1551年
売上高
3億7000万円
(10年2月期)
従業員数
44人

菅木志雄氏が造った庭に立つ室井俊二社長。さりげなく置かれた木の立方体も作品だ

「やり方を変える必要があるのか」

きっかけは客の一言だった。

「よく働くね。けれど、どこか楽しそうじゃないな」

30代半ば、専務として働いていたころのことだ。楽しげに映らなければ、客商売は無理だと悩んだ。「芸術家は水を飲んで暮らしていても、楽しく仕事をしているよ」。客の言葉を手がかりに1カ月に二度、東京・銀座に通い、画廊を回った。やがて、現代美術にひかれていく。中でも「もの」と人や空間との関係性を突き詰める菅さんの作品と思想に共鳴した。

社長就任後の1991年、「アートと保養の宿」づくりに本格的に乗り出す。「伝統的な絵画や彫刻ではなく、現代アートで独特な空間をつくろうとしたのは卓見でしょう」と菅さんは評する。

だが、その過程で古くからの従業員との摩擦も生まれた。「なぜ、やり方を変える必要があるんだと不満だったのでしょうね」。そう振り返る池田春子さん（現フロント主任）1人を残して、全員が職場を去った。

今は客にも従業員にも理解される「場」ができたと、室井社長は言う。モノから美や情報に と、社会が求める価値が自らの予想どおりに変わってきたという手応えを感じるからだ。

大黒屋は年に一度、若手作家のための公募展を開いている。選考委員には、奈良美智《よしとも》や村上隆ら人気作家を送り出したギャラリスト（画商）の小山登美夫さんも名を連ねる。

「今生きている人たちから生まれたアートが、昔からの風景や空間、音の中でどう響くか」。深い山の中でアートを育む面白さを、小山さんはそう語る。

不況の長期化やレジャーの多様化に伴って板室温泉も近年、客数の減少に悩んでいる。那須塩原市によると、温泉街を含む板室地区の年間宿泊数は1991年の33万7千人から、2009年は12万7千人に落ち込んだ。

大黒屋も厳しい状況に変わりはないと室井社長は言う。だが、80%を超すというリピート客の存在が、老舗のユニークな経営を下支えしている。

（今田幸伸）

島岡酒造

熱燗《あつかん》向きで価格が手ごろな本醸造酒「群馬泉」の醸造元。食と料理の月刊誌『食楽』2010年3月号の特集「日本酒番付」で本醸造部門の「横綱」に選ばれた。2009年末に出版された『安くてうまい日本酒186選』でも、「地酒スペシャリストの会」が2位に選んだ。

酒蔵全焼、瀬戸際からの再建

創業150年近い同社だが、廃業の瀬戸際に立たされたことがある。

2006年2月、漏電火災で江戸期に建てた約850平方メートルの酒蔵が全焼してしまった。3万リットル以上の古酒や新酒が被害を受け、約20本のタンクが使えなくなった。

全国のファンや同業者から募金や励ましを受け、白いしっくい壁の酒蔵は同年9月に復元できた。前橋の宮大工が県産の杉材などを使って建ててくれた。

問題は酒母《しゅぼ》づくりだった。水、麹《こうじ》、蒸し米を入れてつくる酒のおおもとだ。

同社の製法は自然の乳酸菌を生かす山廃《やまはい》仕込み。酒母室の壁やタンクをかき混ぜる道具など

本社所在地
群馬県太田市
主な事業内容
日本酒醸造
創業年
1863年
売上高
約8000万円
従業員数
5人
(酒造期は蔵人3人が加わる)

酒母に水や麹、蒸し米を加えてつくった、もろみの発酵を見るため、酒蔵の天井近くに上がる。「酒造りの主人公は酒を醸してくれる微生物たちです」と島岡利宣専務

には乳酸菌がすみついている。これが酒母に紛れ、杜氏《とうじ》らの腕で増殖されて酒を発酵させる酵母を助ける。蔵にいる乳酸菌がなければ酒の味が変わってしまいかねない。

酒蔵とともに乳酸菌も失われた。しかし、望みはあった。火事の半月前、同社は県立群馬産業技術センター研究員の増渕隆さん(45)に、乳酸菌入りの酒母を研究用に提供していた。

「うちの酒母はとってありますか」。増渕さんに電話すると、しっかり冷蔵されているという。増渕さんは噴霧器を手に、できあがったばかりの酒蔵に入り、酒母室のあちこちに乳酸菌をつけて回った。

「群馬泉」に使う米は通常の本醸造より10%多い60%まで磨き、でんぷんの多い中心部の割合を高めている。搾った酒は最低1年は貯蔵用のタンクに寝かせて熟成させる。手間をかけた製法が生きるのも、酒母がしっかりしているからだ。

「地酒スペシャリストの会」を主宰する東京・池袋の居酒屋店主の牛山剛《ごう》さん（30）は「お燗をすると味がくずれやすい日本酒が多いが、群馬泉はかえってうまみが増す」と評価する。

会社は渡良瀬川と利根川の間に広がる扇状地のへりの街道沿いにある。新潟から出てきたという初代は幕末、ここで酒造りを始めた。敷地の3カ所から、辛口の酒に向くミネラル分豊富な井戸水がこんこんとわく。

6代目にあたる専務の島岡利宣《としのり》さん（38）は東京で会社勤めをした後、1997年から父親の利昭社長（68）を助けている。毎年11月から2月にかけては、新潟から蔵人《くらびと》3人が駆けつける。リーダーの杜氏は39年間にわたって伝統の味を守っている。

醸造アルコールを加えない純米酒も造るが、全体の6割は大衆向けの本醸造酒だ。利宣さんは「香りが高くて華やかな酒がもてはやされているが、私たちは地域に支持された穏やかな味わいの酒を造り続けたい」と言う。

（石渡伸治）

煥乎堂

「煥乎《かんこ》堂」は、シンボルカラーのオレンジ色のブックカバーで知られる。群馬県の読書人にとっては思い入れの強い郷土の書店だ。

明治初期の創業とあって、書店名はいかめしい。『論語』の中で、孔子が古代中国の伝説上の君主、堯《ぎょう》の治世をほめたたえたくだり「煥乎として其《そ》れ文章あり」（光明なる文化がある）から採られた。

暗いトンネルから抜けた戦後、国民は活字文化に飢えていた。群馬でも同人誌や郷土誌などが数多く出版された。その一翼を担ったのが、出版も手がけていた煥乎堂だ。

前橋市の本店玄関の上には「QVOD《クォド》 PETIS《ペイス》 HIC《ヒーク》 EST《エスト》」（求めるものはここにある）と横書きされている。ラテン語である。

重厚な建築物で有名な建築家の白井晟一《せいいち》が設計し、1954（昭和29）年にできた旧本店に最初に掲げられた。当時の社長は高橋元吉氏。創業家一族の生まれで、英仏、独やラテン語、ヘブライ語をこなしたという兄の清七氏の後を継ぎ、戦争をはさんだ1942～63年、4代目

本社所在地
群馬県前橋市

主な事業内容
書籍・楽器販売

創業年
明治初期

売上高
約25億円

従業員数
約110人

「求めるものはここにある」。前橋市の本店入り口にはラテン語の標語が掲げられている。中央左は小林卓郎社長

を務めた。

元吉氏は詩人でもあった。同郷の詩人萩原朔太郎や、小説家の武者小路実篤らと交流があった。本店にあったギャラリーで郷土の美術家の個展を開くなど、文化活動にも熱心だった。

当時としては珍しいロゴマークを考案。三つの灯芯皿のある燭台《しょくだい》をあしらったデザインは、文化が広く世を照らすことを表している。群馬の文化を支えるという自負がうかがえる。

大型店に対抗し古書に挑戦

その伝統ある書店が、生き残りの道を模索している。紀伊國屋書店、ジュンク堂書店といった全国チェーンが前橋市内や高崎市内の大型ショッピングセンターに次々と出店し、苦戦を強いられている。「買い物ついでにふらりと立ち寄って本を『衝動買い』してくれる人が少なくなり、煥乎堂は『目的買い』の顧客が中心になった」と三浦秀彦経営企画室長は言う。

2010年5月、新刊書を扱う書店としては冒険ともいえる古本の取引を始めた。本店3階のフロアを古書コーナーに変え、児童書や一般書、文学全集、漫画、郷土史などが書棚に並ぶ。同社が取り扱っている書籍の6分の1に当たる約4万冊ある。

「煥乎堂さんなら」と宝物のような蔵書を手放してくれるファンも多いという。自宅の本棚にすきまができれば、また煥乎堂で新刊書を買ってくれるかもしれないという期待もある。

最近では、電子書籍による本の出版、販売に対する影響も心配だ。小林卓郎社長(50)は「中古本のコーナーにふらりと立ち寄ってもらい、良書と出合えるようなしかけをつくりたい。地域文化の振興に貢献を続けたい」と話している。

書店は前橋と高崎の2店。その経営を下支えしているのは、楽器販売、音楽教室などの事業部門で、音楽教室は直営14店を含め県内に38店ある。

(石渡伸治)

第4章
南関東地区

「一歩一歩『共存共栄』」

（川光物産）

UKプランニング

カタカタカタカタ……。ミシンの軽い音がリズムよく響く。工場内には、あちこちに帽子が積み上げられ、ほんのりと麦わらの香りが漂う。1887(明治20)年から変わらぬミシン製法と手作業で、麦わら帽子を作り続けている。

帽子は、麦の茎5本を交互に編んだ「真田」と呼ばれる帯状のひもを、木型に合わせてミシンで縫って作る。ベテラン職人が1日に縫える帽子は約60個。会社全体で年約2万個を作る。真田は縫う前に水で湿らせるため、縫った後は天日に干して乾燥させる。編み目が締まり、独特の風合いが増すという。干した帽子はプレスして形を整える。

流行は中国でつかむ

営業所や倉庫など拠点を置く春日部市赤沼地区は、かつては麦の栽培が盛んで、農家の副業で真田が作られていた。1880(明治13)年に田中惣太氏が創業。当初は近隣から真田を回収して販売し、商社を通じて中南米にも輸出したという。7年後にドイツからミシンを輸入し

本社所在地
埼玉県春日部市
主な事業内容
麦わら帽子製造
創業年
1880年
売上高
1億5000万円
(10年7月期)
従業員数
10人

「真田」を専用のミシンで縫い上げる。できあがったら手前の型に入れ、形を整える

帽子生産を開始。1962（昭和37）年に前身の会社「田中帽子店」が設立された。

麦わら帽子も他の工業製品と同様、安い中国産に押されている。真田もほぼ100%、中国産に切り替わった。今も時々ミシンを踏むという4代目の田中行雄会長（75）は「品質への自信と愛着をもって努力しないと、存続できない」と話す。

そんな中、紳士用定番の中折れ帽が2009年夏、若い女性の間で流行。グラビアアイドルがかぶってさらに話題になった。今シーズン（2010年）人気のカンカン帽も、東京・渋谷のファッションビル「渋谷109」に出荷する業者を中心に、2009年末ごろから注文が舞い込んでいた。流行は短いツバのついたワークキャップに移りつつあり、生産もシフトさせている。

5代目の田中英雄社長（46）は「中折れ帽

は女の子がかぶったことから流行に火がついた。次のシーズンの流行をどれだけ早くつかめるかがカギ」と語る。

流行の情報がいち早く集まるのは、欧米のアパレルメーカーが拠点を置く中国だという。田中社長は、生産が一段落する毎年6月、現地で情報を仕入れ、素材も選んで戻ってくる。素材にはペーパー（紙繊維）、いぐさ、麻も。9月には翌シーズンの企画を練る。

10年近く前からは、問屋を通じて、著名テーマパークのアトラクション係員のコスチューム用の帽子も請け負う。変更があるたび、数社から各2、3種類のデザインが届く。「うちに注文が来るようになったのは、国内で製造する所が少なくなったからかな」と田中社長。

営業力強化のため、2009年8月に「UKプランニング」を設立し、田中帽子店の業務を受け継ぐ形にした。登記上の本店所在地は東京都台東区。いずれはショールームも作るという青写真も描く。

それでも、信念がある。

「春日部の伝統産業として、ここを守っていくのも使命」

（今井由紀子）

工藤鉄工所

「綴《と》じる」という字は糸偏に叉が四つ。糸が連なる様子を表しているという。そんな「和綴じ」から始まった日本の製本技術は、100年ほど前、大きな変化を遂げた。その先駆けとなったのが、工藤鉄工所だ。

1907（明治40）年、創業者の工藤源吉氏は、ホチキスのように針金で本を綴じる足踏み式の国産機を開発した。針金綴じ機が輸入され、洋式製本の道が開かれてから10年ほど後のことだったという。

創業地は今の東京都文京区。針金綴じ機を自動化し、シェアを広げた。第2次世界大戦の東京大空襲で工場が全焼したが、戦後間もなく国内初の自動中綴じ機を開発。本の背の部分から綴じる「中綴じ方式」は、1950年代後半に創刊が相次いだ週刊誌に採用され、製本技術の革命と評された。

高度経済成長を経てカラー印刷が進み、裁断や綴じ位置を正確にするため、大量の紙を素早くそろえる機械が必要になった。「敵」は紙と紙の間に生じる静電気。人手に頼って紙をもん

創業 1907 株式会社 工藤鉄工所

本社所在地
埼玉県川口市
主な事業内容
製本機械製造
創業年
1907年
売上高
5億円（09年11月期）
従業員数
40人

紙の枚数を自動計算する試作機を点検する工藤英知社長

だりそろえたりする作業は、紙に傷や汚れが付きやすく熟練を要し、重労働でもあった。

そこで考えたのが、台に積んだ紙の束に振動を伝え、空気を入れながらそろえる手法。機械のモーターの軸に重りをつけ、回転による振動を生み出した。台を傾けて振動を加えながら紙と紙の間に空気を含ませ、紙の四隅をそろえる。そろえ終わったら、麺ののし棒をヒントに考案したローラーを使い、空気を抜く。この一連の工程を機械化したのが１９８３（昭和58）年だった。

独自の振動技術を生かす

１９８７年には、広い敷地を求めて埼玉県川口市に移転。１９９４年には科学技術庁長官賞を受賞し、紙そろえの主力機「クドエース」は２００７年、販売数が１万台に達した。

東京都製本工業組合の星野一男理事長は「工藤鉄工所製の機械は組合加盟約700社の大半が導入している。1世紀続くメーカーの発想と丁寧な仕事ぶりは、さらなる可能性を秘めている」と評価する。

しかし、「百年に一度の不況は、戦争に続く二度目の危機」と工藤英知社長(60)は言う。2010年春から週1日の生産調整日を設けたほどだ。

日本経済全体を覆う不況に加え、活字離れやインターネット社会の拡大などによる出版市場全体の需要低迷も追い打ちをかけている。

生き残りをかけ、独自の振動技術を生かし、印刷分野以外への拡大も図っている。医療用実験設備として、フラスコを均等に振動させて試料をかきまぜる機械を開発。ハンバーガーなどを入れる袋やカップラーメンのふたをそろえる機械の製作も手がけている。いずれも、製薬会社や食品会社側からの依頼だ。

工藤社長は3代目だった父から「ネジが1本緩んでいるだけで、飛行機ならば大勢の人が死ぬ」と戒められてきた。「今こそ、受け継いだ理念と信念を判断軸に、時代に合った形を考えていきたい」

(伊藤典俊)

銚子山十

江戸時代から醤油《しょうゆ》の一大醸造地として知られる千葉県銚子市で、国内で唯一醤油のルーツと言われる「醤《ひしお》」を主商品として造り続ける。

原料は醤油と同様、大豆と麦で、混ぜ合わせて発酵させて麹《こうじ》をつくるのは同じ。異なるのは使う麦が大麦で、加える塩水はまぶす程度。4日ほど麹菌を培養させ、桶に詰めて重しを載せて1年ほど熟成させる。

社長の室井房治さん(62)に勧められ、樽《たる》の表面にわき出た黒い上澄み液をなめてみた。普段口にする醤油と比べ、甘みとこくがある。

醤は豆の食感があり、味噌《みそ》のような形状だが、味と香りは醤油に近い。「ペースト状の醤油」のようだ。ただ、見た目とは違って塩辛さは少なく、まろやかでしっかりしたうまみが口に広がる。日本最古の法典「大宝律令」に造り方が書かれていたといわれる。平安時代の宮中調度の解説書では酢と塩、味噌と並んで記されたといい、醤油が誕生するまでは主要な調味料だったようだ。

本社所在地
千葉県銚子市
主な事業内容
発酵食品製造販売
創業年
1630年
連結売上高
3500万円
(09年11月期)
従業員数
2人

「醤油屋が醤油を造れない」もどかしさ

日本の醤油の発祥地といわれる紀州から、江戸開府後に移住した職人たちが興したのが銚子の醤油造りの始まりといわれる。太平洋に突き出た地形は夏涼しく冬は暖かく、麹が育つ適切な環境を生み出す。

「銚子の歴史と自然があるからこそ醬は育つ」と室井房治さん。「ひ志お」は原則市内の商店のみに置いている

銚子山十も紀州出身の岩崎家が創業した醤油醸造の老舗。ヒゲタやヤマサといった大手と並び、利根川の水運を活用して江戸に出荷していた。昭和初期に経営に行き詰まった岩崎家から、室井さんの祖父が事業を引き継いだ。

室井さんは東京の大学を卒業してシステムエンジニアとして研究機関で働いていたが、「長男の宿命」として30歳で帰郷して家業を継いだ。だが、先代は海産物などの卸を商売の中心に。醤油業界も価格競争が激しくなっており、大手にはかなわないと醸造に見切りをつけていた。

醬油屋が醬油を造れない。もどかしい思いを持ち続けていたとき、自家用や得意先への手土産として造っていた醬の商品化を思い立つ。「ひ志お」と名付けて細々と始めてみたら、1990年代から口コミで広がり、メディアでも度々取り上げられるようになった。

「化学調味料が敬遠され、付加価値が求められるようになった時期だったのでは」。太古のロマンも相まって安定して売れている。

妻やパートら数人での昔ながらの手作業で、年産5トンがやっと。その貴重な一品を炊きたての白米にのせていただく。独特の食感とうまみが米の甘みを引き出す。「醬がうまいと言われるより、醬と食べたらもっとおいしくなったと言われたい」

銚子市は食料自給率240%を誇り、海の幸も山の幸も全国有数。主役は米や野菜、魚に譲る。しかし、醬に勝る引き立て役はない。そんな自負が、太古から変わらぬ味造りを支える。

（小沢邦男）

川光物産

白玉にとけのこりたる砂糖かな（高浜虚子）

白玉は夏の季語。暑さ続くなか、涼を口に運ぶ甘味に欠かせない一品だ。

創業から３００年を超え、白玉や白玉粉の生産でその名を知られる。前身は農業と米雑穀の集荷業。江戸・日本橋から現在の松戸に居を移して始めた。１８８７（明治20）年、農業をやめて川光商店を設立し、精米や酒類薪炭販売などに乗り出した。

転機は１９２１（大正10）年。大八車などでもち米を納めていた縁で、日本白玉株式会社を買収。当時生産量日本一とされた「玉三」の商標を受け継いだ。

白玉は、「白玉粉」を水でこねて丸め、熱湯に入れて浮いてきたら冷や水に移して作る。

原料となるもち米は、国産米にこだわる。千葉産などのコシがしっかりした硬質米と北海道などの軟質米を配合。輸入米は使わない。水を加えながら石臼で粉をひく「水挽《みずひ》き製法」を続けている。米の作柄は毎年違うが、質を保たなければ常連の菓子職人が許してくれない、という。

川光物産株式会社

本社所在地
千葉県松戸市
主な事業内容
白玉団子製造販売
創業年
1681年
連結売上高
45億3000万円
従業員数
100人

16代目の川井光之社長（右）と息子の光弘工場長。伝統の味を後世に伝えるための提案も欠かさない

安全へのコストは不可欠

１９５０年代は、白玉作りを親子で楽しむ家庭もあり、「玉三」ブランドが市場を席巻した。

時代の変化にも敏感だった。70年代にはソーセージ製造機を改良し、練り上げた粉を入れて冷蔵する「即席白玉」を市場に出した。80年代には、「白玉を切るのが大変」との声に応え、「スライス白玉」も考案した。

食品偽装や事故米の不正転売問題……。厳しさを増す消費者の目に応えるべく、製造過程で金属片などが混入していないかを最終段階で確認する金属検出機や、外気を遮断するクリーンルームを導入した。設備投資はかさむが、16代目となる川井光之社長（66）は「よいものをおいしく食べてもらうのが使命。安心、安全へのコストは避けて通れない」と話す。

急激な需要増は望みにくい市場だが、松戸工場の工場長で長男の川井光弘さん(37)は「味に特徴が少ない分、いろいろな使い方ができる。こちらからメニューを提案していきたい」。

白玉小倉パンを売り出した地元のパン店やたい焼きに入れた東京都内の店では、人気商品になった。現在、業務用の主力は「冷凍白玉」。1袋に直径2センチほどの白玉が130粒入っている。コンビニエンスストアで売られるスイーツに使われ、人気を集めている。

高齢化社会を見据え、高齢者施設に販路を拡大することも考えている。「白玉はのどごしがツルッとしている。モチのようにのどにつかえにくい」。アイデアは尽きない。

バブル期には、ゴルフ会員権や融資、資産運用などの勧誘が相次いだが、「冒険しなかった」のが幸いした。「細く長く続く企業にしたい。『勝ち残る』『生き残る』ではなく、一歩一歩『共存共栄』」と川井社長は言う。

(吉井　亨)

小津産業

町人文化華やかなりし1805（文化2）年ごろの日本橋周辺を描いた絵巻「熙代勝覧《きだいしょうらん》」。その全長約17メートルの複製が2009年末、東京の地下鉄三越前駅のコンコース壁面にお目見えした。にぎわいを再び、と都や地元有志がつくった。使われたのは、近くに本社を構える老舗企業、小津産業が選んだ和紙だった。

1653（承応2）年の創業以来、商いの中心をなす「紙」を糧に、激動期を生き抜いてきた。前身の紙商「小津屋」を開いた3代目小津清左衛門氏は三重県松阪市の出身。江戸で商売して富を築いた松阪商人の代表だ。ちなみに映画監督、小津安二郎は、18世紀にのれん分けした小津新兵衛氏の家系に連なる。

出店当時、江戸では『好色一代男』といった軟文学本が次々に刊行され、和紙需要はうなぎ登り。商いが軌道に乗ると、清左衛門氏は松阪に居を移し、店の経営は支配人や番頭に任せた。

明治維新後も11代目が新政府の資金調達を担う商法会所の元締頭取に。1899（明治32）年には、松阪で銀行業に進出。紡績業や貿易業にも乗り出すが、1927（昭和2）年、昭和

小津産業株式会社

本社所在地	東京都中央区
主な事業内容	不織布などの加工販売
創業年	1653年
連結売上高	390億円（10年5月期）
従業員数	289人

和紙文化の発信地にふさわしく、1階には手すき和紙がつくれるコーナーも

金融恐慌にのみ込まれる。だが、小津家は東京の店を手放し、経営を番頭らに委ねて伝統の紙商を守った。店は合資会社に改組し、支配人ら10人の責任社員が資本金10万円を出資し、営業を続けた。今でいうマネジメント・バイアウトだ。

未来拓いた「新しい紙」

戦後、販売の主力は洋紙やトイレットペーパーなど家庭紙に移った。だが、度重なる危機を救ったのは、現代に通ずる合理的経営だけでなく、枠にとらわれない事業展開だった。

1960年代、和紙原料のコウゾなどの入手が困難になると、レーヨンに目を付けた。和紙のように漉《す》き込んで不織布《ふしょくふ》という新しい「紙」にし、加工を施すことで、和菓子の包装紙や医療用ガーゼ、旅客機のへッドレストカバーなどの用途を開いた。

当時のトップは、不織布に「社運を賭ける」と宣言。1973（昭和48）年、旭化成と合弁で宮崎県延岡市に専用工場を建設した。毛羽立たず吸水性にも優れた新製品を引っ提げ、半導体業界への売り込みに乗り出そうとした矢先、第1次石油危機が襲う。

工場に山と積まれた製品の営業に走り回ったのが、中田範三《のりみつ》社長（62）だ。最先端の電子機器が出品されるエレクトロニクスショーに、手書きの看板を携えて、不織布を出品した。「何で紙屋が？」といぶかる声もあったが、必死だった。メーカーの担当者が置いていった名刺を頼りに、全国を行脚した。いまや、半導体工場のクリーンルームなどで、ふき取り用のクロスとして使われる不織布では国内トップのシェアを持つ。

2008年からは、物流倉庫の一部を改装してレタスなどの水耕栽培を始め、伊勢丹新宿店などに出荷。農業との縁は、テープ状の不織布に包んだ種子を畑に埋める種まき法の会社と取引を始めた1970年代から。中田社長は「伝統、それは継続的な開拓の歴史」と言う。

（鈴木淑子）

中村屋

「新宿中村屋」。時代が移り変わっても、東京・新宿の「顔」の一つであり続けている。

中村屋本店は新宿の繁華街にある。デパートや家電量販店が軒を連ねる大通りに立つ6階建てのビルは、一世を風靡《ふうび》した「インドカリー」などの伝統の味を求める人で今もにぎわう。

1901（明治34）年に創業した。もともとは東京・本郷のパン屋から始まっている。

創業者の相馬愛蔵《あいぞう》氏は、東京専門学校（今の早稲田大学）で学んだが、商売の経験はなく、当時、なじみが薄かったパン屋を選んだ。新聞広告を出し、営業中のパン屋の譲渡を呼びかけ、職人や製造器具も含めて丸ごと買い取った。店名も「中村屋」をそのまま使った。

3年目、シュークリームにヒントを得た新製品のクリームパンがヒット。順調に売り上げを伸ばし、6年目には支店を開設した。そこが新宿だった。

当時は「こんなすさんだ場末もなかった」と相馬氏が振り返ったほどみすぼらしい街。それでも、市電の終点がある新宿に相馬は「興隆の機運」を感じる。読みは的中し、開店初日から本郷の店の売り上げを上回った。2年後には新宿の現在地に本店を移し、和菓子に手を広げた。

新宿 中村屋

本社所在地	東京都新宿区
主な事業内容	菓子・食品製造販売
創業年	1901年
連結売上高	409億円
従業員数	905人

本店２階レストランの「インドカリー」。「恋と革命の味」は今も一番人気だ

進化し続ける味の極意

多くの文化人が集い、「中村屋サロン」と呼ばれた店には1927（昭和２）年、新たなメニューが加わる。それが「インドカリー」だ。

相馬夫妻が、亡命中のインド独立運動の闘士ラス・ビハリ・ボースをかくまったのがきっかけ。娘の俊子さんがボースと結婚。ボースが伝えた「インド王侯貴族のカリー」を売り出した。

町の洋食屋のカレーが10～15銭の時代に80銭もしたが、「恋と革命の味」は、大変な評判を呼んだ。以来80年、食材や製法にこだわり、「伝統の味」は進化を続ける。

「変えずに変えずに変わる」

長く客に支持され、しかも時代に合わせて変化し続ける味の極意を二宮健総料理長（74）はこう表現する。

戦後の混乱期を乗り切った同社は、1953（昭和28）年以降は百貨店への直売店進出など、多店舗化を進めた。現在、和洋菓子などの直売店は約110。インドカリーの店や南欧風レストランも首都圏を中心に数多く展開する。

染谷省三社長（66）は「企業は『環境対応業』。変化する経済や人の価値観に適応できなければ発展は望めない」と話す。

現在の主力商品、中華まんじゅうは1985年以降にコンビニエンスストアでの販売を本格化し、販路拡大につなげた。肉まんだけでも「特撰上肉まん」「ふかひれ肉まん」など十数種類を出している。2001年にはレトルトパックの「インドカリー」を一般消費者向けに、2006年からは「東京ショコラトリー」のブランド名で駅構内での土産菓子の販売を始めた。

激しい時代の変化の中、染谷社長は改めて創業者の経営哲学をかみしめる。

「創意工夫、良品廉価といった考え方を私たちのDNAとして、努力していくことが大切だ」

（武井宏之）

小林防火服

浜松の指揮隊は、目立つメタリックイエロー。横浜の特別高度救助隊は、放射熱に強いメタリックオレンジ。消防士のいでたちは、実は各地で少しずつ違っている。

寒冷地では暑さに弱い隊員に配慮し、上着の一部に透湿性のある布が使われることが多い。服に付いた水滴が凍りにくいことも重要だ。工場群を抱える都市では、油をはじくアルミフィルムでコーティングされている生地の採用が多い。こうした地域の特性を踏まえ、最適な防火衣を設計、販売するのが小林防火服の仕事。ヘルメットや手袋の販売も手がけている。

熱を感じないと、かえって危険な目に

江戸時代末期に創業した。江戸の町火消しが着る刺子《さしこ》半纏《ばんてん》を縫って売ったのが原点だ。

戦後、綿とゴムを組み合わせ、初めて防火衣用の難燃生地を開発した。高度成長期は、同業者が特定の大手繊維メーカーと協調していく中、独立性を保つ道を選んだ。バブル期も多角化はせず、「防火服専門」を貫いた。そんな道のりが、「小さいながらも自分たちでとことん開発

KOBAYASHI FIRE PROTECTIVES CO., LTD.
小林防火服株式会社

本社所在地	東京都渋谷区
主な事業内容	防火衣製造
創業年	1867年
売上高	非公表
従業員数	非公表

し、技術的に日本一の専門店を目指す」と6代目の小林寿太郎社長(41)が言い表す社の姿勢を形作った。

開発では現場の声を大切にする。消防署を回り、困り事や要望を聞いて製品に反映させる。例えば、横浜市消防局のズボンは、あえて生地を薄めにした。「熱を感じないと、火に近付き過ぎて危険な目に遭ってしまう」と聞いたからだ。

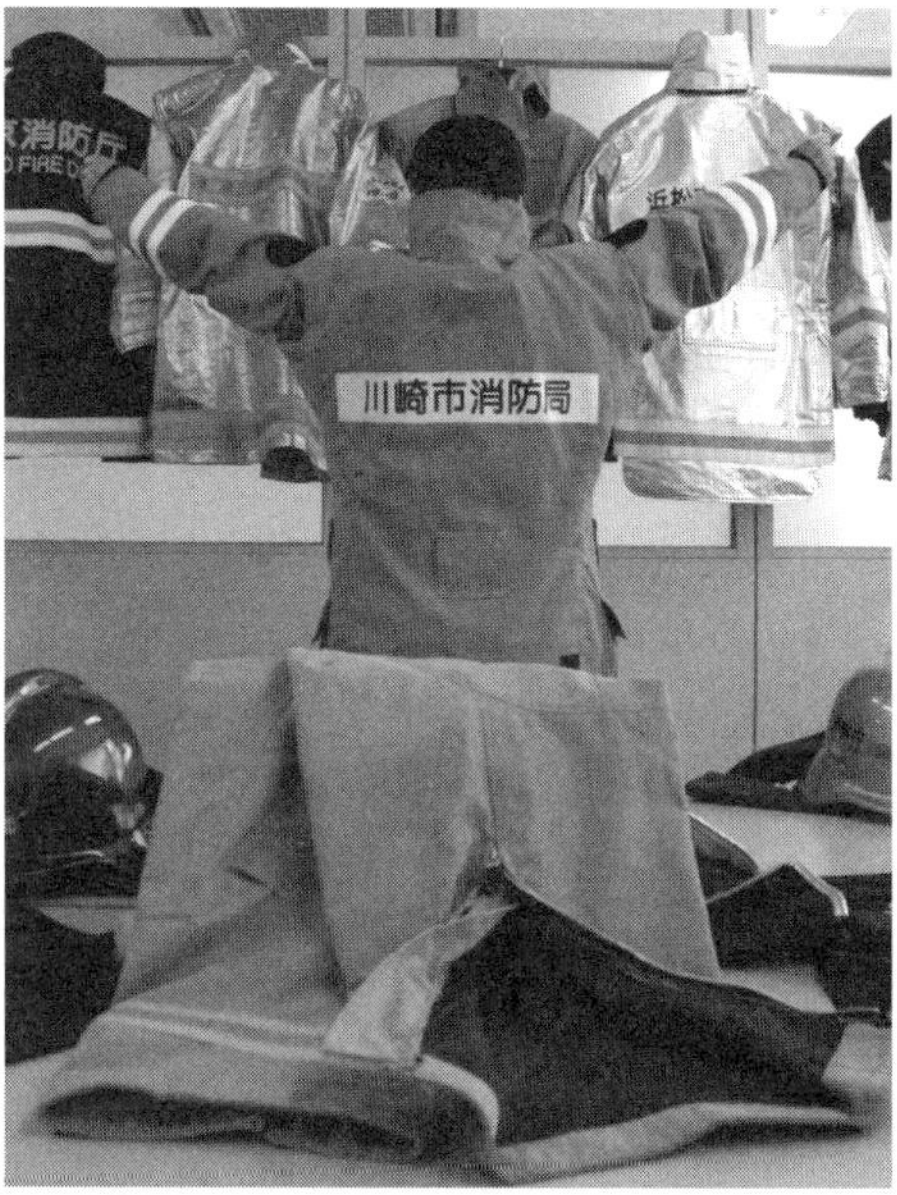

上着は腕を伸ばしやすいよう、脇にまちがついている。
難燃性の表地の裏には、透湿性のある生地が使われる

最近では、炎が爆発的に噴き出すフラッシュオーバーが全身を襲っても耐えられるよう、業界で唯一、750度の高熱にも耐える特殊繊維を使った服を開発した。

上着は、高いもので1着12万円する。「日本で最高に高いです」と小林社長。縫製は、国内の専門会社に委託し、海外では作らない。「税金で購入されるものなので、日本で作って日本に還元したい」との思いからだという。

これまでの納入先は、広域消防

や自治体消防など全国に広がる。明治時代から取引のある東京消防庁をはじめ、政令指定都市では、横浜、川崎、相模原、京都など8市。海上保安庁、防衛省なども名を連ねる。

同社の服を購入した札幌市の担当者は「同じ活動でも、着る服で動きが大きく違う。建物の高層化、地下化が進んで難しい火災が増えている。性能がよいと最低限の安心になる」と話す。

5～10年で買い替えが見込めるので、需要は安定的だ。だが小林社長は楽観していない。国際標準化機構（ＩＳＯ）が現在、消防士のヘルメットや手袋に国際規格を作ろうとしている。欧米に合わせた規格ができれば、消防士の体格や消防の考え方が異なる日本の消防現場は混乱し、装備品の調達にも影響が出かねない、と懸念する。

ＩＳＯ委員でもある小林社長は、海外での情報集めにも余念がない。

（壱田和華子）

宮本卯之助商店

本社所在地
東京都台東区
主な事業内容
神輿、和太鼓等製造販売
創業年
1861年
売上高
10億円（09年12月期）
従業員数
46人

夏祭りに欠かせない和太鼓。最近は音色の異なる太鼓を組み合わせた組太鼓が静かなブームだが、支えるのは老舗の技術と信頼だ。

和太鼓を製造・販売して１４９年。昭和に入って神輿《みこし》も手がけ、東京・浅草の三社祭の主役、本社神輿も復元した。

「カン、カン、カン」。隅田川にかかる言問《こととい》橋に近い本社に併設された工場。この道40年の職人の手にかかると、使い込まれた太鼓の革の張りを調整する鋲《びょう》打ちの響きも音楽に聞こえてくる。

１００年もたせる職人の技

茨城の土浦で創業した。４代目が身延山《みのぶさん》参りの途中、立ち寄った浅草で、猿若三座などの芝居小屋が人の流れを呼び、何軒もの太鼓屋が繁盛しているのを見て、１８９３（明治26）年に利根川から舟で職人らと上陸。今の本社近くに店を構えた。

熟練の職人の技と五感が深みのある音を奏でる太鼓を生む

宮本卯之助現会長（68）は7代目。祖父、5代目卯之助氏は、太平洋戦争が始まるとすぐ、太鼓の胴の原型である粗胴《あらどう》を原木産地の福島に疎開させた。

粗胴は大きなもので直径1・5メートルに及ぶ。ケヤキなどの木を筒状にくりぬき、収縮して太鼓の革が緩まないよう3年ほどかけて乾燥させる。太鼓づくりの命といえる原材料だ。辺りは東京大空襲で壊滅的被害を受けたが、同社はいち早く復興を遂げた。

神輿を手がけたのはこの5代目だった。まだ焼け野原が残る一方で、復興への意欲があふれていた1950年代、全国各地の町会で、地元の祭りを復活させようという機運が高まっていた。その気持ちに応えようと、「裸電球の下で、職人たちは夜中まで働き、多いときで年20基ほどの神輿をつくっていた」と宮本会長は話す。

神輿は、さながら小さな神社。神霊が鎮座する部分は、手彫りの錺《かざり》金具が施された欄干で囲まれ、漆塗りの屋根の四隅にはそれだけで優美な伝統工芸品といえる飾りがつく。木と向き合い白木の原型をつくる木地師や錺師、塗師《ぬし》ら多くの職人の手を経て、半年から1年かけ完成させる。今も25人の職人がいる。

1964（昭和39）年の東京五輪以降は車も普及し、拡幅された青山通りなどからは神輿が消えた。にもかかわらず、今日に至るまで売り上げを大きく落とすことなくこられたのは、神輿も和太鼓も「20〜30年に一度修理すれば、100年はもつ極めて息の長い仕事」（宮本会長）だから。今なお受け継がれるのは、社是でもある「顧客の立場に立って、妥協せず、最高の製品とサービスを提供する重義（＝義を重んずる）の精神」だ。

取引先には宮内庁楽部のほか歌舞伎座、国立能楽堂などもある。神社の祭礼や盆踊り、歌舞伎の舞台下手《しもて》で奏でられる和太鼓や鼓のレンタルも行う。実際に演奏できるアフリカなどの太鼓800点以上を収蔵する1988年開設の博物館「太鼓館」は、外国人観光客の人気スポットだ。ハワイ在住の太鼓奏者の支援なども続けるが、伝統を今に伝え、未来につなごうとの心意気が底流にある。

（鈴木淑子）

伊勢半

「キスミー（Kiss Me）」ブランドの化粧品を世に出したのは1933（昭和8）年。当時としてはかなり大胆なネーミングだったに違いない。英語が「敵性語」として禁止された戦時中も「ＫＩＳＵＭＩ」というローマ字で通し、戦後に再び戻した。

その挑戦精神は、今に通じる。

口紅と言って思い浮かぶのはスティック状のものだが、昭和初期まではベニバナからとった天然由来の「紅」を指した。女性が紅差し指（薬指）で溶いて唇につける図は浮世絵でもおなじみ。伊勢半はスティック口紅のほか、江戸期と変わらぬ製法による紅も作り続けている。

「製法は、今も当主と紅匠《べにしょう》と呼ぶ職人の親方の口伝で伝えられるのです」と現社長の澤田晴子氏は説明する。

初代・澤田半右衛門氏が現在の日本橋小舟町に紅製造問屋「伊勢半」を開いたのは、1825（文政8）年、36歳のとき。問屋奉公のかたわら、試行錯誤の末に「玉虫色の輝きを放つ」独自の紅を編み出した。

ISEHAN

本社所在地
東京都千代田区
主な事業内容
化粧品製造販売
創業年
1825年
売上高
非公表
従業員数
290人

明治に入ると、海外からの安い化学染料の攻勢や、出資した銀行の倒産もあり、店を手放す憂き目に遭う。震災や戦災も大きなダメージを与える。再興への地歩を固めつつあった4代目は、跡継ぎを震災で亡くした。

「第二の創業」を担ったのは、4代目の甥の6代目だ。1939（昭和14）年に家督を継ぐ以前から植物性油脂を入れた口紅の開発に取り組み、中国やインド、中近東への輸出も手がけた。終戦の翌年には「唇に栄養を」のうたい文句で売り出した「キスミー特殊口紅」が大ヒット。

1966年には、ケースに入った商品をフックにかけて陳列する方法で業界初のセルフ販売にも乗り出す。総合化粧品メーカーへの転換を遂げ、中興の祖となった。

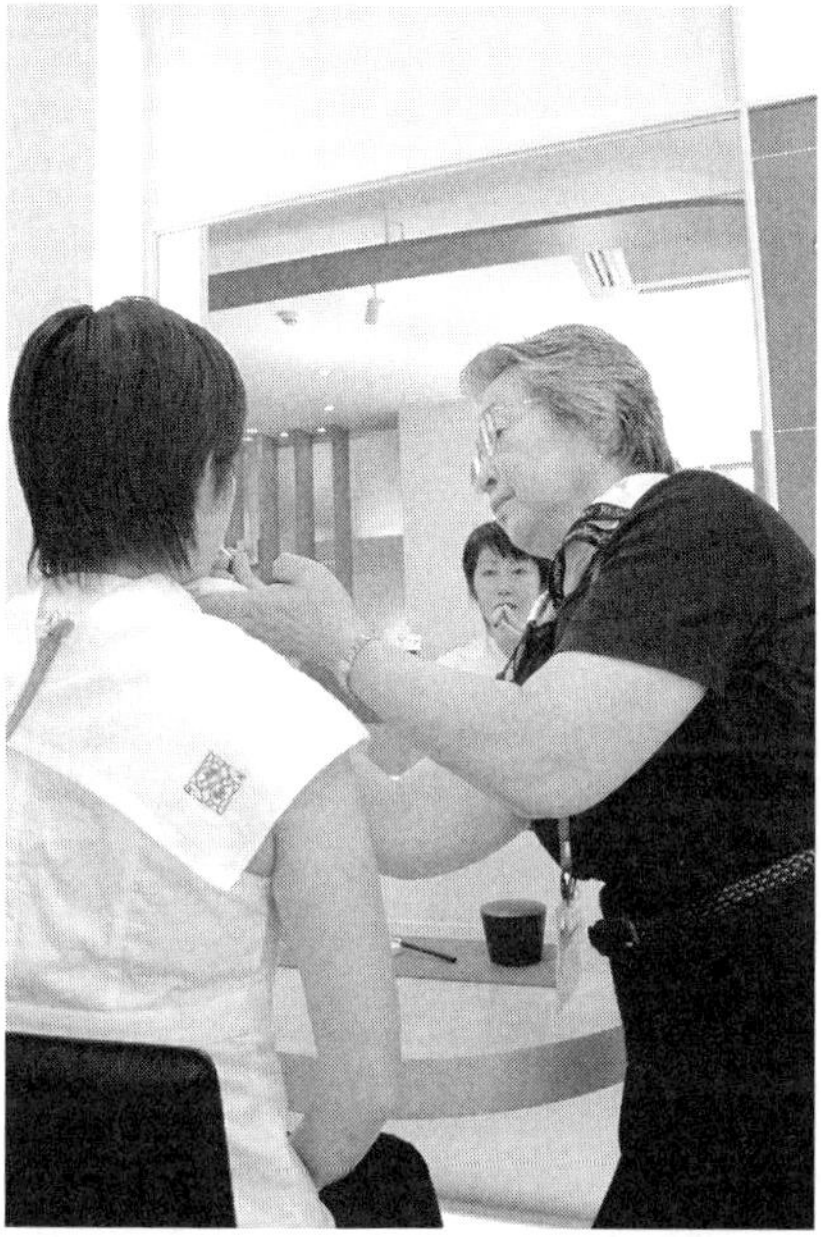

「紅ミュージアム」には日本伝統の紅を試せるコーナーもある

「日本の赤」を求める人々

2009年春、社長に就いた澤田晴子氏は7代目当主の妻。「祖業の紅づくりを守り、後世に残すには理解者を増やすことが大事」と、江戸開府400年の2003年、千代田区の記念事業に加わる形で、同区神保町に期間限定の紅の資料館を開設した。

2006年9月には港区南青山にグループが運営する常設の「紅ミュージアム」をオープン。伝統的な製法による紅を試すことのできるスペースも設け、「商売は横に置いて、先輩諸氏と共に守ってきた伝統文化の素晴らしさに触れてもらえれば」と澤田社長。今ではオーガニックにこだわる欧州や豪州からの観光客や「日本の赤」を求めるニューヨークのメーキャップアーティストらが訪れる。

少子高齢化で国内市場が伸び悩む中、往年の少女漫画のヒロイン風のイラストをあしらったパッケージが目を引く「ヒロインメイク」シリーズは、口コミサイトで火がつき、国内のみならず、中国や台湾、タイの若い女性の圧倒的な支持を集める。海外での拡販と併せ、2010年7月からはテレビCMも始めるなど、情報発信に余念がない。

（鈴木淑子）

大川印刷

横浜名物として有名な崎陽軒《きようけん》の「シウマイ弁当」。1954(昭和29)年の発売開始以来、50年以上、その包装紙の印刷を、デザインが3度刷新されても請け負い続けている。衛生面に気を配りながら、1日平均約1万2千枚を刷る。石油危機で紙が不足した時期も「必ず紙は確保するので、ご安心ください」と約束し、全国から紙を集めて信頼に応えた。

紙、インクを大量に使う印刷業において、同社は2005年、業界内でもいち早く石油系溶剤を使わないインクに全面的に切り替えた。限りある化石燃料の石油を含むインクを使わないことで、環境に配慮するためだ。

「社会をよくするための手段」

1881(明治14)年、薬種貿易商だった大川源次郎氏が創業。貿易で栄える横浜で、輸入医薬品のラベルや添付文書の印刷を始めた。

医薬品の印刷は、清潔さや薬品で腐食しない表示技術などが求められる。明治時代に西欧か

株式会社 大川印刷

本社所在地
横浜市戸塚区

主な事業内容
印刷業

創業年
1881年

売上高
6億円(08年度)

従業員数
41人

石油系溶剤を含まないインクを使っているため、工場内にほとんどインク臭さはない

ら活版印刷機を輸入し、植字やインク調合などの技術力を磨いてきた。高峰譲吉博士が開発した消化剤タカジアスターゼのラベル印刷も請け負い、今も医薬品関係の印刷は続く。環境への配慮は伝統でもあったわけだ。

同社の基本理念は「喜びを分かち合える『ものづくり』の実現」。１９８６年に５代目社長に就いた大川幸枝さん(80)＝現会長＝が掲げた。専業主婦だった幸枝会長は、夫で4代目の英郎氏の急死で、突然経営を引き継いだ。社員が辞めるなど、会社は混乱に陥る。幸枝会長はこの危機に「みんなが結束する方向性を示そう」と社員らと話し合い、この理念を掲げた。

その理念をさらに推し進め、社会貢献事業に力を注ぐのが、２００５年に6代目に就任した哲郎社長(42)だ。色覚障害者にも読みやすいユニバーサルデザインの印刷物など、社会に必要とされるものを作り出す。

専務だった10年ほど前まで「いい印刷物を刷ることが印刷業の務めと考えていた。当時は悩んでばかりだった」と打ち明ける。社長になった時、起業家と出会い、社会貢献を目指す姿を見てはっと気づいた。「印刷が社会をよくするための手段だと考えたら、やることは見えてきた」

２００８年度からは「地域への貢献につながる」とインターン生の受け入れを始める。２００９年秋、インターン中の大学生からの提案を受け、「食材ピクトグラム」の作成に着手。絵文字などを使い、日本語が読めない外国人でもアレルギー食材の有無が分かるように表記するデザインを、ＮＰＯ法人と連携して考案した。２０１０年11月に横浜で開催されたＡＰＥＣ（アジア太平洋経済協力会議）を契機に、ホテルや食品メーカーなどへ本格導入を進める。

「時代ごとのニーズに対応してきたからこそ、今まで続いている」。インターン生の若者特有の豊かな発想力と、社員が築いてきた伝統をうまくかみあわせるのも、また若き社長の役割である。

（杉村　健）

鈴廣蒲鉾

本社所在地
神奈川県小田原市
主な事業内容
水産練製品製造販売
創業年
1865年
売上高
非公表
従業員数
750人

小田原から箱根登山鉄道で2駅。風祭駅前の本社・工場の併設売店が2007年6月、大規模リニューアルで年間200万人が訪れる「鈴廣かまぼこの里」になった。改札口直結のおみやげショップ「鈴なり市場」に手作り体験もできる「かまぼこ博物館」、地野菜と地ビールのレストランなどが立ち並ぶ。

同社は年末の繁忙期には1日5万本以上の板かまぼこを量産し、十数社がつくる地域の名産品だった小田原かまぼこを一気に全国ブランドに押し上げた。また、30年近く前に保存料を、15年前には化学調味料も使用をやめ、業界を驚かせた。

「50年間かまぼこ一筋」の匠の技

「もともとかまぼこは魚の保存のために作り出された食べ物。ちゃんと作れば保存料は不要です。調味料だって自然のうまみで十分。祖父の廣吉の代から水産学研究者とつきあいがあり、伝統製法を科学的に検証していたから、自信を持ってやれた。以来追求するのは自然なおいし

「かまぼこ博物館」の奥は実際の製造工場で、ガラス越しに作業を見学できる。１級技能士の佐賀勝男さんは、社内外にかまぼこ作りの技術を教えている

さ」と鈴木博晶社長は言う。

だから、昔ながらの製法と技術の保存には力を注ぐ。機械化した大量生産ラインとは別に、１本３５００円の「古今《ここん》」など高級手作り商品もあるのは、若い職人が技術を磨く場を維持するためでもある。さらに、国認定の１級技能士である取締役技術教育担当の佐賀勝男さん（66）は、小田原蒲鉾協同組合が毎月開催する研究会で社外にも惜しみなく技術を伝えている。

かまぼこは、グチ（イシモチ）など白身魚が原料。身をとって水にさらし、石臼ですりつぶして塩や調味料を加えて練ったら板に盛りつけて成形、蒸し上げる。全国に数あるかまぼこの中で、水さらしと練りの工程が生み出すぷりっとした弾力の強さが「小田原」の持ち味だ。

宮城県出身の佐賀さんは「かまぼこはあまり好きじゃなかった」が、16歳で入社以来、50年間かまぼこ作り一筋。それでも自信作ができるまで30年かかったし、今でも会心の出来と思えるのは何年かに一度だという。

「魚のサイズや鮮度、作業時の室温や湿度によって、塩の量や水分調整、練る時間は変わる。毎回、五感を駆使した手加減が必要なかまぼこ作りに、『慣れ』なんかありませんね」

伝統を守りつつ、目指す仕上がりは時代に合わせて変わってきた。昔のごつごつした歯触りから、今は滑らかなのどごしとしっかりした食感の両立が理想。社長と役員は毎朝、何十種類もある全商品を食べて弾力などを検査する。結果次第では出荷止めにもなる重要な日課だ。

味への厳密さの一方で、ソーセージ風「シーセージ」や、勿忘草《わすれなぐさ》色や朱鷺《とき》色など伝統色に染めた「色いろは」、白とピンクのハート形の「ぷちはぁと」など、かなり斬新な商品もある。

鈴木社長は言う。「すべては若い世代へのアピール。だって、高校生が『板わさ』という言葉を知らないんです。このままじゃ30年後にはかまぼこ業界は消滅だもの」

（織井優佳）

横浜石油

老人ホームの施設長は元石油営業マン、副施設長は元ガソリンスタンド（GS）主任、フロアマネジャーは元GSアルバイト。横須賀市根岸町のGS跡地に、2007年に開所した「ナーシングホーム北久里浜」の職員の顔ぶれだ。

造ったのは、石油販売110年を迎える横浜石油。老舗だが「オイル」から「老いる」まで、次々と事業の多角化に挑んできた。ソフトウェア開発業、美術品レンタル、貸しビル業、ギャラリー運営など、手がけた事業は10件以上。頓挫した事業も少なくない中、社長の金杉誠さん(62)が「やっとたどり着いた」というのが介護事業だった。

経営の多角化で、雇用確保

創業は1901（明治34）年。金杉兼次郎氏がランプ用の灯油を各戸に売り歩いたのが始まりという。戦後の高度経済成長期には、京浜工業地帯の隆盛に伴い、日本鋼管や日清製油（いずれも当時）など大手企業の工場に重油を納入した。1960年代に公害問題が顕在化し、石

Yokohama sekiyu

本社所在地
横浜市中区
主な事業内容
石油販売、不動産賃貸業、介護事業
創業年
1901年
売上高
約54億円
従業員数
190人

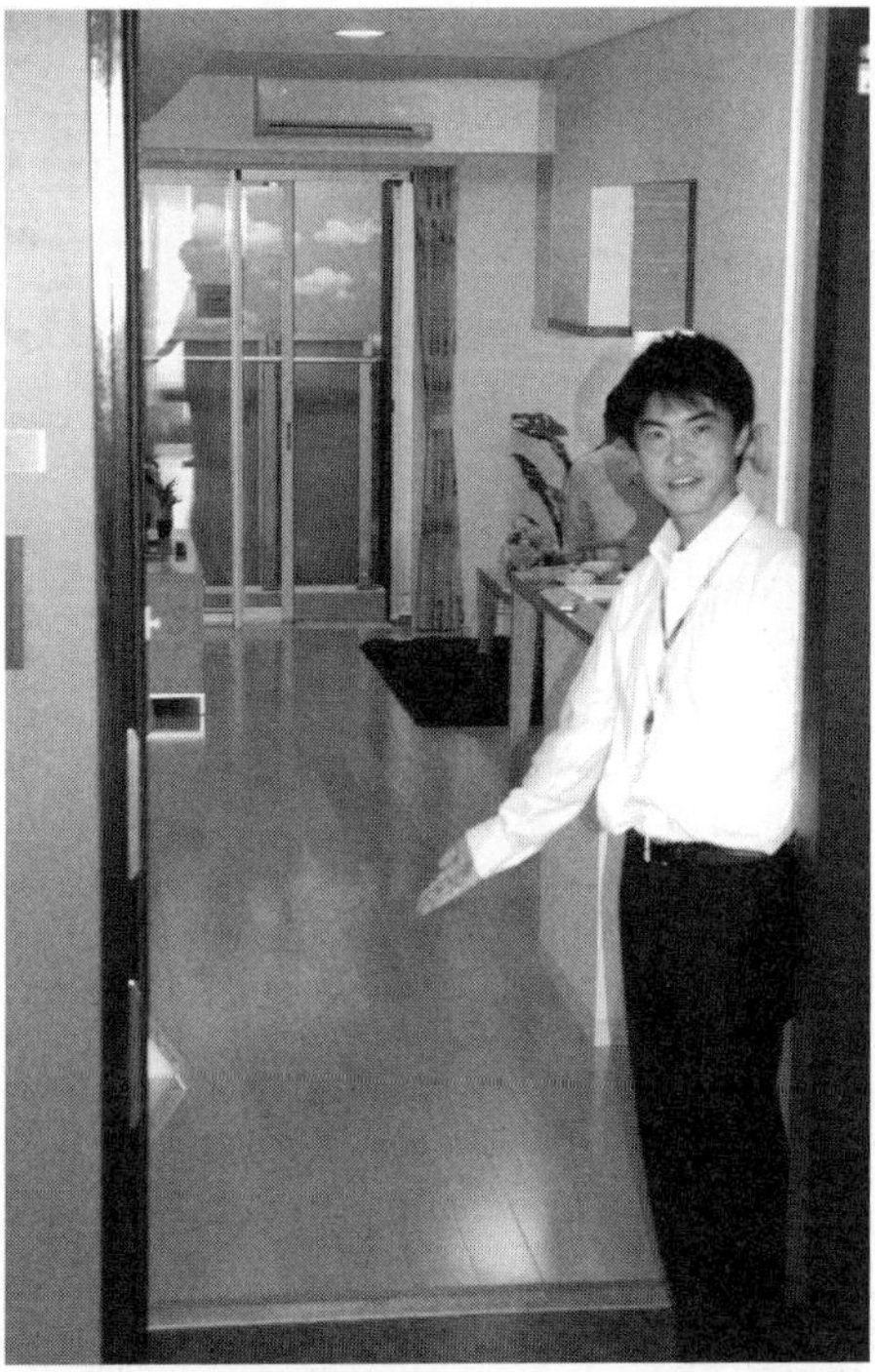

「どうぞ、中へ」と老人ホームのモデルルームを笑顔で案内する一柳昌太郎さん

油から天然ガスへ切り替える動きも出てきたが、取引先を大手運送業者にも拡大し危機を乗り切ってきた。

金杉社長は2代目の金杉忠和社長に請われて1984（昭和59）年、14年間勤めた住友銀行を辞めて横浜石油に入社した。銀行の新規開拓部門を経験してきた目には、「規制で守られっぱなしになっている石油業界は、このままではもたない」と映った。

80年代後半から始まった規制緩和で石油業界にも自由化の波が押し寄せ、業界も安穏としていられなくなった。過当競争などを背景に、ピーク時では県内で14カ所もあったGSが次々と閉鎖され、今では1カ所に。

1993年に2代目が亡くなり、金杉誠さんが社長に就任。まず「わが社の石油マンの雇用を守らなくてはいけない」と考えた。「常にアンテナを張り、何でも挑戦してみようという気持ちを持て」を口癖に、経営の多角化を本格化させた。

大手建設会社の提案をきっかけに福祉事業に関心を持ち、２００５年に訪問介護事業に参入、介護の現場を社員に勉強させた。

採算の合わないＧＳを閉鎖し、跡地に立てた「北久里浜」では現在、満室状態が続く。さらに横浜市中区長者町のＧＳを閉鎖した跡地に、北久里浜の３倍の規模の有料老人ホームを建設中だ。

開設準備室長には「北久里浜」施設長だった一柳昌太郎さん(41)が２０１０年７月に就任した。石油営業マンとして10年以上の経歴を持つが「老人介護をやるよう言われたが、抵抗感は全くなかった」と前を向く。「営業も介護も結局は人が相手。一生懸命の誠意がお客さまに伝わったことが、ホーム経営が順調な理由のひとつではないか」と語る。

金杉社長は「ハードウェア（体）とソフトウェア（技）に、福祉というウェルフェア（心）を加え、地域社会に貢献していく」と語る。

（佐藤太郎）

第5章
甲信越地区

「信用第一」

（印傳屋上原勇七）

印傳屋上原勇七

鹿革に花の模様をくりぬいた型紙を重ね、漆をへらで刷り込む。紙を丁寧にはがすと、革の表面に立体的な小桜が浮かび上がった。漆は季節や温湿度で状態が異なり、練り具合に繊細さが求められる。「漆付け」と呼ばれるこの工程を担う男性職人は、いずれも技術と根気強さを買われた熟練者だ。

山梨県に古くから伝わる工芸品「甲州印伝」。戦国時代に創業した「印傳屋上原勇七」はその生みの親だ。印伝は「印度伝来」が語源といわれている。

江戸時代に創業家の遠祖が、漆を塗り付けることで防水性を増す鹿革の特性に着目したことが制作の始まりとされる。漆付けのほか、複数の型紙を替えながら多彩な顔料を刷り込む「更《さら》紗《さ》」、鹿革を大きな筒の外側に張って糸を巻きつけ、わらを燃やした煙で変色させる「ふすべ」の技法は、「勇七」を襲名した家長だけに許される一子相伝の秘技だった。よろいかぶとや革羽織から、たばこ入れ、きんちゃくなどの実用品として江戸の庶民に広まった。弥次喜多道中を描いた十返舎一九の『東海道中膝栗毛』にも「腰に下げたる、印伝の巾着《きんちゃく》を出だし、見

本社所在地
山梨県甲府市

主な事業内容
革製品製造販売

創業年
1582年

売上高
約25億円
(09年2月期)

従業員数
90人

せる」との記述がある。

「責任はすべて持つ」という信念

伝統を踏襲してきた同社が大きな変革期を迎えたのは、１９５５（昭和30）年、先代の急逝により現会長（77）が22歳で13代勇七を襲名してからだ。「印伝の発展、普及に欠かせない」と、およそ４００年間守り続けた秘技を従業員に公開。１９７９年には外部の工場見学を認めた。

「周りは年上の従業員ばかり。襲名当初は『若造のくせに』とバカにされた気がしていたが、責任はすべて持つという信念で進めた」と会長は振り返る。

その後、販路の拡大にも乗り出す。山梨県内や観光地などに限られていた販売

鹿革に型紙を重ね、色鮮やかな漆を１枚ずつ刷り込む。美を求める経営者や職人の情熱は今も昔も変わらない

網を全国の百貨店に広げ、1981年には東京・青山に念願だった県外初の直営店を出した。

さらに注目を集めたのは、伝統の枠にとらわれない新商品の開発。1983年に洋服に合わせて黒漆で花を描いた新シリーズ「キャレー」を打ち出した。斬新なデザインを求めて社外デザイナーを初めて起用。「中途半端なデザインや名称では既存の商品に埋没していたはず。社員の意識改革や技術力向上にもつながった」(会長)。その後も横文字のシリーズを毎年発表してきた。職人約40人が分業で世に送り出す商品は、数千円の小品から最上級の鹿革とすべての技法を駆使した20万円以上のハンドバッグまで、670種類を超える。

印傳屋にとってこの半世紀は「変化」の連続だったが、「信用第一」を掲げる経営姿勢は変わらない。値引き販売は原則しない。世代を超えて愛用してもらうため、どれだけ古い商品でも修理を引き受ける。1999年には本店2階に「印傳博物館」を開設。江戸時代からの作品や道具を展示し、広く知ってもらうことで、さらなる伝統の継承を目指している。(床並浩一)

西山温泉　慶雲館

南アルプスの渓谷と清流に囲まれた老舗温泉旅館。東京・新宿から電車とバスを乗り継いで3時間半はかかるが、「秘境」の温泉としてインターネットなどで紹介され、興味を持った若者らの人気も集めている。リピーターが4割を占めるという。

豊かな自然は、時に牙をむく。2010年7月中旬、大雨で土砂崩れが起き、旅館に通じる県道が通行止めに。そのため、1カ月にわたって林道の迂回《うかい》路を使うことになった。

客にとっては、さらに2時間近くの遠回りになる。「これではやっていけない」。一時は休業も考えたが、一番のかき入れ時。客からの問い合わせに道順を丁寧に説明し、臨時の送迎車を出した。道の途中にいくつも看板を設置し、従業員が案内もした。

「遠いから」と予約をキャンセルする客もいたが、「大変な経験が、逆に良い思い出になった」「笑顔で出迎えられ、おもてなしの心を感じた」という声も多く聞かれたという。

705（慶雲2）年に天智天皇の側近藤原鎌足の子、藤原真人が発見、開湯し、戦国武将の武田信玄をはじめ多くの名将や文人が訪れたと伝えられる。無色透明でほのかに硫黄の香りが

全館源泉掛け流しの宿
甲州西山温泉
慶雲館

本社所在地
山梨県早川町

主な事業内容
温泉旅館業

創業年
705年

売上高
７億円

従業員数
約50人

24時間入浴可能なひのきの露天風呂。周りには大自然のパノラマが広がる

する湯を求めて湯治に訪れる人も多く、甲州で「湯」といえば慶雲館のある西山温泉を指す、といわれるほどに知られるようになった。

　１９７５（昭和50）年に親から旅館を受け継いだ社長の深沢雄二さん（73）は52代目。「辺境の地で競争が少なく、湯治場として貴重な存在だった。何よりも先祖代々、湯をかたくなに守ってきたから今がある」と語る。

本物の旅館情緒を残したい

　自然の恩恵を強く感じたのは２００５年11月。開湯１３００年を記念して掘削したところ、地下８８８メートルから水温52度、毎分１６３０リットルの自噴温泉がわき出した。「奇跡的な大当たり」（深沢さん）というこの新湯を含めた５本の源泉からの湯で、部屋の風呂や洗面所までですべて「源泉かけ流し」を誇る。

バブル当時には年間6万人にも上った客数は、その後減少に転じ、今は当時に比べれば半分ほどだ。低料金路線や海外客にシフトする旅館もある中、宿泊料は一泊2万4千円〜5万円でほとんど変えず、「本物の旅館情緒を残したい」との姿勢を崩さない。

積極的な経営を貫いてきた深沢さんは、1997年に古い建物を思い切って建て替えた。木を多用した造り。四季折々の景色を楽しめるようにと風呂やロビーに大きな窓を設けた。「借金してまで商売するな」という親の教えを破ってまで踏み切った理由を、「夢を持ち続けたいから」と深沢さんは話す。

過疎高齢化が進む地域にとっては、大事な観光拠点でもある。「時代に応じた改革を続け、地域とお客様に愛される旅館として生き残っていきたい」。深沢さんは語った。

（佐藤美鈴）

八幡屋礒五郎

春分の日の披露宴。新郎新婦は、招いた一人ひとりに小さな記念品を手渡した。赤いブリキ缶の「七味唐からし」だった。

「結婚式の贈り物にと、5年前から決めていました。身近で使うので、そのたびに二人のことを思い出してもらえると思います。遠方のかたにも喜ばれますしね」。長野市の医師、林卓也さん(48)と結ばれた智子さん(35)は、うれしさいっぱいの春を迎えている。

八幡屋礒五郎《やわたやいそごろう》は、東京・浅草の「やげん堀」、京都市の「七味家本舗」と並ぶ、三大七味の一つ。缶入りの七味は信州みやげでおなじみだが、引き出物としても年700組のカップルが選ぶ、縁起物になっている。

ところが林さんの披露宴の前日、会社は「創業以来初めて」の商品回収に追われていた。2010年3月、原料のシソの粉末に小さなシート片が混入していたことがわかり、自主回収へ。あるスーパーからは「県内全店から回収を」との要望があり、社員が駆け回った。対象は缶や袋入りの七味、約23万個に及んだ。

根元 八幡屋礒五郎

本社所在地	長野市
主な事業内容	七味唐辛子製造販売
創業年	1736年
売上高	7億円
従業員数	41人

七味入りの新商品もいろいろ。「思いつきは、いっぱいありますよ」と話す室賀豊社長（中央）

9代目の室賀豊社長（49）は、おわびの文書1千枚に手書きで署名した。問い合わせは日に百数十件、返品は計3万個。一方で、励ましの手紙も100通ほど寄せられた。

「反響の大きさで、みなさまに支えられていることを実感しました。いいものを作り続けなければいけないと、改めて思いました」と室賀社長。同年4月、品質管理部を新しく設けた。

「小さい袋を勧めなさい」

江戸時代中期の1736（元文元）年、善光寺境内での商いに始まり、270年余り。社訓はなく、先代で父の明さん（76）に教えられたのは一つだけ。「お客さんが七味の袋の大きさで迷っていたら、小さい袋を勧めなさい」。小分けして使うほうが、風味や香りを長く保てる。客の立場になっての言葉だ。

伝統を守りつつ、新商品も送り出す。ふりかけ、マカロン、携帯ストラップ。アイデアマンの室賀社長が温めている案は、県外への出店だ。善光寺門前の大門町店と同じく、七味をお好みで調合できる店を思い描く。「七味の使い方の幅を広げるにはどうすればいいか、いつも考えています」

もちろん、原点は忘れない。古くは原料のほとんどが地元産だった。1950年代までは国産で賄ったが、製造量が増え、60年代からは輸入品にも頼ってきた。食の安全が求められる今、足元を見つめ直している。

2007年、長野市の飯綱高原に農場を造り、ショウガ、サンショウ、ゴマなど五つの原料の試験栽培を始めた。唐辛子は、信州大学大学院の農学研究科とともに、中山間地でも育てられる品種の開発を進めている。

「長野のおみやげとして根づいている以上、できるだけ地元の食材を使い、目の行き届く所で加工していきたいのです」

さて、新婚の智子さんは、ファンとして「いつまでも変わらないでいてほしい」と願う。七色はそのままに、品質は磨かれていくのだろう。

（渡部耕平）

伊那火工 堀内煙火店

信州 煙火 伊那火工

本社所在地
長野県飯島町
主な事業内容
煙火の製造販売、打ち上げ
創業年
1899年
売上高
非公表
従業員数
18人

ドーンッ、ドン、ドン。

夜空に銀色の花が咲き、紅や緑の輪が周りを彩る。初めは小さく、だんだん大きく。最後にひときわ大きい輪がきらめき、パッと散ると「おぉ」と観客がどよめいた。

２００９年11月、長野えびす講煙火大会で15社が競った新作花火のコンテスト。堀内煙火店は一風変わった作品を出した。題は「お…?お…!!オ〜〜〜。」。見れば首をかしげ、そして感嘆するという意味をこめ、代表の那須野大さん(41)が考えた。

花火の完成度は事前の試し打ちの方が高かったか――。那須野さんは案じたが、結果は最優秀賞。担当した社員がトロフィーを受け取ると、驚きとうれしさがこみあげた。

県内は江戸時代から花火が盛ん。県によると２００７年度、打ち上げ花火と仕掛け花火の生産額は13事業所で約7億6千万円と、全国一だ。大小の大会があり、各地の神社の祭りで奉納される。中でも花火好きの土地、伊那谷で、堀内煙火店は明治の半ばに、堀内治郎さんが農業の傍ら創業した。

玄関にある「打ち上げ筒」の前に並ぶ堀内治夫会長（右）と那須野大代表

それ以前は地域の人がおのおの、家で花火を作った。時代につれて厳しく規制され、「代表で製造の免許を取ったようなもの」と孫にあたる会長の堀内治夫さん(73)。大正時代にはすでに、全国的な競技会に出ていた。一瞬の華に財産と情熱を注ぐ花火は当時、名士の娯楽だった。

「21世紀らしい花火」を目指して

本格的に商い始めたのは戦後のこと。父親は営業に走り回り、堀内さんは高校を出ると同業者のもとで修業を積み、花火師として歩んだ。

何より心を砕いてきたのは作業の安全だ。製造や打ち上げには危険がつきまとう。

「ヘタをすりゃ、火薬をふるってるうちに『ドン』だ。うちのじいさんと、修業先で習った2

人の言葉が一致したことしか、やらなかった」

社員にも厳しく伝えている。摩擦で火花が出ないよう、掃除は「掃く」のではなくぬれぞうきんで丁寧にふく。

「近くの物を取る時も引きずらず、持ち上げて静かに下ろす。扉やシャッターの閉め方から、たたき込まれた」。そう話す那須野さんは、堀内さんの長女みゆきさん(39)との結婚を機に18年前、「背広を脱いではっぴを着た」身。会社を率いる立場になって、思うことがある。

「親から子へ、の世襲制が花火業界を狭めている部分もある。いろいろな考えの人の、いろいろな作品が出れば、見る人がもっと楽しめるはず」

山口県、北海道など遠方の出身者や、大学の法学部を出た人。ぜひとも花火師にと志した社員たち、個々の想像力を生かしたいと考える。

社として出る競技会でも、製造の担当者は1人に絞る。作品名は、漢字を連ねる旧来型にとらわれない。「21世紀らしい花火」で一石を投じる意気込みだ。

(佐藤美千代)

犀北館

長野市の官庁街近くにたたずむ老舗ホテル、犀北館《さいほくかん》。1階のバー「SEIJI」では静かな夜の時間をステンドグラスが彩っていた。

3階建ての洋館を建築し、モダンな和洋室で業界の注目を集めた1929（昭和4）年。2人の画家が投宿した。柔らかい曲線と淡い色合いが特徴の女性像で知られる東郷青児と、地元出身の中川紀元。東郷の失恋の傷を癒やすための「失恋旅行」だった。

2人は新しい洋館に合わせ、ステンドグラスを作ることにした。東郷がそのモチーフとして選んだのは、いつもの女性ではなく静物画。作品は中川の助けを得て、ようやく完成したとされる。

東郷がステンドグラスを制作しながら立ち直ったように、お客さまの心を安らかにする時間と空間を提供しよう――。

ワインボトルとグラス、果物があしらわれたステンドグラスは、ホテルのシンボルマークになった。

THE SAIHOKUKAN HOTEL

本社所在地
長野市
主な事業内容
旅館業
創業年
1890年
売上高
非公表
従業員数
約130人

夕闇せまるホテルの外観（犀北館提供）

今、改めて「宿屋」の原点に

先代が書き残した「小史」などによると、犀北館の歴史は1827（文政10）年にさかのぼる。もともとは中野市で、役人が公用で利用する「郷宿《ごうやど》」を営んでいた。ところが、1870（明治3）年、農民一揆で焼失。それからは場所を転々としながら旅館業を続けた。

今の長野市県町に約1800坪の土地を購入したのが、1887（明治20）年。長野駅と県庁の位置が、現在の場所に決まったのがきっかけだったという。3年後に開業し、犀川の北側に位置することにちなんで「犀北館」と命名された。以来120年。東郷平八郎、夏目漱石、渋沢栄一……。宿帳には歴史上の人物が名前を連ねる。

1998年の長野オリンピックでは天皇、皇后両陛下が宿泊。民間の施設では初めてとなる宮中晩餐《ばんさん》会も開かれた。

しかし、一見華やかな歴史の陰で、経営をめぐる状況は厳しさを増していた。

長野五輪を控え、新館建設に投入した金額は約50億円。一方で、五輪後は業績が伸び悩んだ。2007年、東京のホテルなどが出資する新会社に経営を移行した。2008年には同族企業である「東京グリーンホテル」「庭のホテル」などの、資産管理会社の完全子会社になった。

「見かけは華やかかもしれませんが、苦難の連続の歴史です」と近山諭・総支配人。「ホテルの業務が、結婚式、宴会、レストランと多岐にわたってきて、自分たちを見失うことが多かった。今、改めて『宿屋』の原点に立ち返っています」

犀北館のホテルマンは全員、常時、「モットー」「社外秘」と書かれた小さな冊子を胸に忍ばせている。

恋人を初めて自分の家に招くような気持ちでサービスを。「The customer is always right.（お客さまは常に正しい）」。掃除する姿も魅せる努力を……。

「原点」の教えが老舗を支えている。


（二階堂友紀）

加藤鯉店

「1本、5分もあればさばける。ひところは一日に400匹こなしたこともある」

加藤修次さん(48)は、網ですくったコイを見て言った。長さ40センチ、1・2キロはある。金色の丸々とした体が、佐久鯉の特徴なのだという。

加藤鯉店は、修次さんの父・保彦さん(76)が社長、長男の修次さんが専務、修次さんの妻のまつ子さん、修次さんの弟の4人で小売りと卸売業を営んでいる。いけすはいくつかあり、隣のいけすには信州サーモン、裏にはウナギがいるが、主力はずっとコイだった。

保彦さんが長野市でこの店を開いたのは1960(昭和35)年。元々は、元松本藩士の加藤十大郎氏が1877(明治10)年に塩尻市でコイを飼ったのが始まりだ。保彦さんはひ孫にあたる。さらに千曲市の加藤鯉店、塩尻市の加藤鯉鶏肉店も十大郎氏の流れをくみ、100年以上、鯉店を守り続けてきたことになる。

千曲市で父・高さんのもとで育った保彦さんは独立を目指し、長野市へ。最初は田子池にコイを放ち、土手に建てた小屋に住み込んだ。それを自転車に乗せて売り歩いた。資金をため、

本社所在地
長野市
主な事業内容
淡水魚の小売・卸・加工販売
創業年
1877年
売上高
非公表
従業員数
3人

「佐久鯉の伝統を大切にしたい」と語る加藤修次さん

市内に店を構えた。

コイの食文化をどう伝えるか

長野県の人々は川魚を好む。お祭り、正月など祝い事には必ずコイだった。「コイを食べるとおっぱいの出がよくなるって言ってね。赤ちゃんが生まれると、必ず買いに来たもんだ」と保彦さんは懐かしむ。

修次さんもそんな時代に生まれ育った。幼い頃から包丁を握り、見よう見まねでコイをさばいた。

「小学4年の時、理科の解剖の時間にコイと包丁を持って登校した。先生は驚いたが、授業で使うメスじゃ大きなコイをさばくのは無理。結局、僕が包丁で解剖した」と笑う。高校を卒業後、東京の専門学校で経理を学び、21歳の時に帰郷、家業を継いだ。

あらい、鯉こく、うま煮、塩焼き。人々が好んで食べたコイも、食の多様化が進むと、次第に食卓から消え、卸売店や小売店は激減した。いま、コイを佐久市の飯田養魚場から仕入れている。「身がしまるように」（修次さん）と夏は冷たく、冬は温かい地下水をいけすに使う。

佐久市は「佐久鯉」で全国に知られる。千曲川のそばにある養魚場は、川の伏流水をいけすに導き、育てている。稚魚の多くは他県から仕入れ、約4年かけ1・2〜1・4キロに育てる。それを袋に入れ、酸素を注入し、鮮度を保ったまま出荷する。

飯田好輝社長（58）は「流水で飼うから、泥臭くならない。水が冷たいので身もしまり、味がいい。加藤さんは昔からのお得意さんだ」。

2003年に起きたコイヘルペスウイルス病で、全国の養魚場や卸売店は大きなダメージを受けた。飯田養魚場も加藤鯉店も立ち直るのに長い時間を要した。

コイの食文化をどう伝え続けるか。修次さんは「今も遠方からお年寄りが『コイが食べたい』と店にやってくる。学校給食に鯉こくを出して、子どもたちに食文化を伝えられないか」と話している。

（杉本裕明）

第四銀行

冬の一時期しか食べられない新潟特産の「幻の洋梨」ル レクチエ。山形のラ・フランスより甘くなめらかな食感で、地元でもファンは多い。青果卸、丸一新潟青果はこの洋梨を、2010年秋から茨城県の有名スーパーに販売することになった。きっかけは2009年11月、都内であった「地方銀行フードセレクション2009」。第四銀行や横浜銀行など有力地銀15行が、取引先に声をかけあい実施したもの。いわばビジネスの世界の「合コン」だ。「試食したほとんどの人がおいしいと驚いていた」と平島正明取締役(43)。東京・六本木の飲食店主ら2人からすぐ欲しいと言われたという。平島取締役は「県外進出の機会になってよかった」。

2010年3月には「しょくエコ!」というイベントが新潟市内であった。第四銀行が独自に企画した。環境や食の企業約170社を集めた。参加したさいかい産業は木を燃料にするストーブメーカー。間伐材を細かく加工したものを燃やす。森の維持には適度な間伐が必要。その木を生かし、地元に仕事も生まれる。原油高を背景に世界的にも注目される。会場で1台(24万円)売れた。さらに2社が燃料を作り、取引したいと言ってきた。「目的が明確な会社が

第四銀行

本社所在地
新潟市中央区
主な事業内容
銀行業
創業年
1873年
総資産
4兆4695億円
従業員数
2242人

来るから取引に結びつきやすい」と山後《さんご》春信社長(50)。出展料は2万円。都内だと数倍はする。不況が続くが、関心が高まっている環境や食の分野はまだ成長が期待されている。

企業と企業を結ぶ「ビジネスマッチング」。2003年に金融庁の事務ガイドラインの改正があり、銀行が手数料を取ってできるようになった。

「地域密着がうちの生命線。それしかない」。小原雅之頭取(63)はきっぱりと話す。きれいごとではない。融資など本業の利益(コア業務純益)は伸び悩む。ここ5年は200億円強でじりじりと減ってきた。2010年3月期決算は200億円を割り込んだ。

長引く不況。低い金利。企業は極力お金を使わず、借りない。ほかの県に打って出るか。「それぞれの県には知名度の高い銀行がある。徒手空拳で進出しても実のある商売はできない」と小原頭取。結局は、新潟の企業に元気になってもらうことが自分たちの仕事に結びつく。

財務状況は健全だ。銀行の健全性を示す自己資本比率は13・40%。地銀の最低基準の4%を大きく上回る。今は大きな利益にはならないが、環境、食の産業を長い目で見て育てる取り組みができるのは今しかない。地銀同士のネットワークも生かす。「農産物に多くの付加価値

「地方銀行フードセレクション2009」では、新潟の約30社が出展し食品を売り込んだ

をつけて収益の厚い産業にできないか。情報産業としての銀行の機能を生かして成長のために官民で力を合わせたい」と小原頭取は力を込める。

地域のリーダー役、銀行再編には慎重

第四銀行は上場企業の中では最古の会社。『会社四季報』の東洋経済新報社の調べだ。137年の歴史は合併の歴史と言える。最古の銀行としてリーダー役を担ってきた。第四銀行によると、新潟県内では1909（明治42）年に銀行が92あった。大正・昭和期の恐慌で政府は銀行統廃合を進める。1943（昭和18）年に百三十九、柏崎、能生《のう》銀行など5行と合併するなどし、営業地域を全県下に広げた。第2次大戦後に残ったのは第四と長岡六十九（現北越銀行）の2行のみ。1945年以来、他行との統合からは遠ざかっている。近い将来、第四銀行を核にした銀行再編はあるのか。

「（県内に）複数の銀行があるほうが、良いサービスが提供できる面がある。地域が必要性を感じていないのに統合してもうまくいかないのではないか」と小原頭取は話す。どちらかといえば再編には慎重姿勢だ。

最近の銀行再編は財務体質が悪化した銀行を救済するために行われることがほとんど。「新潟の銀行の体質は盤石」（栗原達司・日銀新潟支店長）とされる。統合すれば巨額の費用が生まれシステムトラブルのリスクもある。小原頭取の言葉をそのまま受け止めれば、「第四銀行」という名前は当面は続きそうだ。

（小山田研慈）

リンコーコーポレーション

約1万キロ離れたモスクワへ、新潟港からコンテナを運ぶ実験が行われた。国土交通省が公募、リンコーコーポレーションが手を挙げた。同社は新潟港のコンテナ取扱量のうち約6割のシェアを持つ。チャイルドシートを積んだコンテナは2010年1月7日に茨城県内を出発、新潟港からロシア・ウラジオストクを経てシベリア鉄道で2月13日に着いた。ほとんど鉄路を使ったのが特徴だ。通常は、横浜港からスエズ運河を経てモスクワ北西にあるサンクトペテルブルクの港に運ぶ。すべて船で、40日程度かかるという。実験では、通常ルートより約1週間早かった。二酸化炭素排出量は5割弱減。費用は1・6倍かかった。

国交省の担当者は「工夫すればさらに早く安くできる余地はある。安全保障面や環境問題から、欧州との鉄道物流ルートを確立したい」。

「意外な日用品などがモスクワに輸出されていることが下調べでわかった。物流のニーズはある」とリンコーの樋口幹夫部長(47)は話す。

ロシアと新潟港の関係は古い。1859(安政6)年、初の「黒船」はロシア汽船ジキ号。

RINKO

本社所在地	新潟市中央区
主な事業内容	港湾運送、機械販売、ホテル経営
創業年	1905年
連結売上高	191億円
従業員数	763人(グループ全体)

30トンの荷を積めるコンテナを重機でつかんで運ぶ

1980（昭和55）年に初めてできた外国とのコンテナ定期航路もソ連とのもの。これで、日本海側最大のコンテナ港としての基盤ができたが、旧ソ連崩壊後の混乱で、定期航路は休止に。現在はロシアとの物流はほんのわずかにすぎない。

しかし、大きな可能性はある。サンクトペテルブルクには2007年末から稼働したトヨタ自動車のロシア工場がある。エンジン、車体などは太平洋側の港から船で運んでいる。「将来、新潟港から出せるようになれば大きなビジネスになる」とリンコーの長谷川哲夫常務（60）は期待する。

アジアへの輸出増に期待

製紙業界5位の北越紀州製紙が、新潟港から紙をアジア向けに輸出し始めたのは2006年春から。当初の月2千トンが、現在は1万トン以上に。それまでは横浜港から輸出していた。「新潟からの方が全体の費用は安くなることがわかった。新潟工場に新設備を入れ、本格的に輸出を始めるのを機に変えた」と同社の担当者は話す。

輸入に偏っていて、輸出を増やすことが新潟港の課題だっただけに、「大型輸出案件」は地元経済界にとって明るい話題となった。

新たな輸出の7割の業務はリンコーが受け持つ。同社は2008年に12億円で新潟東港に専用大型倉庫を造った。

同社はもともと「西港」と呼ばれる信濃川河口に自社の埠頭《ふとう》を持ち、事業をしていた。現在も所有するが、民営埠頭は全国でも珍しい。しかし、大型船が接岸しにくいことなどから、新潟港の中心は「東港」に移る。新潟市北区から聖籠町《せいろうまち》にかけての地区だ。同社も1970年に東港に営業所を開いた。いまや同社の扱い貨物量の9割は東港だ。

70年代に入り、円切り上げや第1次石油危機などで本業が厳しくなる中、ホテル新潟（現ANAクラウンプラザホテル新潟）の経営や、機械販売など多角化も進めた。最近は本業に経営力を集中しつつある。リーマン・ショック以降荷動きが減り、減益傾向にあったが底を打ったようだ。「2010年1～2月から荷動きが増えている」（樋口部長）。

2010年6月に岡村繁社長が会長に、川崎汽船出身の坪井鈴児常務が社長に就任する人事が3月末に発表された。新たな体制で、環日本海を見据えた「かじ取り」を進めていくことになる。

（小山田研慈）

玉川堂

東京都新宿区の伊勢丹新宿店。休日に買い物に来たさいたま市の会社員、中島淳さん（35）は玉川《ぎょくせん》堂の対面販売コーナーで、銅製のビールカップをにらんでいた。価格はどれも1万円を超える。玉川堂の玉川洋基《たまがわひろき》専務（37）がガラスのコップと銅器、それぞれに注いだ冷たいコーヒーを差し出した。銅器はひやりと冷たい。「同じコーヒーを注いでるのに、冷たさが全然違う。口当たりもよい」と驚いた。「銀製で作ってもらえないか」「デザインは選べないか」。中島さんは洋基専務に次々と質問。しばらくして、純銀のビールカップと焼酎用ロックカップ2点を特注した。簡易的な見積もりでは、計約16万円になった。

中島さんは話す。「銀製の器は風合いと重さが気に入った。良いものを長く使いたいと思っていた。安いコップでは、晩酌しても疲れがとれないでしょう」

玉川堂が力を入れるのが、こうした期間限定の対面販売や実演販売だ。北海道から熊本まで全国の百貨店などで開く。年間約40回。百貨店不況下にあって毎年売り上げを伸ばし、2009年は最高額を記録した。同社の全売り上げのうち、約6割を占める。

本社所在地
新潟県燕市

主な事業内容
銅器製造販売

創業年
1816年

売上高
非公表

従業員数
20人

玉川堂の製品は鎚《つち》でたたいて形作る「鎚起《ついき》銅器」。売れ筋は急須（約4万円）、ティーポット（約6万円）、ビールカップ（約1万3千円）、ぐい呑（約9千円）だという。どれも身近な生活品だ。試飲して買わない客も多い。急須は2〜3人用のものが人気だが、洋基専務はこの期間中、「1人用のはもっとそろえていないのか」との指摘を多く受けた。「これは新潟にいては聞けないことです。ちょっと増やしていこうかな」と話す。

対面販売のお客の声が改良のヒントに

２００年近い歴史を持つ玉川堂だが、社員や職人の対面販売方法に転換し、生活雑器を主流に据えたのは、１９９６年のことだった。昭和40年以降は花瓶や皿など、企業の記念品や贈答品の需要が伸びた。１９９６年当時は売り上げの約8割を占めていた。

対面販売では、銅器の急須で入れたお茶を飲んでもらっている

方針を転換したのは7代目の玉川基行《もとゆき》社長（39）。大学卒業後、１９９５年に入社した。すでにバブルは崩壊、企業は贈答品の予算削減を始めていた。昭和50年代に約3億円のピークを迎えた売り上げは当時、1億円にまで落ちていた。赤字が拡大する自社の経営状況を知って、「つぶれるかもしれない」と思った。

経済産業省の伝統的工芸品では、鎚起銅器の産地として指定されているのは玉川堂を中心とした燕《つばめ》市のみ。文化庁の選択無形文化財にも指定され、技術は全国でも類を見ない。しかし技術力だけでは売り上げを守れなかった。売れない原因は需要の変化だけでなく、流通の仕組みにもあった。玉川堂は店舗機能を主に百貨店の出店スペースに置く。製品が百貨店に並ぶまでに二つの問屋が入り、値段は1・5～2倍に。消費者の声も、会社に届きづらくなっていた。直接商品を選び、直接売るため、基行社長は百貨店への飛び込み営業を始めた。1週間の短期間の約束で、初めて対面販売を許されたのが伊勢丹新宿店だった。最初は商品の並べ方も、何を説明すればいいかも分からなかった。

ある客に言われた。「銅器のコップを使っていると、酒がまろやかになる」。実際に飲み比べると、冷たさや口当たりが違った。銅器は熱伝導性が高く、飲み物をまろやかにする効果があるとの指摘もある。「酒までまろやかになるとは、銅器屋ながら知りませんでした」と基行社長。試飲会を取り入れた。製品も生活雑器が増えていった。客の声を聞くたび、製品の改善も進んだ。ティーポットはふたが取れないようストッパーがついた。注ぎ口は液だれしない形になった。持ち手の形も毎年変わった。

玉川堂はやかん屋として創業した。近所の住民に直接販売していた。「やかんを売っていた時代の『会話のあるもの作り』に戻った。変わらないのは無形文化財の技術。良いものを作る心は変わらずに、市場や商品開発は変えていくんです」と基行社長は言う。今後はジュエリー製品でファッション分野に進出するなど、事業拡大を新たな目標にしている。

（大内　奏）

有沢製作所

古めかしい建物が多い本社工場は、いま話題の3D（3次元）映像技術で注目を集める東証1部上場企業のイメージとはややかけ離れていた。大手企業の技術者だった上越市の「ものづくり振興専門員」の御所窪《ごしょくぼ》賢一さん(66)は3年ほど前、「社屋を新しくしないんですか」と有沢栄一相談役(75)に尋ねたことがある。「建物より研究開発にかけるよ」と、即答されたことをよく覚えている。

2階建ての本社事務所の質素な正面ロビーに、同社の3D用特殊フィルターを液晶パネルに張った46インチのテレビが置かれている。希望すれば、地元高田公園の満開の桜などの美しい3D画像を体験できる。手前の花びらは浮き出るように見える。同社の「Xpol（エックスポール）」という特殊フィルターは、非常に細い二つの樹脂膜を横に交互に配列したものだ。それぞれの樹脂膜に右目用の映像と左目用の映像が映し出され、専用メガネをかけてみると立体的に見える。電気絶縁材料などで長年培った、薄く細く「塗る技術」が生かされている。

米国の3D映画『アバター』の大ヒットをきっかけに、家庭用テレビも3Dが主流になると

株式会社 **有沢製作所**

本社所在地	新潟県上越市
主な事業内容	電子部品・材料製造
創業年	1909年
連結売上高	297億円
従業員数	約1000人

いわれる。同社の3D用フィルターは、パソコンと業務用モニター向けが中心。2010年4月から3Dテレビを売り出しているパナソニックや、6月初旬から販売を始めたソニーが導入したのは、左目用と右目用の映像を超高速で交互に再生し、映像に合わせて左右のレンズが開閉するメガネで見る方式。Xpolは二つの映像を画面に同時に映し出すもので方式が異なる。

Xpolの特徴は、大手家電メーカーの方式に比べ、目が疲れる不安が少ない点だという。その一方、基盤（約1・2メートル×1メートル）1枚から切り取れるのは47インチパネル2個分で、大型になるほど割高になる。そうした特性から、主な供給先は長時間画面を見る放送業界や映像制作者、1枚から多数切り取ることで割安になるパソコン向けというわけだ。また、専用のメガネが1万円前後する映像切り替え方式に比べ、数百円と安いことから、スポーツパブや観光施設など大勢で3D画像を楽しむのに向いているという。大手家電メーカーとは異なるニッチなところで、高いシェアを獲得する狙いだ。パソコン用は、台湾メーカーに加え新たに国内大手メーカーへの供給も近く始める。パソコンで3Dの映画やゲームが気軽に楽しめるようになるという。2011年3月期は、パソコン用は前期の5倍の50万台分に、テレビ用は約1万台分だった供給を10万台近くにする計画だ。売り上げも前期比5倍の30億円、全体の1割強となる「新しい柱」に育てたいとしている。

先見の明と変化への対応力

発祥は、手工芸のバテンレースだった。テーブルクロスなどに使われる繊維製品だ。ドイツから伝わり、冬の内職として定着し、明治時代後半から旧高田市の主要産業になった。創業者の有沢富太郎氏はバテンレース国産化の立役者の一人だった。その「織る技術」はガラスやカーボン繊維の織りにつながった。「塗る技術」と「形づくる技術」を加えて、電気絶縁材料や携帯電話に使われるフレキシブルプリント基板が同社の主力になった。かつての繊維会社は、電子・光学素材メーカーにその姿を変えていった。「先見の明と、変化への対応力はすごい」と、上越ものづくり振興専門員の御所窪さんは評価する。

昭和30年代、ガラス繊維で電気絶縁材を製造する工場内の光景（有沢製作所提供）

第２次大戦後、ほぼ順調に成長してきたが、２００８年秋のリーマン・ショックはこたえた。同年11月から２００９年２月の受注は前年の３分の１に激減したという。製品の「社会的寿命」も短くなっている。年に数百万台製造していた大型テレビ用レンズは、薄型テレビの普及で２００７年にゼロになった。

「優れた製品も永遠ではない。次から次に新しいものを作らないと置いていかれる。技術を改良し、必要とされるところを見つけて、出ていく」と、飯塚哲朗常務執行役員(61)は語る。２期連続の赤字から今期は黒字転換を目指す。学校や福祉施設の備品購入費などに利益の１％を提供する地域還元事業も、早期に復活させたいという。

（遠藤雄二）

尾畑酒造

真野鶴

本社所在地
新潟県佐渡市
主な事業内容
日本酒製造販売
創業年
1892年
売上高
約4億円
(09年9月期)
従業員数
25人

「『日本酒は美容にいい』と、女性に売り込んでみては」「外国人との商談に使えるのでは」「販売する際に佐渡の自然のすばらしさをうたってはどうか」

発言したのは外国から来た留学生たち。南魚沼市にある国際大学のフィリップ須貝教授のクラスで2010年6月に行われた「SAKEマーケティングプロジェクト」の研究発表会での一コマだ。テーマは「どのようにして外国人に日本酒を売り込むか」。前年から同大と共同で取り組んできたのが、佐渡市の「真野鶴」の蔵元で知られる尾畑酒造だ。意見に耳を傾けた同社の尾畑留美子専務(44)は「これまでの日本酒愛好家だけでなく、新しい人たちにも飲んでもらうために何が足りなかったのか。そのヒントが得られたような気がする」と笑顔を見せた。

日本酒の需要の落ち込みは著しい。国税庁によると、清酒(日本酒)の生産量はピークだった1975(昭和50)年と比べて最近は3分の1にまで減っている。若い人が飲まなくなった、ワインや焼酎などアルコールの選択肢が増えた、など落ち込んだ理由はさまざま挙げられるが、尾畑専務はこう分析する。「日本酒の良さを我々蔵元は消費者に向けてちゃんと伝えてきたのだろうか。マニアックな技術論や難しい専門用語を多用するばかりで、女性や若い人などライトユーザーを振り向かせる努力を怠っていたのではないかなと」

そんな思いから、尾畑専務は2009年秋から翌春にかけて、日本酒初心者に向けた「やさしい日本酒サロン」を県立図書館で開き、日本酒の基本知識を講義した。今後は県内のある大学と組んで、新商品開発の計画もある。「ファースト酒プログラム」と同社がうたう一つひとつの積み重ねが、日本酒人口のすそ野を広げることにつながると確信している。

酒蔵を案内する尾畑留美子専務

「佐渡から世界へ」発信

尾畑専務は、同社創業者・尾畑与三作《よそさく》氏のひ孫にあたる。2人姉妹の次女で、東京の大学を卒業後、映画会社に就職。7年間宣伝の仕事をしていた経歴を持つ。出版社の編集者だった夫の平島健社長（45）とともに1995年に佐渡に帰郷し、実家を継いだ。

先代の父・尾畑俊一会長（74）の時代は順調だった酒業界も、1980年代後半まで続いた「地酒」ブームが去って大きな転換期を迎えていた。「何か新しいことをやらなければ生き残れない」。そこで、新たな販路の開拓に取り組むことにした。

そのころ真野鶴はほとんどが県内で消費されていた。まず関東圏での営業を開始。デパートでの試飲販売に取り組み、地道に酒販店や飲食店を回って売り込んだ。

尾畑専務は海外にも目を向けた。今でこそ外国人の間でも日本酒は飲まれるようになってきたが、当時は和食レストラン向けに輸出されていた程度。それを大手商社を通さず、自ら英語を駆使して現地の代理店と交渉した。現在では米、英、独、韓国など6カ国に輸出している。極め付きは、エールフランス航空の機内酒に2003年から採用されたことだ。尾畑専務は何のコネもないまま、同航空に飛び込んだ。行動力と酒の品質を評価され、契約までこぎつけた。「うちのような小さな蔵でも頑張ればできるんだ、ということがわかった。何事もやってみなければ先に進みませんから」

そんなチャレンジ精神の一方で、酒そのものにもこだわりを持つ。同社では2009年9月から醸造アルコールを多用する「普通酒」の製造をやめ、本醸造、吟醸などの「特定名称酒」に特化した。コメのうまみを生かすためだ。佐渡市のレストラン・バー「こさど」の店長伊藤善行さん(35)は、「真野鶴は辛口でキレ味がいい。自信を持ってお客さまにお勧めできる銘柄」と言う。「日本酒は、ワインのように生まれた土地を語ることができるお酒。佐渡の風景や文化を語り合いながら、ゆったりと過ごせる時間を提供できれば」と尾畑専務。

大きな世界地図の中に小さく浮かんだ佐渡島が、実は最大のセールスポイントになるという。「佐渡から世界へ」。小さな造り酒屋は大きな志を持って挑戦し続けている。


(川崎友水)

北越紀州製紙

全長約264メートル、世界最大級の機械が24時間休みなくうなりをあげる。広大な工場内で作業しているのは10人ほど。班を作って交代しながら機械を操作する。

北越紀州製紙新潟工場の9号抄紙機。紙をすき、乾かし、塗料を塗ってロール型に巻き取るまで、一貫して仕上げることができる。紙の原料を薄く均一に吹き出すと、含まれる約99%の水分を、ドライヤーで約4%にまでとばす。さらに紙の表面に光沢を出すための塗料を塗る。ムラをなくすため、スチール製の刃で表面を削る。こうして「コート紙」と呼ばれる紙ができあがる。最も薄いもので、48マイクロメートル（1マイクロメートルは千分の1ミリ）だ。カタログや女性誌の写真ページなど、高級感が求められるものに使われる。できあがった紙は100トン単位で巻き取られ、さらに小さく巻き直した後、工場外に運ばれていく。

9号抄紙機の生産能力は年35万トン。約550億円をかけて導入し、2008年から営業運転が始まった。紙の輸出を本格的に始めるためだった。現在は6〜7割の生産量で、まだ増産は可能だ。同社の輸出品の9割以上が、新潟工場で作られている。まさに新潟工場は同社最大

北越紀州製紙株式会社

本社所在地
新潟県長岡市
主な事業内容
製紙業
創業年
1907年
連結売上高
1939億円
従業員数
1265人

の輸出・戦略拠点になっている。１９８６年、同社は紙すきから塗工までを一気に行う「６号抄紙機」を世界で初めて導入した。「当時は『無理だ』と業界内で笑われたんです」と丸山裕司・総務担当課長(50)は冗談めかして言う。しかしそれまで培ったノウハウや、コンピューター制御の技術をこらして成功させた。その後、大手製紙各社も競って同様の機械を導入した。

新潟地震が転機に

北越紀州製紙が本格的に輸出を始めたのは２００６年から。同年に月約2千トンだった輸出量は、２００９年には約1万トンに。最大の輸出先は中国だ。現時点では海外事業の方が、利益率は低い。中国などでは高い価格は設定しにくく運送費もかかる。紙はもともと低価格の製品で、コストを減らすのりしろも少ない。それでも輸出重視にかじを切ったのは、国内が飽和状態だったからだ。日本製紙連合会によると、紙と板紙の国内出荷量は過去10年、ほぼ横ばいが続いている。一方、中国は２０１０年にも米国を抜いて世界最大の紙消費国になりそうという。現在の１人あたりの紙使用量は日本の4分の１ほど。今後もまだまだ伸びる余地がある。

輸出を本格化させるまでは横浜港を使っていた。国内での輸送料がかかったが、それを含めても新潟港を使うより安かったからだ。新潟港は全体の輸出量が少なく、船賃が高めに設定されていた。「我々が荷物を出しますから、値段を下げてください」。同社はこう言って船会社を説得、料金を徐々に下げていったという。その結果、現在は横浜港より安く輸出できるようになった。２００６年時点では輸出に使う比率は横浜港約85%、新潟港約15%だったが、２００

9年には横浜20％、新潟80％と大きく逆転している。北越紀州製紙は２０１０年８月、県や輸出入をする業者と、ワーキンググループを立ち上げた。新潟港の拠点港湾選定を目指す県にとっては、新潟港の輸出増加は重要課題だ。荷物の運び方や、コンテナの置き場所などを話し合い、さらなるコスト削減を狙う。「余分なコストを持って海外と戦っていては勝てない。国内の企業同士ではなく、日本の国としての戦いが始まる」と韮沢《にらさわ》清事務部長（57）は話す。

　同社の大きな転機は１９６４（昭和39）年の新潟地震までさかのぼる。四つの抄紙機が廃止になり、損失金は当時の金額で10億１９００万円に達した。蓄えていた資金をすべて失い、約１８０人がやむを得ず人員整理された。地震による被害から立ち直って、競争に勝ち抜いていくために「最先端の設備」「原価低減」を方針に掲げた。韮沢事務部長は「地震で古い機械を失ったことで、結果的に適切なタイミングで新しい機械に投資できた」。

　業界を驚かせた、世界初の一貫式の６号抄紙機建設以降、最新の９号抄紙機まで、北越紀州製紙は一貫してコート紙の製造機械を導入している。他の大手製紙会社より規模は小さいが、得意分野に集中的に投資していく方法だ。

　２０１０年３月期の売上高に対する経常黒字の割合は４・９％で、業界２位の日本製紙の同３・４％を上回る。売上高は日本製紙の５分の１ほどだが、高利益率を維持している。（大内　奏）

世界最大級の９号抄紙機

坂りん

おしゃれなレストランや温泉がある新潟市西蒲区の人気施設「カーブドッチワイナリー本店」。着物で着飾った十数人の女性がバスで施設を訪れた。「この柄、すてきねえ」とお互いの着物をほめながら、ワイナリーなどを見学し、ランチを楽しんだ。

着物を着る機会を設けようと坂りんが企画。坂りん各店で年数回実施している。「着る機会がないのでうれしい」と参加した新発田《しばた》市の小川敏子さん。友人の村上市の田島優子さんも「着ると周りの人が喜んでくれる」。旅行用に夏ものにも関心があるという。

成人前の女性向けの「振り袖」の販売も２００９年から強化した。不況の中でも確実な需要がある。小物も含めて平均的な価格は38万円ほど。現在約３５０枚を販売（２０１０年４月時点）。あと１年で５００枚までいけると見込む。小形の柄で染め上げた、幅広い機会に着られる「小紋」の販売も強化している。「新しいお客さまの層を増やしたい」と荻野秀介社長(63)。同社では45〜70歳ぐらいの女性が最大の顧客だった。「呉服店を見かけ、ぶらっと入って買い物する人はまずいない。常にお客さまを開拓する努力は必要」とする。

本社所在地
新潟県新発田市

主な事業内容
呉服小売り、飲食業

創業年
1896年

連結売上高
約11億円
(10年8月期)

従業員数
62人

同社では、着物を買ってもらうと、いつでも無料で着付けする。最初に1万2600円を払うと、5年間手入れも無料。大手や個人店にはなかなかないサービスという。

矢野経済研究所の推計では、着物の市場はピーク時の1981年の1兆7983億円が、2007年は4560億円と約4分の1に。洋装化や不況の影響だ。買う目的も「所有」から「使用」へと変わっている。昔は嫁入り道具として親が娘に持たせ、財産の要素もあった。今はモノがあふれる中で、個性を出せるファッションとして買う人が多い。逆にいうと、市場は縮小傾向だが着物を指名して買う人はいる。その人をいかに捕まえるかが商売のカギだ。

坂りんは1997年から多店舗化を進め、現在6店舗に。荻野社長は「お客さまの利便性を考えると、近くに店があったほうがいい。規模拡大でいいものを安く提供できる」と話す。消費者約10万人に1店舗体制で、きめ細かく着物ファンを開拓する戦略だ。「市場はもっと縮小し、営業を辞める店も増える。でもその分の受け皿になれば生き残っていける。この業界は新規参入もない。プラス思考でいく」と荻野社長。新潟市にも1999年に進出、古町の老舗を従業員ごと引き継いだ。一定の規模になったことで、有力産地の京都のメーカーなどへの発言力も高まった。最近では

お気に入りの着物で、談笑する女性たち

創業115年を記念した「秀コレクション」という特注の商品も出した。

本業での巻き返しを図る

荻野社長は大学卒業後、他店での経験を積み、25歳で実家に戻った。着物は今後厳しいと思い、宝石や飲食も手がけたが、不振に終わった。

「着物は一定の需要はある。信頼さえ築ければやっていけるのでは」と本業でやり直そうと思った。そのころ京都の着物販売会社幹部と出会った。徹底した「理論派」。車で月1、2回、京都まで通い、学んだ。もともと大学でチェーンストア理論を学び、多店舗化の志はあった。目標をたて、実現への計画と方法を論理的に積み上げることを重視する。接客方法や着物の知識をまとめた約100ページの資料も作成。独自ノウハウの固まりで「社外秘」だ。

その一方で「人生や仕事の結果は、考え方×熱意×能力」と説き、能力だけで結果は出せないとする。尊敬する稲盛和夫・京セラ名誉会長の言葉だ。祖父母の言葉も胸に秘める。「先(相手)が立って我が立つ」。まず相手のために働けば、最終的には自分のためになるという意味だ。

2010年春から5代目候補の長男(33)と、幹部2〜3人で将来の経営を見据えた勉強会を始めた。着物のリサイクル、レンタル、ネット販売などテーマは多岐にわたる。

「やり手一人が引っ張るのではなく、しっかりした中間管理職が複数いる強い組織にしたい」。景気は依然厳しいが、11店舗以上に店を増やすのが当面の目標だ。

(小山田研慈)

第6章

北陸地区

「伝統とは革新の連続」

（加賀麩不室屋）

源

本社所在地
富山市
主な事業内容
ますのすし製造販売
創業年
1908年
売上高
非公表
従業員数
240人

工場に入ると、甘酸っぱい酢の香りが鼻孔をくすぐる。鮮やかな桜色の身をササの葉で包む作業員。その頭上を、曲げ物に入ったますのすしが、ゴンドラのような機械で次の工程に運ばれていく。

家族中心の零細企業が多い業界の中で、早くから機械化を導入した。ご飯と酢をなじませる工程や、曲げ物の容器に合わせてご飯を丸い形に成形したり、包装したりするのは機械の仕事。ただ、ササの葉を洗ったり、大きさの違う葉をきれいに並べたりする重要な部分は手作業だ。「機械化した当初は、お客さまには不評だった。しばらく味が安定せず、試行錯誤の連続だった」と5代目の源八郎社長(65)。1日平均5千食程度を作る。

「挑戦の歴史」はつづく

富山市のかつての繁華街、桜木町にあった料理旅館「富山ホテル」が前身。同ホテルが富山駅で駅弁販売を許可された1908(明治41)年が、現在の業態の第一歩になった。

当初、売り上げは少なかった。列車の本数も限られ、長距離客も少数。1日の売り上げは現在の価格に換算すると4～5万円程度だったという。本格的に売れ始めるのは、約50年後の1960年代。北陸線に長距離特急が走り、列車での旅が一般化するのに伴い、駅弁ブームに乗って全国に広がった。

マスを薄く切る「スライサー」や炊飯器、1年中、ササを緑色に保つための冷凍保存法や、容器を上下から押しつける竹に輪ゴムをかける機械など、設備や製法が充実していったのもこのころだ。

流れ作業の工場だが、ササをたたみ、ふたをするところは手作業でしかできないという

一方、材料になるサクラマスは、不漁にあえぐ。

記録によると、神通川のサクラマスは明治時代、年間160トンを超す漁獲量があった。しかし、1950年代から60年代にかけて、次々とダムが造られ、護岸工事などで川の環境が変わると、漁獲量は5分の1以下に。近年は1トン程度にまで減った。

活路を海外に求めた。チリやニュージーランド、アラスカ、北欧、アイスランド……。「10代の頃に食べた神通川のサクラマスはでっぷりと太り、脂は、あっさりとしながらも甘みがあった。あの味を求めて、世界を駆けめぐった」と源社長は言う。

北陸財務局富山財務事務所によると、ますのすしの近年の売り上げは毎年5%程度減り続けている。富山県内には30程度の専門業者があるとされるが、ピーク時の1990年前後と比べると2009年の売り上げは半分程度になった。

そんな中、創業100年の2008年、富山県立大と共同で、宇宙食の開発に取り組んだ。認められるには、1年間、常温で傷まないことを確認することが必要。一方、ますのすしの常温での消費期限は2日。細菌の増殖を抑え、期限を延ばす方法を試みた。

製品はできたが、「見た目は『ますのすし』。でも、本来の味とかけ離れていて、市場に出すわけにはいかなかった」と源社長。ただ、「何かに挑戦することで、お客さんからの視線が変わったのが収穫だった」と振り返る。

伝統食品といえども、時代によって嗜好《しこう》は変わる。近年は、塩や酢が少なめで「押し」も少ない、生に近い商品が好まれるという。源社長は言う。「機械化にしても製法にしても、挑戦の歴史。次の1世紀も、新しいことに挑戦して、お客さんを喜ばせたい」

（天野彰人）

内外薬品

全国の銭湯や大手雑貨店で見かける黄色の風呂桶「ケロリン」。腰掛けにしてもビクともしない丈夫さで、延べ200万個が愛用されている。発売から40年以上たった今も、年間4万～5万個が売れている。

ケロリンとは実は、頭痛や生理痛に効く鎮痛薬の商品名。富山市の内外薬品が広告費を支払い、風呂桶に印刷してもらっている。

薬の原料を卸す問屋として1902（明治35）年に創業。ほどなく行き詰まり、1925（大正14）年に配置薬メーカーとして再出発した。

当時は水性の薬が流行していたが、輸入したアスピリンを配合して、粉末タイプの鎮痛薬を開発した。「ケロッと痛みが治る」として、ケロリンと名付けた。多数の類似品が発売されるほど人気が出た。

東京五輪の前年の1963（昭和38）年。東京の商社から声が掛かった。

「桶にケロリンの広告を出しませんか？」

NAIGAI

本社所在地
富山市
主な事業内容
医薬品製造販売
創業年
1902年
売上高
18億円
従業員数
100人

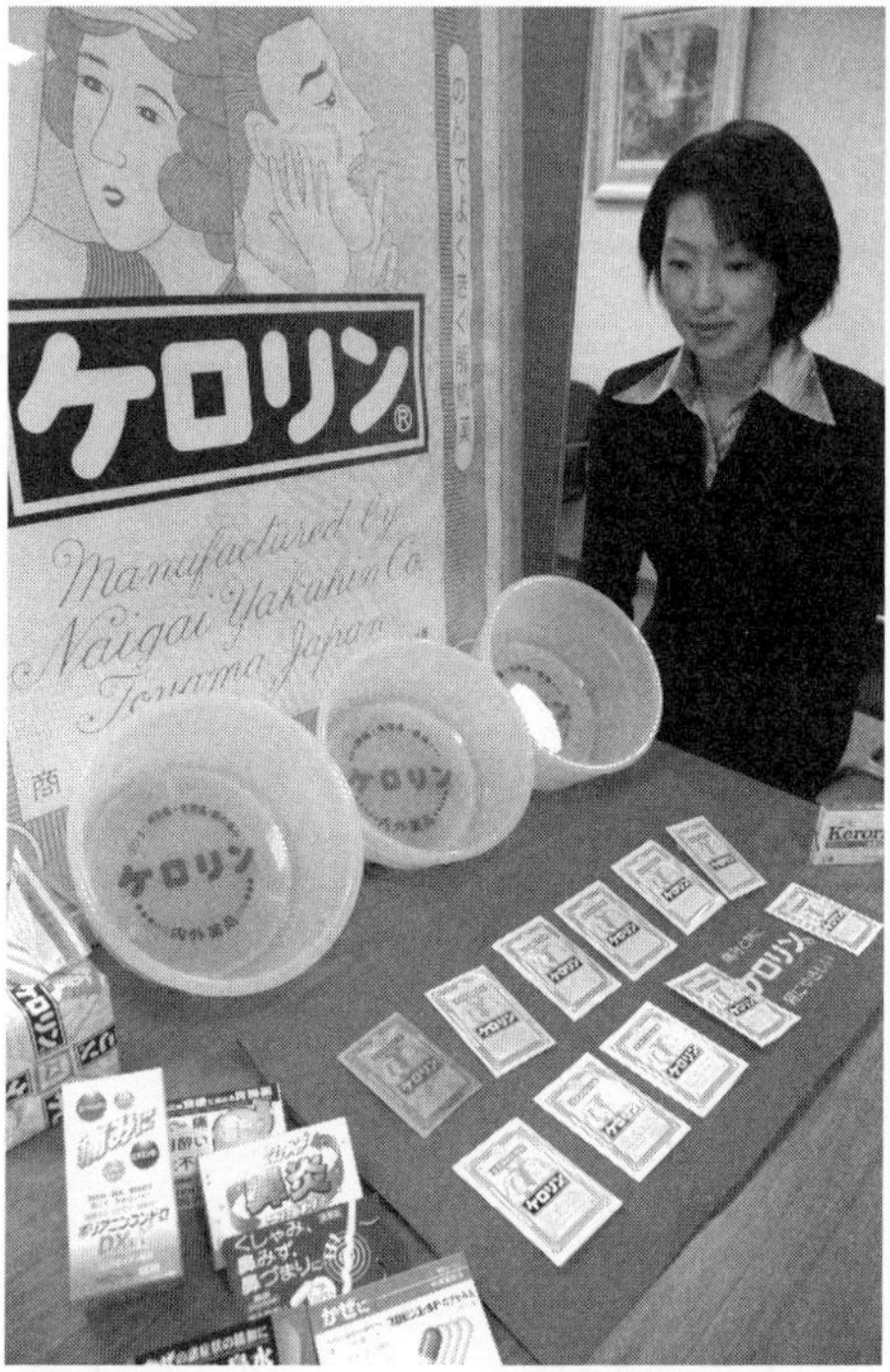

看板商品のケロリンのほか、約40種類の医薬品を販売している

衛生上の問題で、風呂桶が木製からプラスチック製に切り替えられた時期だった。銭湯がまだにぎわっていた時代で、商社は広告媒体に桶を使えば、多くの目に触れられると考えた。

内外薬品も配置薬メーカーからの脱却を狙い、薬局にもケロリンを置いてもらおうと考えていた。両者の思惑が一致した。

広告展開は、桶にとどまらなかった。東京タワーの入場券の裏面や、野球場のアナウンス、ラジオCM……。球場のごみ箱にも広告を載せた。「薬は体内に入れるため信頼が命。なじみのあるものが好かれるので、名前を売ることが重要でした」と、創業者一族で取締役東京支社長の笹山敬輔さん（30）は話す。

身近な医薬品メーカーとしての基軸

信頼を得るための「仕掛け」は、創業から100年が過ぎた今でも健在だ。

2010年2月には、子どものアトピー性皮膚炎に悩む母親のために、無料の絵本を発行した。不安に思ったり怒ったりせず、気長に治していくよう、子どもへの接し方をまとめた。商品名はあえて載せていない。消費者の気を引こうと競う情報があふれるなか、あえて押しつけがましくせず「信頼の置けるメーカー」と感じてもらう狙いだ。

2003年には、皮膚炎やかゆみ、しっしんに効く「ダイアフラジン軟膏《なんこう》」を発売した。年間20万本以上が売れ、ケロリンに次ぐ商品に成長した。

医薬品業界は今、後発医薬品（ジェネリック医薬品）市場の拡大や海外大手資本の国内参入など、環境の変化がめまぐるしい。OEM（相手先ブランドによる生産）契約を結んで、利益を確保する動きも盛んだ。生き残るため、健康食品など新分野に手を広げる企業も多い。

だが、笹山さんは「身近な医薬品メーカーという基軸から、ぶれずにやってきた」と胸を張る。ケロリンをはじめとする配置薬の売り上げは今でも半数を占める。対面販売を原則とする「売薬さん」に薬を卸す企業として、消費者と近い距離を保ってきた自負がある。

配置薬市場は先細りが心配されるが、元気な売薬さんもまだ多い。そんな売薬さんと協力し合えば、次の100年も挑戦できると、笹山さんは信じている。

（船越　紘）

老子製作所

広島に原爆が投下された8月6日の午前8時15分に鳴る鐘。ほとんどの日本人は、この鐘の音をテレビなどを通じて聞いたことがあるはず。広島市の平和記念公園にある「広島平和の鐘」だ。

老子《おいご》製作所が主に手がけているのは、お寺にある釣り鐘（梵鐘《ぼんしょう》）の製作。国内のシェアは7割に上るといい、国内や東アジアの寺院に年間30～40の鐘を納めている。

梵鐘の他には、仏像や香炉といった仏具全般、親鸞や日蓮の聖人像、教会や公園にある回転式のベルや機械仕掛けのカリヨンがあり、銅器を中心にした商品は500種類に上る。

ちなみに「広島平和の鐘」以外に有名なものでは、皇居二重橋の高欄、大阪市役所本庁舎屋上の「みおつくしの鐘」、千葉・成田山新勝寺の大香炉。さらに、京都・東本願寺の噴水鉢、同・西本願寺の梵鐘、福井・永平寺の水鉢……と、枚挙にいとまがない。富山県内では、地元・高岡市の高岡古城公園にあるカリヨンや、同市の二上山にある平和の鐘が有名だ。

今から約400年前の慶長年間に、加賀藩の第2代藩主・前田利長が、高岡の金屋町に7人

株式會社 老子製作所

本社所在地
富山県高岡市
主な事業内容
梵鐘、仏具製作
創業年
江戸末期～明治初期
売上高
非公表
従業員数
26人

の鋳物師を集めた。当初は鍋釜といった日用品を作らせ、その後に「高岡銅器」として地位を確立していった。

7人衆の中の一つ、喜多家の流れをくむ。梵鐘作りを専門にする鋳物師として独立し、江戸末期～明治初期に屋号を老子とした。代々の棟梁《とうりょう》が名工「老子次右衛門」の名を継ぎ、現社長は13代目に当たる。

仕上げ作業が終わった梵鐘

戦時中には金属回収令が出され、あらゆる金属類が軍需生産用原料として供出させられた。老子製作所も舞鶴海軍工廠《こうしょう》の監督工場に指定され、戦艦の部品などを作った。その関係で、会社に関する戦前の社内記録が一切、残っていない。

「だから創業年代も特定できないのです」と専務の元井秀治さん(54)。はっきりしているのは、供出を免れた戦前から残る梵鐘などに「老子」の名が散見されることだ。

大切に使えば千年もつ

戦後は一転して梵鐘の再生産ラッシュに沸き、これまでに2万にも及ぶ鐘を作ってきた。特に浄土真宗が盛んな北陸地方や、関東以北の地域では、ほぼ100%が同社製という地域もある。

その中に、人間国宝の故・香取正彦がデザインし、名工として知られる7代目老子次右衛門の技が生かされた「平和の鐘」も含まれる。

「重低音で、長い『うなり』の余韻があるのが特徴。時の変遷を経ても仏具のありがたみは変わらず、大切に使えば千年はもつ」という老子製作所の梵鐘。

2009年秋には、初めて中国・上海からも注文があった。2010年の万博期間中に納める予定になっていたが、先方の建築の遅れで会期後の12月、上海市の法華学問寺に発送された。恒久平和への祈りが込められた音色を、いま世界に響かせている。

（雨宮　徹）

法師

本社所在地
石川県小松市
主な事業内容
温泉旅館業
創業年
718年
売上高
６億円
従業員数
70人

石川県小松市の粟津温泉は、四つの温泉からなる加賀温泉郷の中で、最も古い歴史を持つ。伝承によると、奈良時代初期の718（養老2）年、白山を修験道の霊山として開いたとされる僧、泰澄大師《たいちょうだいし》が源泉を発見し、弟子の雅亮法師《がりょうほうし》に湯守《ゆもり》を命じたのが、開湯とされる。

「うちの『法師』は、その雅亮法師のこと。養子だった2代目以降、当主は代々『善五郎』を名乗り、私で46代目になります」

現在の当主で、旅館「法師」の運営会社「善吾楼」社長でもある46代法師善五郎さん（71）は、創業から間もなく1300年を迎えるという旅館の歴史を、さらりと説明する。

中世以前の記録は見当たらず、確認しようがない。だが、江戸時代初期には既に、地域で一番の高級宿として知られていたことは、加賀藩3代藩主の前田利常の来訪時に植えられたという「黄門杉」（「黄門」は利常の官位「中納言」の唐名）が建物正面に残ることや、江戸期以降に記された史料などで確認できる。

江戸前期に茶人として活躍し、築庭や建築の分野でも名を残した小堀遠州の助言を得たと伝

2018年に創業1300年を迎える粟津温泉の旅館「法師」。江戸時代に建てられた木造の正面玄関が歴史の一端を物語る（法師提供）

える自慢の庭園には、黄門杉より古い樹齢約500年の老木も残る。

1300年続く「世界最古の宿」

老舗旅館の名が海外にも知られるようになったきっかけは、1987年の「エノキアン協会」加盟と、1996年のギネス認定だった。

エノキアン協会は、フランス・パリに本部を置き、イタリアなどの創業200年以上の老舗企業約40社が加盟する経済団体。日本企業は清酒大手「月桂冠」（京都市）や和菓子製造業「赤福」（三重県伊勢市）など5社。法師は、協会加盟の企業の中でも最古の創業年を誇る。ギネスも「世界で最も長く経営者が続く宿泊施設」と認めた。

ただ、現在の旅館に残る江戸以前の面影は、木造に朱や青の色壁が映える玄関部分など、ごくわずか。主な客室と浴場は30年ほど前に建てた鉄筋コンクリート造りで、長い歴史を十分に生かし切れているとは言えないのが現状だ。

「悔やまれるのは、30年ほど前から江戸や明治期の木造建築の大半を取り壊してしまったこと。戻れるなら、20年前、30年前に戻りたい」

団体客が押し寄せ、温泉が活況を呈した時代の選択を法師さんは今も後悔している。

粟津温泉の宿泊客は1987〜91年の6万人台をピークに減り続け、ここ5年間は2万人を割り込む。法師の売り上げも宿泊客の減少と客単価の低下のため、20年間で4分の1になったといい、全国の温泉旅館同様、デフレ時代の中で苦しい経営状態が続く。

それでも「世界最古の宿」にあこがれ、今日も宿泊客は法師を訪れる。ギネス認定以降、韓国や台湾などの宿泊客も目立つようになってきた。

「これからは海外からの誘客も大きな課題。1300年続いた宿を途絶えさせるわけにいかない。次の100年に向けて何をなすべきか、日々考え続けています」

法師さんの言葉には、先祖伝来の宿を守る誇りと責任の重さがにじみ出ていた。（長田　豊）

加賀麩不室屋

創業慶応元年
加賀麩
不室屋

本社所在地
石川県金沢市
主な事業内容
麩の製造販売
創業年
1865年
売上高
非公表
従業員数
99人

麩《ふ》でできた最中《もなか》を椀《わん》に入れて湯を注ぐと、中から花形の麩や野菜が出て、彩り豊かなお吸い物に早変わり——。

伝統食材の加賀麩に、遊び心たっぷりの仕掛けを施した「ふやき御汁・宝の麩」。贈答品として全国的に人気を集め、今や売り上げの6割を占める看板商品だ。

150年近い歴史を持つ麩の専門店だが、全国区の知名度を得たのは1990年に「宝の麩」を発売してから。それは6代目当主・不室康昭氏(42)の母親のアイデアから生まれた。当時海外留学中だった息子2人の食生活を案じた母は、最中に麩や乾燥野菜を詰め、粉末だしを添えて送った。息子たちが周りの日本人にお裾分けしたところ評判となり、商品化。東京の物産展で人気に火がつき、全国区の商品へと成長した。

「革新」の精神と確かな「技術」

ただ、ヒット商品が生まれたのは偶然ではない。「伝統とは革新の連続でないとダメ」が口癖だったという先代・昭氏(68)が1970年に当主に就いてから、新たな発想を採り入れる「攻め」の姿勢を続けてきた結果だ。

それまでは料亭や市場への「卸売り」が大半だった麩を、観光客も含めた個人への「小売り」に力を入れた。保存のきくパック入りにしたり、土産用に包装やリボンを工夫したり。手間をかけずに食べられるようにと、味付け麩など総菜の販売も始めた。

今も創業の地に構える本店には、色とりどりの「細工麩」や、看板商品の「宝の麩」がずらりと並ぶ

1982年には「日本初」という麩料理専門店をオープン。伝統的な麩料理にとらわれず、麩入りのカレーライスなど、新たな食べ方を提案してきた。
現在は麩の揚げ物や煮物、刺し身風の生麩といった「麩づくし」の御膳のほか、生麩を使ったぜんざいやあんみつなどの甘味も置く。「料亭で食べるか、汁物に入れるかぐらい。そんなふうに固まっていた麩のイメージをどう広げるかが勝負」と康昭氏の弟で取締役営業部長の秀昭氏(41)は話す。

そんな姿勢は、2002年に始めた「麩料理コンテスト」にも表れている。毎回、▽お弁当に使える▽パーティーで食べられる▽サンドイッチに入れたらおいしい、といったテーマを設け、創作料理を募集。入賞作は実際の商品に採り入れることもある。「日常生活のあらゆる場面で麩を食べてもらおう、という考え方なんです」と秀昭氏。

「革新」の精神は、2005年に代を継いだ康昭氏らにも受け継がれている。2007年には東京・六本木のサントリー美術館にカフェを出店。「食の安全」への関心の高まりに合わせて工場を新設し、衛生管理の国際基準「HACCP」を満たす水準の設備も整えた。

一方で、不室屋の「魂」とも言うべき伝統的な麩作りの技術は、頑《かたく》なに守り続けてきた。代表格は、18世紀前半に加賀藩主前田家の料理人・舟木《ふなき》伝内《でんない》包早《かねはや》が創作したと言われる「すだれ麩」。シコシコとした食感が特徴で、郷土料理「治部煮《じぶに》」に欠かせない食材だ。不室屋では創業以来変わらない製法で、今も職人が一つひとつ手作りしている。

「先々代までは、とにかく品質のよい商品を継承することが経営の中心だったようです。それが今のお客さまからの信頼につながっていると思う」と秀昭氏。

老舗の飛躍を生んだ「革新」の源には、静かに磨き続けてきた確かな技術があった。

(生田大介)

浅野太鼓楽器店

人気グループのＳＭＡＰやＥＸＩＬＥがコンサートで使ったのも、格闘技大会「Ｋ―１」の演出に使われたのも、この会社の和太鼓だ。今や、和太鼓といえば浅野、そんなブランドを築いてきた。

年８千張り以上の太鼓をつくる国内最大手。口径３尺（約91センチ）以上の「大太鼓」では、約７割のシェアを持つ。

だが、40年ほど前までは、和太鼓だけでなく、三味線やたばこ入れなど、さまざまな革製品を数人で作る「職人集団」だった。

「農繁期には田んぼ仕事もして。貧しかったですね」

先代当主の弟で、この26年間経営を取り仕切ってきた浅野昭利専務（63）は、20代の頃までをそう振り返る。自身も革張り専門の職人だった。

そんな生活が一変したきっかけは、１９７０年ごろ。佐渡の和太鼓集団「鬼太鼓座《おんでこざ》」が、それまで祭礼や神楽でしか使われなかった和太鼓を、演奏のための楽器として本格的に使い始め

太鼓の里 新 浅野

本社所在地
石川県白山市
主な事業内容
太鼓製造
創業年
1609年
売上高
非公表
従業員数
42人

原木から切り出した太鼓の胴に、カンナがけをする職人たち。後ろには、直径７尺（約2.1メートル）の大太鼓が見える

たことだ。大きさや音色の異なる太鼓を組みあわせる「組太鼓」が人気を呼び、和太鼓ブームに。鬼太鼓座に太鼓を提供した縁もあり、浅野の業績は飛躍した。

そんな追い風のなか、１９８４年に経営を継いだ昭利さんは、単なる太鼓メーカーから、業界の先頭に立って太鼓文化を守り広める会社へ発展させることを目指した。革を扱う業者への偏見を跳ね返したいという思いもあり、矢継ぎ早に新事業を展開した。

本社敷地内に太鼓資料館や練習施設を作り、一つ数十万～数百万円もする太鼓を手軽に使ってもらおうと、レンタルも開始。太鼓専門誌『たいころじい』も創刊した。

文化を守り育てることが、産業につながる

だが、経営者として利益を求める立場と、太鼓文化を広める立場は相反することも多く、ジレンマに悩まされる。

資料館や練習場は赤字続き。さらに、若くて才能はあるが資金に乏しい演奏家には、太鼓代金の支払いを猶予するなど支援してきた。「自分は経営者としては失格だと思うこともある。だけど、支援した演奏者が、育ってから他の奏者を紹介してくれることもある。そうした取り組みが、経営面でも将来への布石になるんです」

2003年からは、能登空港近くでケヤキの植林も始めた。10年間で3万本を植え、80〜300年かけて太鼓に使える大きさまで育てる。最近は合成材を利用した安価な太鼓も増えたが、「胸に響く、魂を揺るがす独特の残響音を出せるのはケヤキだけ。浅野は、それをずっと守っていかなきゃいかんと思うんです」。

1本何千万円もするケヤキの大木を切り出し、樽《たる》形に裁断。内側をくりぬき3年ほど乾燥させ、塗装や革張りをして仕上げる。手間ひまはかかるが、そんな創業以来400年続けてきた太鼓づくりを継承し続けるつもりだ。

夢は、太鼓のコンサート会場を地元に作ること。用地は購入済みだが、経営面の懸念から建設には踏み切れていない。しかし太鼓の魅力を多くの人に伝え、太鼓を学んだ人の発表の場を作るため、必ず実現させたいという。

「楽器を作るだけじゃ、利用者は広がらないし、会社も続かない。文化を守り育てれば、この産業は残るんです」。これからも、太鼓文化とともに会社を成長させていくつもりだ。

（生田大介）

カガセイフン

福井県を代表する食といえば、おろしそば。ガイドブックには老舗の名店は載るものの、素材のそば粉を作っている企業は意外と知られていない。

その一つである福井市のカガセイフンは、前身の末吉製粉から数えると133年目。1877（明治10）年の創業で、西南戦争の頃からずっと、家族で石臼をひき続けている。

工場に入ると、石と石がこすれあう、少し高くてきしむような音が、耳に飛び込んできた。石臼は、福井市東部の山中でしか採れない「小和清水石《こわしょうずいし》」と呼ばれる石材を使い続けている。

切り出してすぐの石臼はまだ石が軟らかく、すりつぶした粉はきめが少し粗くなる。石臼も使ううちにゆがんでいく。そのため、石が硬くなるまで必ず15年ほど寝かせる。そして使い始めてから70年以上のものも珍しくない。

石臼の使い方はさらにデリケートだ。ただでさえ摩擦で温度が上がりやすいのに、気温の高い夏は石が熱を余計に帯び、粉の水分が少なすぎてしまう。逆に、雨の日は水分が多くなる。石臼を回す速度はもちろん、落とすそばの量で味が変わってくる。

本社所在地
福井市

主な事業内容
製粉業

創業年
1877年

売上高
非公表

従業員数
4人

石臼に少しずつそばの実を落とし、石と石の間から粉がこぼれ落ちるのをほうきで集める

5代目の加賀龍夫さん(57)は「同じように作っても、微妙に違うそばができてしまう。年間通じて全く同じそばを作れたことはない」と、その難しさを語る。

加賀さんによると、最近の福井のそばは黒色に成熟する前の緑色の実を収穫する「早刈り」が主流。甘みがあって水分も多く、もちっとしたそばに仕上がるという。通常は皮をむいてそば粉にすると白っぽい色になるが、皮ごとつぶして色が濃いものが、風味もあって近年は人気だ。

伝統の石臼で差別化を図る

石臼の動力が現在の電気ではなく水車だった創業当時から、そば粉作りの基本は変わらない。だが、そばを巡る環境は少しずつ変わってきた。

その一つが、最近のそば打ちブームだ。そ

ばを打つのはお店の専売特許だったのが、会社勤めの男性が休日にそばを打つことは珍しくなくなってきた。

福井県内にも数々のそば打ち大会がある。毎年11月に福井市で開かれ、全国各地の予選を勝ち抜いた人が集まる「全日本素人そば打ち名人大会」を主催する「福井そばルネサンス推進実行委員会」で、加賀さんは幹事長を務めている。

カガセイフンにも、個人客からの注文が増えてきた。２００５年からインターネットで通信販売を始めたところ、当初は売り上げが１カ月10万円ほどだったのが、最近は１００万円は下らないという。

加賀さんは「風味の強さやおいしさはもちろん、打ちやすさも重要な要素になってきた」と話す。

顧客のニーズが変化したからこそ、大量に安くできる機械製粉ではなく、伝統的な石臼で作る差別化が生きている。

今後はそば粉をどんなふうに売り出したいか、加賀さんに尋ねると、「いまうちではクレープとかケーキのような洋菓子に使ってもらえないか、考えています」。

次の１００年の目標は、そばの枠を超えたものになりそうだ。

（西山明宏）

青山ハープ

AOYAMA

本社所在地
福井県永平寺町
主な事業内容
ハープ製造
創業年
1897年
売上高
非公表
従業員数
28人

本社のホールに鎮座する製造番号「0001」と刻まれた国産第1号のグランドハープ。1974（昭和49）年の発売後、行方不明になっていたが、1995年の阪神・淡路大震災で、被災者から受けた修理依頼を機に返ってきた。青山憲三社長（72）の懐かしの品だ。

このハープが世に出て35年、1台130万～450万円のグランドハープと、同27万～40万円のアイリッシュハープを合わせ、ここ数年、年平均500台を生産する。22人の職人集団は5大メーカーに数えられる世界企業だ。

「豪快さよりきめ細かさ。弦の張りがバランスよく上品な音色が特色」（日本ハープ協会の山崎祐介副会長）。来日時には必ず「青山製」を指定するベルリン・フィルハーモニー管弦楽団の奏者もいる。「青山の音」は一流のハープ奏者から高く評価され、一挙に普及した。

「音」は、福井交響楽団のビオラ奏者でもあった青山社長の頭の中に蓄積した集大成だ。世界中の演奏会に出向き、音を聴き続けた。試作品が完成するたびに世界の演奏家に提供し、助言を求めた。

オーケストラで使われるグランドハープ。上質な音を出すには精巧な技術が求められる

　納得する音が出せるまで約10年。「舶来品のまねだけはしたくなかった」。青山社長は長い歳月を回顧する。製造技術も独力で高めた。

　ハープの見た目は木工品だが、内側は時計細工のように機械が組み込まれている。弦の振動で機械が大きく共鳴すれば雑音が混じる。防ぐためには精巧さが求められる。

　何百台のハープを作っては壊した。先発メーカーの模倣を嫌い、ネジ一つから自作したためだ。試行錯誤の10年で職人は楽器の構造を体で覚えた。

「自分の音」をつくる

　1897（明治30）年に福井市で開業した青山楽器製作所が同社の始まりだ。創業者の祖父・次太郎氏は「福井の左甚五郎」と称された腕利きの職人。鋳物業や木工業を営んでいたが、手先が器用で独力でバイオリンを作り、売り出した。

同社がハープに転身したのは1952年。先代の政雄氏が、知人が持参したヨーロッパ土産のアイリッシュハープの音色に魅せられた。当時のアイルランド製は半音装置がずさん。元々、無声映画の楽師だった政雄氏は音楽家の視点で完璧さを追求し、簡単で正確に半音が出せる世界初の装置を発明した。

「ハープ人口を支えたのは、青山さんのおかげ」。ハープ界をリードしたオランダの奏者がささげた賛辞だ。

第2次大戦末期ごろから、ハープ界は衰退。オーケストラで使うグランドハープは高さ1・85メートルと大型で、子どもには扱いづらく奏者のなり手が激減していた。完成された小型の同社のハープは「子どもの練習にいい」と評判を呼び、海外での売り上げが爆発的に伸びた。

「社訓などない」と青山社長。だが、〝独立心〟は脈々と受け継がれていく。

製造は、木材加工の後、2千点もの金属部品を組み上げる工程だ。徒弟制度のように先輩の指導を受けながら、新米は「自分の音」を模索していく。

職人歴31年の坪川和二郎さん(51)は「触ってにおいをかいで、自分の感覚を研ぎ澄ませてつかんだものが財産になる。それにはたえず自分の頭で考えることだ」。

(足立耕作)

益茂証券

福井市中心部の6階建て本社ビルの3階。電話対応に追われる営業本部の一角に、4代目社長の益永哲郎さん(55)は机を構える。

「社員は煙たいかもしれませんが、社長も人間。対話、交わりを欲するんです」

「利益は資本に蓄積する」という初代社長から守り抜く手堅い経営方針を守り、1990年代以降のバブル崩壊、株式委託手数料の自由化、銀行と証券などが相互参入する「金融ビッグバン」、世界同時不況などで赤字決算が数期続いても、社内で知恵を出し合って乗り越えてきた。「対面と対話」。これが創業以来137年間、生き残ってきたノウハウだ。

益永さんは大学卒業後、提携会社の岡三証券で6年半修業した。外回り営業で手作りチラシを手に1軒ずつ顧客を開拓。1978(昭和53)年に益茂《ますも》証券に入り、小松営業所の新設を任されてもコツコツと顧客を開拓した。

しかし経営環境の変化はめまぐるしい。2003年6月に4代目社長に就任した当時は、すでにインターネットを駆使する個人のネットトレーダーが生まれ、大手証券会社やネット専業

益茂証券

本社所在地
福井市
主な事業内容
証券業
創業年
1873年
売上高
4億円
従業員数
79人

の証券会社が手数料の安さを競う時代に突入していた。

益茂証券は岡三証券とのオンライン端末システムを更新してIT環境を強化しつつ、本社1階で顧客がいすに座って株価ボードを眺め、社員と市況を談議する〝アナログ〟な対面取引を堅持してきた。

だが、なじみの顧客の信頼は得ても、顧客の子の世代はネット取引に流れる。益永さんは「何もしないと落ちていく」と、2006年に東京短資から為替のプロを引き抜き、北陸の地場証券で初めてFX（外国為替証拠金取引）を手がける為替事業部を立ち上げた。

営業本部の一角に机を構える益永哲郎社長（手前）。市場動向や営業現場の空気に目配りを欠かさない

対話と相談の安心感を

FXもネット全盛時代だが、益茂証券のFXはネットと対面、電話のいずれにも対応させた。手数料は大手やネット専業他社より高いが、専門社員が朝8時から深夜

0時まで2交代で電話相談でサポートする。

FXは証拠金の数百倍をかけるハイリスク・ハイリターンの投機的側面で注目されるが、益茂証券は2～5倍の低倍率での資産運用を重視する「スローFX」を顧客に説く。相場の急変時は顧客に電話をかけて知らせ、中長期の相場の波を分析しながら冷静にアドバイスをする。益永さんは「大手との手数料競争はアリが力士に挑むようなもの。対面や相談の安心感を求める顧客は少なくなく、そのニッチにこそ我々の出番がある」と肩の力を抜く。

「対話」を重視するのは、顧客だけではない。2004年から年2～3回、地元のさまざまな業種の経営者らを講師に招いて名刺交換や懇談する異業種交流会を主催し、2010年7月に開いた会で16回目を数えた。

2006年からは女性経営者らのフォーラム「すずらんの会」も主催。まいた種から新事業や提携が芽生えれば、地元経済が活気づき、地場証券として商機のすそ野も広がるからだ。

益永さんは手書きチラシに代わり、2000年から出会った人の名前と人柄を五・七・五・七・七に盛り込んだ自作の「ひらがな和歌」と、益永さんの似顔絵イラスト入りのはがきを送る。顔が見える相手を、裏切らない。すでに2万1千通を差し出したはがきには、そんな覚悟も込めている。

（鎌内勇樹）

第7章
東海地区

「技術の継承が生命線」

（鈴木バイオリン製造）

二文字屋

丼、重、ひつまぶし。鰻《うなぎ》の焼き方はそれぞれ違う。

重は二文字屋《にもんじや》が岐阜市内では初めて手がけた。12代目の上野博社長（77）は「箸で切れる焼き具合は、うちだけかな」。1日に500匹を焼く。たれは定休日に仕込む。「いい加減なものを出したら二度と来てもらえん」と、鰻と向き合ってきた。

1620（元和6）年、上野長七郎氏が岐阜城下から中山道の加納宿に移り住み、創業した。江戸幕府2代将軍、徳川秀忠の時代だ。二文字屋や岐阜市教育委員会によると、長七郎氏は町人ながら、行政に携わる「町年寄」を務めた。二文字屋は、勅使や大名に従う使者、飛脚などが泊まる宿として、人々をもてなした。

夏は鰻と川魚、冬は野鳥をふるまう。ただ、中山道の交通量は、東海道の半分程度といわれ、いつも繁盛してきたわけではない。1887（明治20）年には、東海道線の加納停車場（初代岐阜駅）が開業。街道から客足が遠のいた。

店近くの寺に、上野家の当主たちが眠る。笠がついた立派な墓があれば、縦横30センチほど

中山道 加納宿
二文字屋

本社所在地
岐阜市

主な事業内容
うなぎ、日本料理

創業年
1620年

売上高
非公表

従業員数
8人

国産の鰻を腹から開き、4匹ずつ串に刺していく。指先の感触が大切だ

の川石の墓も。盛衰をしのばせる。

王道と独自、鰻の二本道

上野社長は35歳のとき、11代目から初めて、たれを任された。以来、徐々に経営にも独自色を打ち出してきた。市内の有名料亭で修業した経験から、「鰻や鯉《こい》、鮒《ふな》だけじゃなくきれいな料理ができんもんか」と、懐石料理を本格的に研究し、メニューに加えた。皇女和宮は14代将軍家茂に嫁ぐ折、加納宿の本陣で宿泊。その際の献立を文献で見つけ、「和宮本膳」として再現した。

本業の鰻にも工夫をこらす。調味料に漬け込んで薫製にした「うなぎハム」。かば焼きは冷めると味が落ちるので、冷たくてもおいしいものをと考案した。

料理長は、長男の晴也さん(51)。父親

の背中を見ながら育ち、他店での修業を経て、いつも料理のことばかり考えているような職人になった。

洋食からもヒントを得る。フランス料理のシェフが書いた料理本に感銘を受け、トマト料理を試作した。どうしても本物を食べてみたくて、父子で上京。食事の後、厨房《ちゅうぼう》まで見せてもらった。

晴也さんは「舞台やコンサートのように感動してもらえないか」と、斬新な料理を次々と生み出す。「三色スープ」は、上から黄、緑、赤のスープが3層に重なる一品。温かいトウモロコシ、冷たいグリーンピース、冷たいトマトのスープを、混ざらないよう、グラスに注いだ。

創作に励む親子だが、「鰻を極めた」と思っているわけではない。「一生修業」という謙虚さと、たゆまぬ創意が、伝統ののれんをつなぐ。

（青瀬　健）

秋田屋本店

AKITAYA

本社所在地
岐阜市
主な事業内容
養蜂業、食品製造業
創業年
1804年
売上高
63億円（10年8月期）
従業員数
260人

クリスマスの足音が聞こえはじめた2009年秋、中村正社長（58）は、営業社員から一つの報告を受けた。大手パンメーカーの原材料調達担当者に「クリスマスケーキに使うイチゴやメロンは、手に入るのでしょうか」とたずねられたというのだ。果物についての相談を受けるのは、秋田屋本店が約120年間、ミツバチとともに歩んできた「養蜂問屋」だからだ。

養蜂家にミツバチや巣箱などを販売している。ミツバチは花から花へと飛び回り、植物の受粉を手助けする。働き者のハチがいないと、イチゴもメロンも育たない。ところが、ここ数年、世界でミツバチの大量死が相次ぎ、農家や食品メーカーを不安にさせている。

養蜂を黎明期から支え続けて

1804（文化元）年、秋田杉を扱う材木商「秋田屋」として創業した。明治になって欧米から近代養蜂の技術が伝わると、新しいもの好きだった6代目、中村源次郎氏は1887（明

花粉交配用の西洋ミツバチを育てる養蜂場。ハチが病気にかかっていないか、蜜の集まり具合はどうか、社員が巣箱を検査する

治20）年、養蜂部を新設。秋田杉を使って巣箱をつくり、売った。

岐阜県は「近代養蜂発祥の地」といわれる。6代目は、繁殖力が強く、蜜も多く採れる西洋ミツバチの増殖に尽力。ギフチョウの採集で知られる昆虫学者、名和靖と一緒に、西洋ミツバチが日本で定着するよう、品種改良に取り組んだ。米国から輸入した機械を使い、ハチが巣箱の中で巣をつくるときの土台となる「巣礎《すそ》」も、日本で初めて量産した。

養蜂には、同じ場所で蜜を集める「定置養蜂」と、花を追って九州から北海道まで移動する「転地養蜂」がある。

日本列島の真ん中にある岐阜県は、移動の中間点。養蜂家は岐阜でひと息つく。古かったり、壊れたりした資材を新調・修理して北へ向かう。花を追う旅は、お盆には終わる。南へ帰ると

き も 、岐阜に寄る。資材代を蜂蜜で払う業者も多いため、決算は8月末締めだ。

もっとも、最近は国内の養蜂家自体が減少。初心者向けにハチと器具一式を約17万円で売り、普及に努めているが、ハチや養蜂器具の売り上げは現在、全体の4分の1にすぎない。大半はロイヤルゼリー、プロポリスなどの栄養補助食品や、薬、化粧品の原料となる蜂蜜の販売によるもので、そのほとんどを中国からの輸入に頼る。

当主は代々、「源次郎」の名を受け継ぐ。9代目の中村社長も還暦のころには襲名するつもりだが、養蜂業界は原因不明のミツバチの大量死という未曽有の危機に直面する。

「蓄積したノウハウをフルに生かして乗り切る」

中村社長は、養蜂場を増やし、ハチの繁殖に全力を注いでいる。


（青瀬　健）

鈴与

茶畑に囲まれた静岡空港で、ピンクや赤、青に染まった小型ジェット機は鮮やかに映える。江戸期に回船問屋として誕生した「鈴与」は、創業200年余にして空に飛び立った。

1801（享和元）年。翌年世に出た『東海道中膝栗毛』で、弥次さん喜多さんが珍道中を繰り広げた東海道・江尻宿の清水湊《みなと》で、「播磨屋与平」の看板を掲げた。甲州の米を富士川を使って駿河に運んだり、赤穂の塩を駿河経由で甲州に運んだりした。

明治期の1889年、東海道線の全線開通（新橋—神戸間）という「大波」が押し寄せる。船便は横浜港まで2日間かかっていたが、鉄道は東京・新橋まで6時間足らず。扱う荷物は3分の1に減った。

鉄道という新参のライバルにどう立ち向かうか。船で競う道ではなく、蒸気機関車に欠かせない石炭の販売を手がける「共存」を選んだ。塩や輸出茶に加え、石炭の販売を始めることで近代化の波に乗った。

1900年代に入り、事業多角化は加速する。地元の清水港や焼津港で水揚げされるトンボ

Suzuyo **鈴与株式会社**

本社所在地
静岡市清水区

主な事業内容
総合物流

創業年
1801年

売上高
767億円
（10年8月期）

従業員数
1034人

赤にピンク、機体ごとに色が異なるフジドリームエアラインズの小型ジェット機

（ビンナガ）マグロは脂が少なく日本人には好まれなかったが、米国で登場した油漬け缶詰はサラダやサンドイッチに広まっていた。1929（昭和4）年に設立した「清水食品」は日本で初めてマグロの油漬け缶詰を商品化。いわゆる「ツナ缶」は米国で大ヒット商品となった。

空駆ける「回船問屋」

歴代社長は「鈴木与平」の名を継ぐのがならわし。1977年、36歳で9代目社長に就いた通弘氏（68）は、2001年の創業200周年を機に「与平」を襲名した。大量消費、モノ余りの時代にあって、顧客ニーズを掘り下げて、差別化を図れる企業にならなければならないと、専業分社化を進めた。

現在、グループ会社は物流、商社、建設、食品、情報など約130社。サッカーJ1清水エスパルスの運営にも携わっている。

時代の節目で新しい事業を始めたり、乗り換えたり。鈴木社長の目に、２００９年の静岡空港開港は「千載一遇のチャンス」と映った。海、陸を経て、ついに空に乗り出した。大学時代、航空部でグライダーに乗っていた鈴木社長自身の夢でもあった。

子会社の「フジドリームエアラインズ」は、76人や84人乗りの小型ジェット機で地方空港同士を結ぶ。２００９年７月の参入時は静岡―小松・鹿児島・熊本と、いずれも大手と競合せず、価格競争に巻き込まれない路線を選んだ。１機ごと異なる色に染めたのは、空港をカラフルにするためだ。

２０１０年４月からは日本航空が撤退した静岡空港の福岡、札幌両路線を引き継いだ。６月には、松本空港の福岡、札幌両路線を継承する。10月には４機目、さらに５機目も運航を開始した。

既存路線の累計搭乗率は約50％（＝２０１０年４月時点。10月末時点では53％に）。目標の65％にはほど遠いが、鈴木社長は意に介する様子はない。

「時代に沿って自己改革してきたことが、２００年続いた理由。変えることを怖がってはいけない」

（山田知英）

春華堂

浜松市西部の工業団地。自動車部品工場が立ち並ぶ一角に、週末ともなれば観光バスが次々と押し寄せる。

お目当ては、あの「うなぎパイ」の生産ラインを見学できる春華堂の工場「うなぎパイファクトリー」。2005年のオープン以来、旅行会社のツアーにも組み込まれるほどの人気を誇り、全国各地から年間50万人以上が訪れる。

創業者の山崎芳蔵氏は1865（慶応元）年、東海道・岡部宿（現藤枝市）で茶店を営む一族に生まれた。江戸時代には、参勤交代の大名行列で店は大にぎわいだったという。

茶店を継いだ芳蔵氏は1887（明治20）年、当時まだ珍しかった甘納豆を独自に創作し、菓子職人として「春華堂」の看板を掲げた。

2年後の東海道線全通に合わせ、浜松駅近くに移転。2代目の幸一氏は、卵型のもなか「知也保《ちやぼ》」を考案し、和菓子屋としての基礎を築いた。

春華堂

本社所在地
浜松市中区
主な事業内容
菓子製造
創業年
1887年
売上高
約77億円（08年度）
従業員数
431人

看板商品は何と言っても「うなぎパイ」。右下は山崎貴裕副社長

社内コンペから誕生した「うなぎパイ」

春華堂の名を一躍全国区に押し上げたのが、ウナギのエキスを生地に練り込んだうなぎパイ。甘納豆やもなかに代わる新しい看板商品を考えあぐねていた幸一氏が、「ウナギをテーマにした、浜松らしいお菓子を作ろう」と社内コンペで呼びかけたのがきっかけだった。しかし、同社にとって洋菓子作りは初めての挑戦とあって、かば焼き風にパイを串に刺して焼くなどの失敗を重ねた。ようやく完成したのは、1961（昭和36）年のことだ。

「夜のお菓子」のキャッチフレーズは「一家だんらんのひとときに楽しんでほしい」という願いを込めたものだが、精力増強と結びつける誤解も目立った。そこで、これを逆手にとり、当初は青色だったパッケージを、当時の栄養ドリンクに用いられていた赤、黒、黄色に変えたら、売り上げが一気にアップ。東海道新幹線開業や東名高速道路開通も追い風となり、発売翌年に60万枚だった生産は4年後に700万枚を記録した。

順風満帆だった業績が危機に直面したのが、創業から120年を超えた2008年ごろ。総売り上げの9割を占めるうなぎパイには国産の上質なバターが欠かせないが、バター不足が全国で深刻化した。山崎貴裕副社長(36)は「会社始まって以来の危機。原材料が高騰したことはあったが、手に入らなくなったことは一度もなかった」と振り返る。

山崎副社長は自ら全国の酪農団体を回って頭を下げ、2カ月で50トン近くのバターをかき集めた。ようやく確保した国産バターはすべてうなぎパイに回し、他のお菓子は海外から輸入したバターを使ってしのいだ。

浜松市中区にある本社の事務室には、「温故創新」と書かれた額が飾ってある。山崎副社長は「うなぎパイを超える新しいものを作らなくては、というプレッシャーはない。10年、20年、100年と続いてきた伝統を守っていくのが、ぼくらの仕事」と話す。

(滝沢隆史)

ノリタケカンパニーリミテド

高級洋食器の世界ブランド「ノリタケ」。それを製造・販売するノリタケカンパニーリミテドは、もはや単なる陶磁器メーカーではない。

焼く、乾かす、削る、磨く、塗る。伝統の「技」は、自動車や電子部品など、日本の主力産業に欠かせない技術になっている。

すべては、福沢諭吉の助言から始まった。幕末、鎖国が終わり、大量の金《きん》が海外に流出した。御用商人だった森村市左衛門氏は、この様子を嘆き、福沢に相談。福沢は言った。

「異人が持っていく金を取り戻すには、輸出貿易を行うほかに道はない」

森村氏は1876（明治9）年、東京・銀座に貿易商社「森村組」を創業。米国と貿易するなかで、輸出品としての陶磁器の将来性に目をつける。

1904（明治37）年、「日本陶器」を創立。近代的な設備の工場を、愛知県鷹場村大字則《のり》武《たけ》に構えた。1981（昭和56）年、現社名になった。

明治から昭和初期に輸出された陶磁器は、「オールドノリタケ」として、いまも人気が高い。

Noritake

本社所在地
名古屋市西区
主な事業内容
砥石、陶磁器製造販売
創業年
1904年
連結売上高
1129億円（08年度）
従業員数
4289人（グループ全体）

大花瓶の素描きをするクラフトマン。本社に隣接する「ノリタケの森」内のクラフトセンターでは、伝統の技を公開している

戦後は、国内での販売が増え、ホテルや飲食店で使われるようになった。

多角化ゆえのアイデンティティー

そんな食器づくりは、1971（昭和46）年のニクソン・ショックで転機を迎えた。金とドルの交換が停止。1ドル＝360円の固定相場が崩れ、急激に円高が進み、食器の輸出も大打撃を受けた。経営陣は、食器事業の衰退を見通した。

社長の種村均さん（62）が入社したのは、まさにこの年だ。「食器は平和産業。商品サイクルが長く、じっくり取り組める」と考えていたが、配属されたのは、砥石《といし》部門。食器部門よりも新規事業部門に多くの新人が配属された。

砥石は、食器の仕上げとして底部を磨く道具だ。戦前に軍用として工業用の砥石の製造に乗り出し、戦後は鉄鋼や自動車づくりを支えてきた。ほかにも陶磁器の焼成、乾燥、絵付け、絵の具の調合といった技術が、電子材料やセラミック製の部品などに幅広く発展している。

そもそも、歩んできた106年は、多角化の歴史ともいえる。「一社一業」の精神のもと、衛生陶器部門が1917（大正6）年に東洋陶器（現TOTO）、1919年には碍子《がいし》部門が日本碍子（日本ガイシ）として独立した。だが、分かれてもノリタケを中核とする7社は、いまも「森村グループ」としてゆるやかな結束をみせる。

食器事業は現在、売上高の1割程度。存在感が薄くなったが、種村さんは思う。

「多角化したからこそ、グループをまとめるアイデンティティーとして、食器が大事なのだ」

（福田直之）

鈴木バイオリン製造

SUZUKI

本社所在地	名古屋市中川区
主な事業内容	弦楽器製造
創業年	1887年
売上高	4億円（10年5月期）
従業員数	27人

先端の渦巻き部分を、若い職人が仕上げていく。隣の作業場では、ベテランの職人がニスを塗り、あでやかな木目の美しさを引き出す。高級なバイオリンだと、完成に半年近くかかる。

1通の古い手紙が、事務所の棚に眠っている。1926（大正15）年11月2日付。差出人は物理学者のアインシュタイン博士。鈴木バイオリン製造の創業者、鈴木政吉《まさきち》氏にあてた。

「昨日、ご令息2人がおいでになりました。政吉様が製作されたバイオリン4本を拝見し、1本を選ぶようにとのことでした。（中略）最優秀なる貴台の芸術に驚嘆の念を禁じえません」

愛用の独製バイオリンと弾き比べ、政吉氏に軍配を上げた。博士は米国に亡命する際も、そのバイオリンを持って行った。

製作者と起業家の才

4代目の鈴木隆社長（50）は、政吉氏のことを「欧州に追いつけ追い越せと技を磨いた製作者と、高価で舶来品に手を出せない人に手頃な価格で提供する起業家の両面を併せ持つ稀有《けう》な

透明度の高いニスを、一筆一筆、丁寧に塗っていく

人」と評する。

貧しい尾張藩士の次男として生まれた。父は三味線をつくり、家族を養った。政吉氏も手伝ったが、西洋文明が押し寄せるなか、三味線の需要が減少。そんなとき、愛知県師範学校の生徒が持っていたバイオリンに魅了された。１８８７（明治20）年、見よう見まねでつくり、製作者としての才能を開花させた。

起業家としての才能は、大量生産体制の確立だ。

１９００（明治33）年、渦巻き部分や板を自動で削る機械を発明。機械で粗削りし、職人が分業で仕上げる。そのシステムは、いまも変わらない。

第１次世界大戦が１９１４（大正３）年に始まると、バイオリン大国のドイツが荒廃。政吉氏のもとには、世界中から注文が舞い込んだ。政吉従業員は千人を超え、年間10万本のバイオリンを輸出。ビオラやマンドリン、ギターなど、53種類の弦楽器を製造するまでになった。

現在のバイオリン生産数は、年間約8千本。輸出は、その約1割。安価な中国製の出現もあり、事業規模は第1次大戦時の最盛期に遠く及ばない。だが、鈴木社長は「会社は小さくなっても、技術の継承が我々の生命線」と、丹念にバイオリンをつくり続ける。

子どもたちが初めて手にする1本は、鈴木製が多い。子どもの成長に合わせ、バイオリンの大きさを変えていく。

アインシュタイン博士を訪ねた政吉氏の三男、鎮一《しんいち》氏は、その後、バイオリンを中心とした子どもの才能教育「スズキ・メソード」を確立。世界的な演奏家が育っている。（山内　明）

中埜酒造

本社所在地
愛知県半田市
主な事業内容
酒造業
創業年
1844年
売上高
40億円（10年6月期）
従業員数
250人

酒造りでは、ふつう新潟や長野、福井、兵庫の酒米を使う。ところが、中埜酒造が２００９年９月に売り出した「國盛《くにざかり》正《しょう》純米」は、愛知県の知多半島で取れた酒米を、１００％使っている。地元の７軒の契約農家が作った「若水《わかみず》」や「日本晴《にっぽんばれ》」だ。

國盛の特徴は、芳醇《ほうじゅん》な味わい。正純米は、ふくよかな米のうまみはそのままだが、どんな料理にも合うよう、すっきりとした飲み口に仕上げた。中埜《なかの》昌美《まさみ》社長（56）が「全社で造り上げた戦略商品」というように、開発担当だけでなく、営業の社員も意見を出し合って造った酒だ。

伝統の技と最新設備の融合

良質な水と温暖な気候にめぐまれた知多半島は、江戸時代から醸造業が盛んな土地。尾張藩の奨励も受けながら、江戸と大坂の中間にある地の利を生かし、酒や酢を回船で大消費地の江戸へ運んだ。明治初期、蔵元の数は２００社を超えた。

中埜酒造の創業は、江戸時代後期の１８４４（弘化元）年。「国の繁栄を願い、それとともに我が酒の盛んなること」との思いを込め、その酒を「國盛」と命名した。明治の末期には近隣の蔵元と合併。経営基盤を強化していった。

そんな名醸地の蔵元も、今では6社だけになった。焼酎やワインなどに押され、日本酒の消費量が減った。

時代の変化は、中埜酒造にとってもひとごとではない。現在は梅酒や焼酎、酎ハイも手がけ、日本酒以外の売り上げが、全体の4割ほどを占める。

中埜社長は「生き残るためにはやむを得ない」。

酒造りの方法も変わった。杜氏《とうじ》や蔵人《くらびと》はかつて、新潟県長岡市の寺泊から出稼ぎで来ていた。しかし、その酒造り名人たちが高齢化。手づくりの感覚を残しながら、いかに省力化するか。考えた末、「機械と人間の感性をミックスさせることにした」（中埜社長）。

純米、吟醸、大吟醸、純米大吟醸、

機械化される前の酒造りの様子（中埜酒造提供）

にごり酒……。200種類近くある日本酒を生み出す醸造工場「國盛蔵」は、1984（昭和59）年に稼働を開始した。

タンクの中のかき混ぜや温度管理は、機械に任せた。麹《こうじ》やもろみの出来、酒米の蒸し具合は、社員の杜氏たちが五感で点検。伝統の技と最新設備が融合する。

機械群に2009年夏、短時間で高温殺菌ができる最新鋭設備が加わった。長期の保存ができる甘酒をつくるために必要な設備だ。甘酒も、米や麹が原料なので、酒造りの技術が生かせる。

「技術を蓄積させながら、手堅く、石橋をたたきながら経営していきたい。そのためには、柱となる日本酒造りの技術を深めなければ」。中埜社長の信念だ。

（小山裕一）

松華堂菓子舗

東京・赤坂の日枝神社で2010年6月、裏千家の献茶式が催された。その茶席に上生菓子の「花清水」を千個、納めた。従業員3人が新幹線で持参。松華堂菓子舗の上生は、京都や名古屋、東京の茶人に名が通っている。

店の奥に80平方メートルほどの作業場がある。ここで上生も最中《もなか》、干菓子も作る。菓子作り担当は12人。そのうち5人は、和菓子の菓子製造技能士1級を持つ。

芸術的な上生は、季節の素材と意匠に凝る。店頭の様子は週ごとに違う。夏の季節だと、撫《なで》子《しこ》、枇杷《びわ》、氷室、水藻の花、河骨《こうほね》、水紋、花葵《はなあおい》、ほおずき。その週で終わる上生もあれば、2カ月ほど続けて作るのもある。年間では150種類ほどになる。いちばん人気は、春の定番「千代の糸」だ。

ただ、手間がかかるわりに、利幅が薄い。材料は1品ずつ違う。上品な味を出すのに欠かせない白小豆は、岡山県の農家から入れる。仕入れ値が赤い小豆の3倍する。くず粉の買い入れは、九州から。淡い色に仕上げるためにも材料選びは大切だ。和三盆糖は、徳島の有名店から

御菓子所
松華堂

本社所在地
愛知県半田市
主な事業内容
和菓子の製造販売
創業年
1897～1906年
（明治30年代）
売上高
1億7000万円
（09年12月期）
従業員数
20人

鮎形の「調布」に、職人さんがコテで焼模様を入れていく

買う。

半田の店以外では、JR名古屋高島屋に上生を納めるが、保存料などの添加物を使っていない「生もの」だけに、決まった曜日だけだ。東京の三越、伊勢丹などには、4日もつ棹《さお》菓子を納入する。

「身の丈に合った菓子屋」でいる難しさ

名古屋は尾張徳川家の伝統を継ぐ菓子どころ。老舗の菓子店も多いが、店主の内田栄一さん(77)は「大きな工場を建て、経営がうまくいっても、上生がダメになっては元も子もない。身の丈に合った菓子屋でいるのは難しい」。

幕末のころは、知多半島の南端に近い内海で菓子屋を営んでいた。当時の菓子帳が、いまも残る。内田さんの祖父にあたる久平氏は、名古屋の菓子舗「両口屋是清」で10年ほど修業。明治30年代、半田市で「松華堂是久」の看板を掲げた。

知多半島には酒蔵や酢を造る旧家がある。菓子は木の見本箱に入れて、注文を取りに旧家を回った。「だんな衆にしかられながら改良を重ね、気に入ってもらったようです」

上生の売り上げは、全体の2割ほど。最中「十三夜」や松葉の形の焼き菓子「松かげ」が、稼ぎ頭だ。この最中の皮は、満月の手前、十三夜の月形。そこに雁《かり》が描かれている。京都の老舗皮屋は「こんな形では売れない」と渋ったが、説得して焼いてもらった。

皮を湿らせるのはあんの水分。皮とあんを別にして売る菓子店もあるが、内田さんは「邪道」と手厳しい。見えない風味に、伝承の技が生きる。

（六郷孝也）

桑原木材

「生産は同時に営業でなければいけない」。桑原教行社長(62)は、そんな信念で、買い手の大工や工務店が喜ぶ製材に徹する。

カナダで買い付けたヒバやツガの木を、中国の大連に運び、板材などに加工して日本へ輸入している。もっとも、桑原木材が大切にブランドとして育ててきたのは、銘木「東濃檜《とうのうひのき》」だ。

1887(明治20)年、愛知県犬山市の街道沿いに「桑原商店」として創業した。近くには木曽川が流れる。店主の桑原捨次郎氏は、問屋から仕入れた蚕と、近在の農家から買い付けた桑の葉を、養蚕農家に売った。できた繭も農家から買い取って売った。木材を手がけるようになったのは、蚕や桑の代金を、自分の山の木で支払う養蚕農家がいたからだ。

捨次郎氏は、長男の甚一氏を木材業に専念させようと、名古屋へ修業に出した。甚一氏は、木材を美濃地方だけでなく、飛騨や天竜地方、福井県や京都府からも集めた。

捨次郎氏の没後、甚一氏が「桑原材木店」と店名を変え、発展を目指した矢先の1941(昭和16)年、木材統制法が施行。戦時下で木材の個人営業は禁止され、材木店は地域ごとに

㊎桑原木材株式會社

本社所在地	愛知県犬山市
主な事業内容	木材の製材・輸入・販売など
創業年	1887年
売上高	37億円
従業員数	103人

中国に設立した工場。カナダで買い付けた木を丸太のまま運び、製材してから日本に輸入する

統合された。

戦後は1946年に再興。甚一氏と妻すゑさん、子の義彦氏、正則氏、康彦氏の3兄弟が、総掛かりで事業拡大に取り組み、1952年に「桑原木材」として株式会社化した。

顧客第一で「東濃檜」育む

甚一氏らは顧客第一の姿勢を貫いた。木材業界は当時、売り手の材木店が、買い手の大工、工務店を系列化。買い手に木材を選ぶ自由も、価格を決める自由もなかった。桑原木材は月に2回の競り売りの市場を開くなど、大工らが木材を評価しながら買える方式を導入していった。

1965年には岐阜県白川町の山のふもとにある製材工場を買い取り、事業を拡大。仕事ぶりは丁寧で、丸みを残さず、きちんと正角の柱に仕上げた。朱色の「東濃檜」と、屋号の「丸甚」のマークを押す位置も厳密に決めた。

販売先は首都圏を目指した。横浜市内に営業所を置き、東濃檜ブランドを確立。神奈川県小田原市、静岡県浜松市、沼津市と、東海道を西へ進む戦略で、商圏を広げた。1965年に約3千万円だった売り上げは10年で24倍に伸びた。1990年代半ばには、90億円近くを売り上げたこともある。

2000年にはカナダのバンクーバーに駐在事務所を開設。2004年、大連に工場を新設した。大連を選んだのは、北欧の家具メーカーが工場を構え、木工技術が集積しつつあったからだ。

一方、東濃檜は、今では高級木材として内装の化粧板などに使われ、高いブランド力を誇っている。


（六郷孝也）

井村屋製菓

淡い紫色のアイスキャンディーが、低温に保たれた工場のラインに所狭しとぶら下がっている。大人も子どもも楽しめる、さっぱりした味わいが特徴だ。

井村屋製菓の「あずきバー」。だれしも一度は食べたことがあるだろう。

この希代のヒット商品は１９７２（昭和47）年に生まれた。「母から子へ、本物のおいしさと夢を」がモットー。子どもの健康に配慮して、合成着色料などの添加物は使っていない。

「あんの消費が落ち込む夏場に、あえてあんのお菓子を食べてもらうというコンセプトで登場した商品です」

商品開発担当の前山健専務（61）は、振り返る。入社は、あずきバーが発売された年だ。

発売直後の販売本数は、年間数十万本だった。小豆をアイスにするという斬新なアイデアと、独特の味覚。口コミなどを通じ、だんだん浸透していった。

１９９０年代には1億本の大台に乗り、２００９年度は過去最高の1億９７００万本が売れた。２０１０年度は猛暑を追い風に、初の2億本超えが間違いないとみられている。

imuraya

本社所在地
三重県津市
主な事業内容
菓子、食品などの製造販売
創業年
1896年
売上高
296億円
従業員数
630人

工場の製造ラインにずらりとぶら下がる「あずきバー」

1896（明治29）年に、井村和蔵《わぞう》氏が松阪市の和菓子屋として創業した。ようかんの味は、さっぱりとした甘さに洗練されたが、基本的な味わいは変わっていない。

戦後間もない1947（昭和22）年、2代目の井村二郎氏（94）が株式会社化し、現在の場所に社屋を移した。その後、「肉まん・あんまん」や「氷みつ」などのおなじみのヒット商品を、次々と生み出してきた。

小豆を丁寧に育てる

和菓子の命ともいえるあんへのこだわりは、並々ならぬものがある。

原料の小豆は、本社工場で加工している。味につながる炊き方や調味料の量などは、品質保証部や開発部などの約30人にしか知らされていない企業秘密だ。

小豆には、とことんこだわる。高級な商品には、北海道十勝地方の契約農家が栽培する小豆を使う。中道裕久開発部長（51）は「小豆の味は、土の質や気象条件によって大きく異なってくる。最高の味を継続するには、同じ人の手で小豆を丁寧に育てる必要がある」と話す。

2008年には、時間がたっても作りたてのおいしさを味わえる冷凍まんじゅうを開発し、売り出した。商品名は、創業者の名を借りて「餡屋《あんや》和蔵《わぞう》」と命名。おはぎや大福などの種類がある。伊勢醤油餅は、伊勢醤油で炊き込んだ生地を使った。三重県の特産品になることを意識してのことだ。

前山専務は「個性的な商品を数多く生み出してきたが、原点はあくまでも和菓子。その心意気を示したかった」。

（安田琢典）

井村屋製菓株式会社は、2010年10月1日より井村屋グループ株式会社に商号変更しました。組織名、役職等は取材時のものとします。

菊川鉄工所

本社と工場がある三重県伊勢市の大湊《おおみなと》は、港町として栄えてきた。伊勢神宮への参拝者や献上品が船で運ばれ、伊勢湾岸の産品を送り出した。中世末には回船問屋が自治をする自由都市。和船造りも盛んで、活気があふれた。

菊川鉄工所の前身は、菊川与三平《よさへい》氏が1848(嘉永元)年に始めた菊川鉄手所《てっしゅしょ》。船くぎや大工道具をつくる鍛冶屋《かじや》だった。黒船が来航した1853(嘉永6)年、江戸幕府が大船建造禁止令を解くと、国内の造船業と鍛冶業は急速に発展。菊川鉄手所も波に乗った。

ところが、開国すると、安くて使い勝手のよい洋くぎが輸入され、和くぎに取って代わった。郷土史の文献には「業を失うもの続出して、鉄工業の衰退最も甚だしきを加ふ」とある。鍛冶屋は減った。ただ、造船業自体は衰えなかった。与三平氏の後を継いだ息子の安之助《やすのすけ》、与三吉《よさきち》兄弟は、造船などに使う木材を加工する機械の国産化を目指した。

まず、自動丸鋸《まるのこ》機で特許を取得。木材を送る速度を変える装置を付けた。初の国産木工機械を発売するにあたり、1897(明治30)年、菊川鉄工所を設立した。

KIKUKAWA

本社所在地
三重県伊勢市
主な事業内容
木工機械、工作機械の製造販売
創業年
1897年
売上高
23億円
(11年3月期第2四半期累計)
従業員数
230人

木に失礼のない機械をつくる

1904（明治37）年には、味噌や酒の製造、くぎなどの運搬に使う樽《たる》の製造機を製品化。建築用木材や鉄道の枕木の加工などへ用途が広がるにつれ、竪鋸《たてのこ》、帯鋸《おびのこ》、鉋盤《かんなばん》などを次々と発売。戦後はパチンコ台製造機も開発した。

1905年につくった帯鋸機。製材所のほか陸海軍にも納入された。菊川鉄工所が保存する最も古い機械だ

最新機には、最先端の技術が生きる。木材を見るのは、職人の目ではなくセンサー。丸太を製材機に入れると、センサーが形や寸法、含水率を読み取り、コンピューターで柱や板の最も効率的な切り出し方を割り出す。

菊川厚社長（47）は「無駄を減らし、木に失礼のない機械をつくる」。会社の創立以来、菊川家6人目の社長だ。28年間社長を務めた父・靖之さん（76）から1997年、次男の厚さんが34歳でバトンを継いだ。

最近は住宅の新設が激減。着工戸数の減少は、木工機械の販売に直結する。いま経営を支えているのは、工作機械。戦時体制下では砲身などを削ったが、現在は新幹線や航空機、自動車関連の部品を加工する。ＩＴのプリント基板の切断機や研磨機も手がける。

そんな時代でも、菊川社長の木に対する思いは強い。木の有効利用にと、木くずを固める燃料用ペレットの製造機を開発。「バイオマス燃料としても、木はもっと活用されていい」と力を込める。

２０１３年は、伊勢神宮の式年遷宮。20年に一度の真新しい社殿づくりも、菊川の技術が支えている。

（六郷孝也）

ヤマモリ

伊勢うどんのタレにもなる濃厚な「たまり醤油」造りが盛んな三重県七和村（現桑名市）で、醤油、味噌の個人商店として創業した。120年ほど前のことだ。

それが今ではレトルト食品の大手企業に様変わりした。

2代目までは、手堅い醤油メーカーだった。変えたのは3代目の三林忠衛《ちゅうえい》氏。山梨県内の高等専門学校で電気や機械を学び、新しい物への興味と豊かな発想力で、次々と新商品を生み出した。

「なら自分で考えてつくりゃええ」

1966（昭和41）年、三重県の桑名と松阪の2工場にあった醤油の醸造機能を、桑名工場に一本化。空いた松阪工場を何に使おうか。考えた末、「どうせやるなら新しいものを」と、レトルト食品に乗り出した。桑名では、うどんつゆを小袋に詰める技術の開発に乗り出した。

当時、保存用の調味料はすべて粉末包装で、風味が失われがちだった。3代目は、自ら包装

yamamori

本社所在地
三重県桑名市
主な事業内容
醤油つゆ、レトルト食品製造販売
創業年
1889年
売上高
222億円
従業員数
約645人

レトルトパウチに食品を詰め込む機械をチェックする従業員。松阪工場では、釜飯やカレーなど、年間1億8千万食を製造する

機メーカーに出向いて交渉。開発も手がけ、1967年、商品化に成功した。

最初に売り出したレトルト食品は「鶏肉入り山菜かまめし」だった。ボイラーメーカーに働きかけ、食材をレトルトパックに詰める機械を開発。1969年に発売した。設備には、当時の売上高50億円の半分を投じた。以来、松阪工場は、国内でも最大級のレトルト食品工場になった。

「あったらいいのに世にない。『なら自分で考えてつくりゃええ』。そういう人でした」と、長男で4代目の憲忠《のりただ》社長(57)は懐かしむ。自身も「異端児と見られても新しいことを」と、進取の気風を受け継ぐ。

忠衛氏の死後、29歳で社長に就任。チューハイブームにあやかって、自らの舌を頼りにレモン味の「セブンマウンテンサワー」をつくった。おいしいと評判を呼び、最高で年間

25億円を売った。1988年には、合弁でタイ工場を立ち上げ、後には現地で醤油の販売も始めた。

２000年にはタイ工場で、日本向けのグリーンカレーを開発。現地の香草の葉をまるごと入れ、甘いココナツミルクとの絶妙のバランスが、女性を中心に支持を集め、ヒット商品に成長した。

「失敗もするけれど、変革、挑戦、わくわくする意思決定が、長寿の理由かな。次の100年は、トップダウンでなく全員で経営判断する。厳しい時代を生き抜くにはこれしかない」

腰の軽さを武器に「二百年企業」を見据える。

（高浜行人）

日本トランスシティ

三重県四日市は東海道の要所で、海にも開けた宿場町として、古くから栄えてきた。

日本トランスシティは、そんな四日市の物流を115年間にわたって支える。地元では、コンテナやトレーラーに描かれたマークから、「トランシー」（TRANCY）の名で親しまれている。

港で扱う商品は、江戸時代には菜種油や茶、米などが中心だったが、近代産業の発展につれ、紡績産業の原料や製品へと変化した。そうした時代の流れの中で1895（明治28）年、前身の四日市倉庫が創業した。出資したのは地元の企業や有志だった。

7代目社長の榎並《えなみ》赳夫氏は1932（昭和7）年、四日市港に1号岸壁を造り、紡績会社を誘致した。四日市港を築いた稲葉三右衛門氏と並ぶ功労者とされ、榎並氏が唱えた「地域とともに生きる」は、今も日本トランスシティの企業理念の一つとなっている。

現在は、倉庫運営、港湾運送、貨物自動車運送の3本柱以外に、航空貨物を含めた国際輸送に進出、幅広く事業を展開している。

物流と人のハーモニー
TRANCY
日本トランスシティ株式会社

本社所在地
三重県四日市市

主な事業内容
倉庫業、港湾運送業、陸上運送業、国際複合輸送業

創業年
1895年

連結売上高
764億4500万円

従業員数
2032人
（グループ全体）

四日市港の岸壁で、コンテナを縦横に運ぶ大型荷役機械

「あらゆるものがなくなる恐怖」

最近では、環境負荷の低減にも力を入れる。合成樹脂などをコンテナの中に直接入れ、納入先で直接排出することで、フォークリフトでの積み込みや荷下ろし作業が要らないバルク（粒状貨物）専用コンテナを導入。これだと荷の積み下ろし時に排出する温室効果ガスが少なく、パレットや紙袋などの廃棄物は出ない。

２００８年秋のリーマン・ショック後の世界的不況は、モノの動きが滞り、物流業界にも大きな打撃を与えた。日本トランスシティは、２００９年６月に営業本部と管理本部を新設。営業本部長には小林長久社長が就任し、新規顧客の開拓や既存の取引の強化の先頭に立った。管理本部長は副社長で、効率的な経営資源の配分や、経費の徹底した見直しに努めた。

この結果、２０１０年３月期の連結決算は、売上高こそ７６４億円で前期比７・３％減だったが、経常利益は40・３％増の35億６千万円を確保した。

業績の回復へ向け、小林社長が社員らに語ってきたのは、若かりしころの自らの経験だった。

１９７３（昭和48）年の第１次石油危機。１バレル＝３ドル台の原油が、10ドルを超えた。まだ部下のない29歳は、「あらゆるものがなくなる恐怖」を味わった。

「一時は東京の銀座のネオンが消え、本当に真っ暗でした」

このときの経験から、小林社長は「地道な努力を重ねるしかない」と考え、危機に手を打ってきた。

約20人の海外駐在員には今、新規の荷主の拡大よりも、顧客第一を徹底する。その手堅さで新たな１００年の歴史を刻んでいる。

（中川　史）

金谷

本社所在地
三重県伊賀市
主な事業内容
牛肉料理店、精肉販売
創業年
1905年
売上高
非公表
従業員数
約40人

寒暖の差が大きく、水に恵まれた三重県西部の伊賀盆地。そこで肥育される「伊賀牛」は、年に1800頭余しか出荷されず、その7割は地元で消費される。

そんな伊賀牛を専門に扱う料理店が「金谷《かなや》」。食通としても名高い作家、池波正太郎が、エッセー「食卓の情景」で愛でた、あの名店だ。

伊賀市北部の阿山地区の肥育農家から、年間約200頭を買う。店を仕切るのは、4代目で、専務の金谷泰宏さん(49)。

「創業以来のこだわりは、本物の伊賀牛を提供することに尽きる」

本物をつくるには、血統とえさが肝要だ。えさを変えると、肉の味も変わるため、生産者との対話を欠かさない。年配の生産者であっても、躊躇《ちゅうちょ》せず注文をつける。

すき焼き、バター焼き……池波正太郎が堪能した味

1905(明治38)年の創業当時は、牛を生きたまま東京に出荷する仲卸業だった。そのこ

金谷名物の「バター焼」のヒレやロース肉を焼く仲居さん。おろし大根であっさりと食べられる

ろから評判は高く、市場ではほかの産地の業者が「伊賀牛」の札を自分の牛につけた、という逸話が残る。１９２８（昭和３）年、いまの木造の本店ができ、精肉の販売とすき焼き専門の料理店を始めた。

　社長の金谷律さん(74)は、3代目の妻。１９５８年に嫁いできたが、当時は大半が地元客だったという。１９６５年に名阪国道が開通すると、関西や東海方面からの客が増加。池波が『週刊朝日』で「食卓の情景」を連載したのは、１９７２〜73年のことだ。

《赤い肉の色に、うすく靄《もや》がかかっている。

　鮮烈な松阪牛の赤い色とはちがう。

　松阪の牛肉が丹精をこめて飼育された処女なら、こちらの伊賀牛はこってりとあぶらが乗った年増女である。

牛の脂身とバターとで、まず〔バター焼〕を食べた。

《1972年11月17日号より)》

泰宏さんが、いま理想とする伊賀牛は「焼くと香ばしく、甘みや適度な霜降りがあり、牛肉にしてはあっさり」という味。池波が食したころに比べ、「健康志向や高齢化で、求められる牛肉の質が変わった」からだ。ただ、当時は池波の堪能したこってり味をめざし、全国から人々が足を運んだ。

金谷は店を増築。大広間も備え、約180人を収容できる規模にした。バブル絶頂期の1990年ごろは客足が絶えず、今の3倍以上の牛を仕入れた。律さんは「毎日が戦場のようで忙しかったが、時代の波に乗りたいと必死だった」。

「バター焼」は、看板メニューの一つ。「すき焼き以外のメニューはないか」と客にたずねられ、律さんが考案した。

南部鉄器の鍋で厚さ約1センチのヒレ肉を焼く。醬油を垂らし、大根おろしとからめる。肉は、箸で切れるほど柔らかい。サシが入ったロースから肉汁があふれた。

(吉田海将)

第8章 近畿地区

「一粒万倍」

（タキイ種苗）

たねや

ガラス張りの工房で、職人がバームクーヘンの液状の生地をひしゃくですくい、心棒にかける。オーブンで焼き、生地を重ねる。1本に1時間。ふんわり焼くため、時に自重で崩れ落ちることも。「味を守るためには妥協できない」と、たねやグループ代表の山本徳次社長(70)は言う。

1999年、阪神梅田本店への出店の際の秘策が、バームクーヘン専門店「クラブハリエ」だった。当時当たり前だった、結婚式の引き出物のような硬いバームクーヘンとは全く違う食感に自信があった。品数を求める百貨店に「あかんかったら言うとおりにします」と単品勝負にこだわった。狙いは当たり、日本橋三越店、横浜高島屋店と「クラブハリエ」の出店が続いた。

洋菓子を作り始めたのは1951(昭和26)年。近江八幡を拠点に各地に西洋建築を残した建築家W・M・ヴォーリズに勧められ、和菓子屋の一角で細々と洋菓子が作られてきた。

地元の日牟礼八幡宮にある中核店「日牟禮《ひむれ》ヴィレッジ」では、参道を挟み「たねや」と「クラブハリエ」が向き合う。現在、グループ全体の和菓子と洋菓子の売り上げは、ほぼ半々。近

たねや

本社所在地
滋賀県近江八幡市
主な事業内容
和・洋菓子製造販売
創業年
1872年
連結売上高
176億円
(09年4月期)
従業員数
965人(グループ全体)

クラブハリエ日牟禮館で洋菓子を作るパティシエたちの激励に来た山本徳次社長

く洋菓子の新店がオープンし、売り上げは2010年度、初めて和菓子を超える。

敬う心こそ商人の心の芯

1872（明治5）年、「種家末廣」の屋号で初代が創業。以前は種苗業を営み「たねやさんのお菓子」と親しまれた。

飛躍のきっかけとなった1984年の日本橋三越への出店の際、従業員はたねやの商いの心得を記した「末廣正統苑《すえひろしょうとうえん》」を徹底して読み込んだ。先代の2代目社長の教えや近江商人の遺訓をまとめたものだ。

商人は何事も「手塩にかける」ことと
心得べきなり

敬ふ心こそ商人の心の芯なり

商売での感謝の心を教え、大切に菓子を作ることこそたねやの仕事と諭す。伝統を重んじつつ、進取の精神にも富む。

1985年に実用新案を取ったもなか「ふくみ天平《てんぴん》」は、あんこと皮が別にしてあり、食べる際に合わせてサクッとした作りたての食感が楽しめる。大ヒットしたが、10年の期限が切れると他社がまねした。山本社長は意に介さない。「まねされてもいい。常にオピニオンリーダーでなければいけない」。2010年春から販売を始めた「サイコロ寒天」は、食べる際にサイコロ状の寒天を簡単に切り離せるように容器を工夫した。あんこと合わせて味わう自信作だ。

1998年には優秀な職人を育てようと、職業訓練校を開校した。パティシエなどを目指す若者が集まる製造現場から2010年、パリの洋菓子国際コンクールや東京のラテアートチャンピオンシップの優勝者が輩出した。

近江商人発祥の大企業はあまたあるが、大半は県外に出て行った。しかし、山本社長は「京都が奥座敷なら、滋賀は台所。田も畑もある農産物が豊かなこの地から、東京や関西に売りに行けばいい」。ネット販売も手段の一つ。売り上げはまだ全体の1割に満たないが、着実に伸びている。

社長の近江へのこだわりは強い。「たねや農場」の無農薬のよもぎや黒豆の生産は、地元のお年寄りに委ね、地域雇用にひと役買う。2008年には近江八幡市にある旧厚生年金施設の土地・建物を落札。水郷地帯に接した自然を生かし、店舗のほか見学できる菓子工場、菓子職人の学校などを設ける計画だ。「虫捕りができるような里山を守り、観光の拠点に育てたい。発祥の地、近江への恩返しでもある」

（板倉吉延）

永楽屋

京都・室町通。古くからの繊維問屋が軒を連ねる一角に、女性観光客が出入りする新しいビルがある。永楽屋が運営する「細辻伊兵衛商店」。

売り場には、額に入った色鮮やかな手ぬぐいが壁面にずらりと並ぶ。古都の風物詩を題材にした作品から、舞妓《まいこ》がスキーに興じるパロディー風の絵柄まで。昭和初期のレトロ調のデザインが観光客の心をつかんだ。市場環境が厳しい繊維の世界で、年商は10億円に達する。

逆境での決断

永楽屋の歴史は、織田信長が鎧《よろい》下に着る直垂《ひたたれ》を納めたことに始まる。江戸初期の1615（元和元）年、絹布問屋として創業。以来、綿布からタオルへと、扱い品目は時代や生活様式の変化を追った。だが、近年はタオル卸も安価な中国産におされ、限界だった。

「私が婿入りした1992年当時は債務超過でした」

14代目の細辻伊兵衛氏（45）は言う。売上高も1億円そこそこ。本家の土地を売却して、社

株式会社 永楽屋

本社所在地	京都市中京区
主な事業内容	木綿織商
創業年	1615年
売上高	10億円
従業員数	120人

昭和初期の手ぬぐいを復刻。老舗を再生させた14代・細辻伊兵衛社長

員の退職金、借入金の返済に充てた。事業縮小に踏み切らざるを得なかった。

1999年に社長に就任。老舗復活のきっかけは、倉庫の片隅でみつけた昭和初期の手ぬぐいだった。「当時は柱になる事業もなかった。どうせなら」と経営資源を手ぬぐいの復刻に投入した。納得できる生地の完成までに1年かかった。機能性だけではなく、発色、デザイン性が問われる手ぬぐい。染色、さらしの手法でも取引先と試行錯誤を重ねた。

納得できる商品は完成した。競合する相手もいない。ただ、売上高は伸び悩んだ。「場所が悪いのか」と思い至り、2002年に京都の中心街・四条通に出店。大きな賭けだったが、14代目は「これが転機になった」と言う。

今では、四季に合わせ、年間100の新柄を加える。品揃えは、手ぬぐいだけではなく、風呂敷、帆布カバン、芸妓舞妓さん向けの着物にまで広がった。2010年10月にオープンした羽田空港国際線ターミナルにも2店舗を構える。

デザインを学んだことはないが、アパレルに勤務した経験も生きた。逆境での決断が、今の経営を支えている。リストラで7人まで減らした従業員は100人を超え、店舗も20に増えた。

それでも、世界的な金融危機は古都を訪れる観光客の消費動向にも影響を及ぼした。

「よいものをつくっても売れない時代」と14代目は言う。消費者に付加価値を認めてもらえるような商品が求められる。「作り手の発想から生まれた商品では限界がある」と感じている。

また、「変化していかないと生き残れない」と考えている。「同じ場所から同じものをずっと見続けていたらだめでしょう。僕も養子だからいろいろなものが見ることができた」と明かす。

14代目に「あるべき企業像とは」と尋ねた。しばらく押し黙った末、「あの会社がなかったら、かなわん、という企業にならなあかん」という答えが返ってきた。生活者、消費者の生活に欠かせないものづくり、ということだろう。そして、「うちは、まだまだや」という言葉が次いで出た。

1200年を超す古都の文化、生活が生み出してきた老舗は数知れない。老舗だけでもない。京セラ、オムロン、ワコール、任天堂等々。近代以降、京都に生まれ、育った企業は独創性が強く、大企業になっても京都から本社を移さない。永楽屋の目指すところも同じだろう。

永楽屋の給与明細には家訓が記されている。今の言葉に置き換えれば「一に一族仲良くし、二に両親を孝行し、三に衣食住を贅沢するな……」と十まで続き、「これこそ本当の大黒様である」と結んでいる。

(多賀谷克彦)

タキイ種苗

「桃太郎」で知られるトマトやナスは約70％、ニンジン、カボチャ、白菜は約60％――。創業175周年の種子メーカー「タキイ種苗」は、野菜の種の国内トップシェアを誇る。

タキイ研究農場の約70ヘクタールの広大な敷地の一角で、2月に種をまいた白菜が濃緑の葉を広げていた。大きく息を吸い込むと、土のにおいに混ざって新鮮な葉の香りがする。病害に強い品種、成長が早い品種など、数年〜10年後の商品化を目指して約150種の改良が進む。

「このうち商品化されるのは一つか二つでしょう」と、品種開発を担当する千葉潤一さん(43)。畑ごとの気候や土壌の違いに加え、農家の高齢化で土の手入れが行き届かないところも増えた。求められるのは機能的な野菜だ。連作しても病気にかかりにくく、収穫の手間がかからず、高齢化した農家の人たちが箱詰めしやすく。消費者を意識して色の鮮やかさなど見た目も重視する。

2010年夏に売り出した白菜「きらぼし65」は、連作を妨げる、根もとにこぶができる病気への耐性を高めた。改良に10年。「根気がいる仕事ですが、いい品種を生み出せば農家の人

TAKII

本社所在地
京都市下京区

主な事業内容
種子、苗の生産・販売

創業年
1835年

売上高
424億円
(10年4月期)

従業員数
727人

瀧井傳一社長。検査室には鮮やかな緑の苗が並ぶ

たちが喜ぶ。店頭に並ぶ日が待ち遠しい」と千葉さんは目を細めた。

「一粒万倍」の信条が品質を支える

公家や社寺に献上する野菜を作る大農家だった大森屋治右衛門氏（初代瀧井治三郎）が1835（天保6）年に創業した。近隣の農家に種を分けるうちに評判になり、販売を始めたという。その後、全国からの参拝客目当てに種屋が軒を並べた東寺門前に店を構え、全国に知られる。

「あそこの種屋は、発芽率がええ、品質がええ、と口コミで商売が広がった。種屋という商売は信頼をいかに植えつけていくかが大事なんです」。5代目の瀧井傳一社長（61）は「一粒万倍」という言葉を大切にする。良い種からは万倍の収穫が得られるが、悪い種をまけば、その損害は計り知れない——という意味で、経営信条となっている。

その一例が種の良しあしを決める発芽率の高さだ。農林水産省が種目別に定める発芽率は55～80%前後だが、タキイが販売する種は90～95%前後。その分、損失も出る。2009年、イタリアで採種したエンドウ豆の主力品種の発芽率は農水省の基準を満たしたものの、社の基準に合わず出荷を断念した。「品質を落とすわけにはいかなかった」と横内定勝・国内営業担当常務(68)は振り返る。

品質を支えるのは、創業以来営々と収集してきた数十万種類もの種だ。これをもとに開発した品種は野菜約1500種、草花約500種にのぼる。礎を築いたのは、瀧井社長の祖父で3代目の治三郎氏。他社との競争が激しくなるなか、「これまで通りの商売では生き残れない」と1935(昭和10)年に民間初の研究農場を開設。戦後、二つの異なった品種を交配させ、長所だけを引き継いだ一代交配種(F1)と呼ばれるハイブリッド種を世界で初めて商品化した。以来、耐寒性の大きいキャベツ、抜きやすく辛みを抑えた大根、日持ちするニンジンなど新品種を次々と開発し「出せば売れる時代が続いた」(横内常務)。しかし、近年は潤沢な資金をもつ海外企業が最新の遺伝子組み換え技術を使い、種子事業を強化している。「いい品種が出れば市場は簡単に取って代わられる。危機感はあるが、商売は競争がなければ成長しない」。瀧井社長は、次の一手をにらんでいる。

本業以外に利を求めず、適正規模を心がけ、多角経営に手を染めないのも家訓だ。

(堀田浩一)

イシダ

滋賀県栗東市《りっとう》にあるイシダの滋賀事業所。組み立て工場の一角で、入社8年目の西川昌宏さん(25)が、人の背丈ほどあるどんぶり型の装置に木のチップを次々投入し、表示される重量を入念にチェックしていた。「誤差は0・4グラム以内。これがウチの出荷基準です」

形や重さが異なるものを瞬時に組み合わせ、あらかじめ設定した重量にして袋詰めする「コンピュータースケール」。1972(昭和47)年に開発され、食品工場を中心に普及した。現在、世界で70%、国内で80%のシェアを占める。生みの親の一人で、同事業所で技術指導する池田哲雄相談役(68)は「ここまで化けるとは思わなかった」と話す。

開発のきっかけは、「ピーマンの袋詰めを自動化できないか」という高知県の農協からの要望だった。農協は1袋150グラムで出荷していたが、ピーマン1個の重さは20~60グラムとばらつきがある。袋詰めは手作業。計量に手間取り、農家の主婦たちが連日深夜まで作業していた。

開発が難航したまま4年目を迎えた1972年、開発チームは作業場を再訪した。ピーマン

ISHIDA
株式会社イシダ

本社所在地	京都市左京区
主な事業内容	計量機器製造販売
創業年	1893年
連結売上高	696億6000万円
従業員数	2750人（グループ全体）

石田隆一会長（右）と、コンピュータースケールの模型を手にする隆英社長

数個を選んで重さを量っては、大きさの異なるものと入れ替えて150グラムにそろえる。その作業風景を見るうちに、複数の計量器を同時に使って一つ一つのピーマンの重さを量り、コンピューターで足し算して組み合わせる手法を思いついた。半年後、「コンピュータースケール」は完成。1日がかりだった袋詰め作業を2時間に短縮した。国際展示会でも評判を呼び、海外進出の道が開けた。

飛躍のための一つの試練

江戸時代、秤《はかり》の製造・販売は金銀を量る「国家経済の要」と位置づけられ、「秤座」が江戸と京都に置かれて幕府が統制した。民間に開放されたのは1893（明治26）年。秤の製造販売の担い手を育成するため、明治政府は、京都で手広く商売をし府議会議員として産業振興に尽力した石田音吉氏に相談した。音吉氏は同年、旧秤座の職人を集め国内初の民間計量器メーカー「石田衡器製作所」を開いた。

「社会奉仕のつもりで始めた事業でしたが、世の中に必要とされる事業を担う『世の適者』が、企業理念になりました」と、4代目社長で現会長の石田隆一さん(73)は話す。

製品は数々の品評会で入賞し、「石田」の名は全国に知られた。昭和初期の大恐慌では経営危機に陥ったが、気温の変化で誤差が生じるバネ式秤の欠点を補う温度補正付き秤を開発し、盛り返した。戦後の経済成長期、電子化の波が到来すると、技術者を京都大学の教授のもとに通わせ、基礎技術を学ばせた。そして1969(昭和44)年、業界初の電子計算秤発売にこぎつけた。

しかし、1970年代初め、大きな苦境が訪れる。相次いで参入した大手電機メーカーに、食肉業界など大口顧客を奪われた。大手の傘下に入る同業他社もあった。だが、隆一会長は「市場は小さい。大手にとっては労多くして功少ないはずだ」と判断。社員や販売店に呼びかけた。

「小さな池にクジラが入ってきたようなもの。いずれ苦しくなって池から逃げ出す」

現場にはきめ細かいメンテナンスやアフターサービスを徹底させ、製品の性能向上に努めた。隆一会長の予測通り大手は去り、イシダは「コンピュータースケール」で飛躍する。隆一会長は「大手との競争は、世界の企業になるための一つの試練だった」と振り返る。

2010年5月に経営を引き継いだ長男の隆英社長(40)は言う。「顧客の声を聴き、それに応えること。それが成長につながり、『世の適者』になれる」

(堀田浩一)

レンゴー

それは、企業の「派遣切り」が社会問題と化した2009年春のこと。「派遣社員千人の正社員化」で世の中をあっと言わせたのは、創業100年を迎えた大阪の段ボールメーカー「レンゴー」だった。

昼夜を問わず、巨大な機械がうなりをあげて段ボールを製造するレンゴー新京都事業所。食品や飲料、雑貨などの商品名が印刷された段ボールが山のように積み上げられていく。

「このご時世でしょ。正社員は99％ムリと思ってましたからホンマかいなと」。蒸し暑く、紙のにおいが充満する工場で、40人の部下を率いる品質担当の小村貞之主任(41)は1年前を振り返った。派遣歴7年。正社員と同じ現場作業をして6年目に主任に昇格したが、身分は「常用型派遣」のまま。正社員とは「飲みにも行くけど、肩書も給料も違う。壁がなかったとは正直、言えません」。

4億〜5億円の人件費増にもかかわらず、大坪清社長(71)が千人の正社員化に踏み切った狙いは、この「見えない壁」の打破にある。「労働は商品とは違う。賃金の格差や派遣切りな

レンゴー パッケージング・ソリューション・カンパニー

本社所在地	大阪市北区
主な事業内容	段ボール製造
創業年	1909年
連結売上高	4574億円
従業員数	約11000人（グループ全体）

「雇用の安定は生産性を高める」と語る大坪清社長

ど、労働価値を下げることをしていては本当の利益は生み出せず、激動の時代を生き抜けない」

決断の背景には、「段ボールの生みの親」と言われる創業者、井上貞治郎氏の「現場主義」があった。

兵庫県の農家に生まれた井上氏は「偉くなったる」の一心で事業に挑み続けたが、段ボール事業を思いつくまで14年間、転職30回以上。いずれも失敗。東京・上野公園の桜の下で「裸一貫やり直そう」と決めた4月12日が、レンゴーの創立記念日だ。

日中は注文取りや納品に走り、夜は糊《のり》と汗にまみれて製造作業。経営を軌道に乗せた。従業員を我が子のようにかわいがり、給料は一人ひとり手渡ししたと伝わる。

大坪社長は住友商事にいた20代のとき、最初に配属された出資先の製紙工場で、製紙の基本を体で学んだ。そのとき、カリスマ社長の井上氏がしょっちゅう現場に出入りしているのを見た。「現場を知らないで経営はできない」。2000年に社長に就くと、井上精神の復活を目指した。全国の生産現場を巡回し、インクや糊の量も自らチェックした。

新たな「やる気」が大きな活力に

そんな中で決断した正社員化には、業界の先行きを見据えた経営判断がある。2千〜3千の企業がひしめく段ボール製造業界は、熾烈《しれつ》な価格競争でシェア争いを繰り広げてきた。だが国内需要は頭打ちで、価格競争は激しくなる一方。レンゴーも生き残りのため、2000年代初めに派遣業務を担う子会社をつくり、社員の派遣化をすすめ始めた。だが大坪社長は消耗戦に危機感を覚えていた。現場の活気が薄れていくように感じたからだ。「このままではだめだ」。一部の工場を止めて減産に踏み切る一方、値下げ要求には原則応じない姿勢を打ち出して経営の安定を目指した。取引先には、値下げは人件費カットに直結すると説得して回った。

成果は表れつつある。2009年度は売上高、営業利益ともに過去最高を記録。いくらかけ声をかけても改善しなかった工場のロス率が、1%近く改善したのが大きい。「人件費は増えてもおつりが来た」

その見方は現場社員も同じ。「賃金が増えて気持ちにゆとりが生まれ、結果を出そうという責任感が強くなった」(小村さん)。全国の工場で次々と、正社員化された従業員がリーダー役に昇格。新しい「やる気」が老舗に活力を吹き込んでいる。

(青田貴光)

不易糊工業

フエキ
本社所在地
大阪府八尾市
主な事業内容
文具の製造販売
創業年
1886年
売上高
13億円
従業員数
80人

ぱっちりお目々の「フエキくん」がトレードマークの不易糊《ふえきのり》工業。子ども向け糊ではトップシェアだが、ホルマリンを使わないでんぷん糊の開発に長い月日を要し、思うように市場を拡大できない時期もあった。だが近年、糊容器を模したハンドクリームが大ヒット。フエキくんグッズも好調だ。ダイヤの原石は足元にあった。

大阪市内で行われた文具メーカーの展示会。新発売のペンや化粧品などが並ぶ同社のブースに大勢の人が詰めかけた。子どもは「これ使ってるよ」、大人は「懐かしい」と笑顔で次々と商品を手に取った。

「フエキくん」目標共有のシンボルに

文具メーカーは長く冬の時代だ。少子化による町の文具店の激減、百円ショップの台頭という逆風を真っ正面から受けている。同社も子ども向けの糊をかつて年間100万個出荷していたが、半分近くに落ち込んでいる。降りかかる激動の波。だが同社はそれ以前に時代の波に乗

フエキくんグッズに囲まれる梶田安彦社長

り切れずにいた。

1960年代、糊に含まれるホルマリンの発がん性リスクが指摘された。開発者側は「子どもが指で塗って使うのだから、ホルマリンを一切含まない商品を作りたい」と主張。営業サイドは「万能・強力接着剤の市場を捨てるのか」と強く反発したが、覆らなかった。

ホルマリン抜きで防腐効果を維持するため、複数の成分を組み合わせて検証し、17年がかりで商品開発に成功した。品質に絶対の自信を持つ一方、「糊の用途を広げられず、結果的に文具事務用品の分野にとどまらざるを得なかった」と梶田安彦社長(58)は振り返る。

そして迎えた逆境の時代。「縮小のスパイラルから抜け出せず、社員は自信を失っていた。老舗のプライドを掘り起こすのが急務だった」

梶田氏は2008年6月に6代目社長に就任。創業家以外からの就任は戦後初だった。社員をかつての3分の1の100人弱に絞り込む苦渋の決断をする一方、従業員持ち株会を奨励、筆頭株主となった社員らに組織を担う自覚が芽生えた。棚卸しの管理方法まで一から見直し、「スピード感の乏しい縦割り企業」に変革をもたらした。

その上で「社長が代わっただけでは社員の気持ちを一つにできない。目標を共有するシンボルが必要」と「フエキくん」グッズの事業展開に乗り出すと、「どうぶつのり」に親しんだ世代から「懐かしくて癒やされる」とヒットに。ライセンス契約も結び、ポーチや時計などのグッズ50種類以上が生み出された。

梶田氏が長年構想してきた化粧品事業も本格的に進めた。フエキくんの糊容器を模した「なかよしハンドクリーム」は「4万〜5万個で大ヒット」とされる業界で、シリーズで年間100万個近くを売り上げた。

「これまで安全を保証してきたからこそ、フエキくんが魅力あるキャラクターに育ち、化粧品の信頼につながった。社員も自信を取り戻しつつある。ホルマリンを使わない糊の開発で遠回りをしたと思っていたが、30年先を行く判断だった。気づけば足元に宝物があった」

デザイナー文具事業の立ち上げや、3Dパネルの開発で特許を取得するなど、矢継ぎ早に改革を進める梶田氏の次の一手は海外展開だ。化粧品は既に香港や台湾で販売を始めた。化粧品を手始めにフエキブランドを浸透させ、ゆくゆくは中国本土の子どもたちに安全・安心な「どうぶつのり」を使ってほしい、そして地元大阪の雇用をいま一度増やしていけたらと願う。

「やっぱり糊で勝負したい。それがうちのアイデンティティーですからね」

（杁　美鈴）

ナカムラ

国産マッチ生産量の9割を占める兵庫県。ライター全盛で業界は先細る一方だが、ここ数年、従来なかったマッチの新商品を相次いで投入し、新風を吹き込む町工場がある。2010年夏、創業100年を迎えた「ナカムラ」だ。

神戸港につながる兵庫運河の周辺に工場街が広がる。油のにおいが漂う作業場で、81歳になるという工場長が「マッチ箱」を組み立てる機械を一人で動かしていた。1箱に40本余りのマッチ棒を詰め、擦《す》る部分の側薬を塗っていく。1日1万~2万箱を生産する。

作業場の一角に、箱の表裏で2コマ漫画が楽しめる愛らしいラベルの「2《に》こまッチ」が並んでいた。中村和弘社長(46)の発案で2007年から売り出した新商品。神戸市のイラストレーター山崎秀昭さんとの共同開発だ。普通のマッチは12箱パック200円程度。一方、2こまッチは5箱パック500円。中身のマッチ棒は同じでも、1箱当たり5倍以上の店頭価格で観光客向けショップに並ぶ。

「こんなもの売れるかと周りは否定的だったけど、ちゃんと商品になった」

本社所在地
神戸市長田区

主な事業内容
マッチの製造

創業年
1910年

売上高
約1億2000万円

従業員数
8人

5代目になる中村社長はそう振り返る。

「やり方があるやろ」

国内でマッチ製造が始まったのは1875（明治8）年。すぐに主要な輸出産業になり、兵庫県は神戸港があることや乾燥した気候などから生産力が集中した。しかし、戦後はライターなどに押され、1973（昭和48）年の約80万トンをピークに下降に転じる。2009年の国内生産量はピーク時の50分の1まで減った。

アパレルメーカーに勤めていた中村社長が家業を継ぐために同社に入ったのは1994年、29歳の時。迷いもあった。「伸びる産業とは思えなかった」からだ。

愛らしいデザインの「2こまッチ」を手にする中村和弘社長

マッチ業からの撤退を一部の役員が口にし始めていた2006年、市内の中小企業経営者同士が集まる経営革新計画の勉強会に参加した。取締役統括部長だった中村社長は、約30人を前に業界の実情を話した。「マッチ業界は売り上げが減り、縮小する一方で……」

販売の厳しさをにじませていた時のこと。「まだまだ売れるやろ。やり方があるやろ」との声が会議室に響いた。よく相談に乗ってもらっていた他業種の先輩経営者だった。

マッチ棒にはメーカーごとの差がなく、顧客はラベルで選ぶ。販路の開拓が難しいうえ、価格競争も難しい――。業界の特殊性を言い訳に、新たな事業展開へのヒントをもらおうとしていた胸のうちを見透かされ、返す言葉がなかった。問屋や発注元に納品すればおしまい。マッチを使う人のことを考えていなかった自分に気づいた。

たどり着いた結論は、マッチに興味がある人に対象を絞り、神戸らしさをアピールして顧客に直接届ける販売方法だ。2007年に「2こまッチ」を開発し、市の外郭団体・産業振興財団が運営する「第1回神戸セレクション」に応募。インターネットの特設サイトや、財団が東京や神戸で開く百貨店の展示即売会に出品できる商品に選ばれた。

これを手始めに業界に送り込んだ新商品は4種類。山崎さんがデザインした神戸市のごみ分別キャラクター「ワケトン」をラベルにしたものや、アウトドアや災害で重宝する防湿の缶入りタイプを商品化。2009年12月からは通常の倍の長さでケーキのろうそくに着火しやすい「バースデーマッチ」を発売した。兵庫県洋菓子協会が誕生日やクリスマス向けのケーキに同封することを検討している。

「伝統は革新の連続」。中村社長は今、大阪市であった優秀デザイン商品の展示会で耳にした畳店経営者の言葉をかみしめている。本業であるマッチ業の革新をおろそかにしていた4年前への反省からだ。「今ならマッチについて1時間でも2時間でも話せる。儲からないけど、マッチ製造はやめない」と力を込めた。

（清野貴幸）

ドンク

右手に長いフランスパンを抱え、左手にワインを持つおじさん。パンの製造販売会社「ドンク」が半世紀前から掲げるトレードマークだ。神戸市中央区の三宮本店は戦後まもない1951（昭和26）年に開店した。1階はパン店、2〜3階は喫茶店、4〜6階は厨房《ちゅうぼう》だ。

厨房では、職人たちが焼き上がったばかりのフランスパンを高さ1メートルほどのかごへ次々に入れていく。傘立てに傘を入れるように縦に入れるのがドンク全店に共通したやり方だ。

「焼き上がったパンを横に重ねて箱に入れてはいけない。蒸気で湿ってしまう。必ずかごに縦に入れてください」

1964年にドンクに本場のフランスパンを伝えたパン職人、レイモン・カルヴェル氏はそう指導したという。外はパリパリ、中はふんわり。本場の職人の言葉は伝統的な製法として今も現場で受け継がれている。

ドンクは初代社長の藤井元治郎氏が「藤井パン」として1905（明治38）年に創業した。戦前には神戸市兵庫区で2店舗を開き、業績は好調だった。しかし、戦争で2店とも焼失。焼

本社所在地
神戸市東灘区

主な事業内容
パン製造販売

創業年
1905年

売上高
324億円
（10年2月期）

従業員数
1142人

け跡から立ち直らせたのが、元治郎氏の甥《おい》の3代目、藤井幸男氏だ。1947〜97年まで50年間社長を務め、「カリスマ」と称された。

1964年にカルヴェル氏を招いて指導を仰いだのも幸男氏。「本場と同じもの」を追い求め、翌65年に初めてフランスパンを発売した。当初は客から「硬くて口を切った」などの厳しい苦情も受けたが、フランス滞在経験者の客から「本場と同じ」と評価され、1年後には行列ができるほどのヒット商品になった。

本場の味を保っているのはフランスの職人たちの技術だ。発売当初、幸男氏はカルヴェル氏の弟子のフィリップ・ビゴ氏に新入社員の5倍ほどの給与を支払い、日本国内の技術者として雇用した。その後も常時、フランスから技術者を雇い入れ、これまでに約20人の現地職人が国内で技術を指導してきた。現在も神戸市東灘区の店に勤務するフランス人職人が全国各地で講習会を開き、パン作りの技術を伝えている。広報担当者は「いくらフランスの食文化に詳しくなったとはいえ、根本は日本人。一生懸命やっているつもりでも、気がつけば違う方向に走っているかもしれない」と理由を説明する。

3分の1が各店舗でのオリジナル商品

三宮本店。1階の売り場にはフランスパンはもちろん、「淡路の玉葱《たまねぎ》パン」「但馬牛カレーパン」など三宮本店でしか買えないオリジナル商品が並ぶ。

ドンクが販売する商品には、①全国一律で売られるもの、②大阪、名古屋など地区ごとで売られるもの、③各店舗ごとのオリジナル——の3種類がある。割合は3分の1ずつ。友近史夫社長は「気候や好みなど地域によって求められる商品は違う。現場に開発を任せた方が、職人のやる気も出る」と話す。

パンに囲まれる友近史夫社長

本社に商品開発部門がなく、各店舗にある厨房で生み出された新商品を展開していくのもドンクの特徴だ。代表的なものがミニクロワッサン。1990年代初めに札幌市内の店舗が開発し、百貨店で焼きたてを量り売りする戦略が功を奏した。店頭でクッキー用の小さなオーブンを使い、ミニクロワッサンを焼き上げると、「いい香り」「量り売りなんて珍しい」と買い物客が足を止めるようになった。「これはいける」。幸男氏の指示で北陸、九州へと拡大し、1995年から全国展開した。

本場へのこだわりと自由な気風。ドンクらしさが詰まった三宮本店で、友近社長は「基本となるフランスパンを大切にしつつ、世の中の変化に対応し、リテールベーカリー（パン小売業）の絶対的トップ企業を目指す」と将来を見据えた。

（鈴木洋和）

呉竹

古代から筆記具として重宝されてきた墨。国内生産の9割は、奈良の製造業者が支えてきた。そのひとつが呉竹《くれたけ》だ。

墨の香りが包み込む工場に入ると、体を真っ黒にした職人たちが手作業で固形墨を作っていた。墨汁は機械生産だが、固形墨は創業時と変わらない手作りだ。「墨の状態はその日の気候で変わる。水分量など微妙な加減は人の手でしかできない」と墨造り16年の職人、浦窪一守さん(51)は力を込める。

呉竹の墨作りは、1902(明治35)年に始まる。奈良の大手墨業者の職人だった綿谷《わたたに》奈良吉氏が独立して創業した。

戦後、学校教員らの要望で液体の墨「墨滴《ぼくてき》」を販売し、普及させた。1973(昭和48)年には「くれ竹筆ぺん」を開発。墨やすずりを使わずに毛筆と同じように書ける手軽さが受け、半年で400万本を売り上げる大ヒット商品に。

当時、営業職だった綿谷基《もとい》社長(59)は「生産が追いつかず、深夜に富山県からアポなしで

Kuretake

本社所在地
奈良市

主な事業内容
文具の製造販売

創業年
1902年

売上高
45億円
(10年5月期)

従業員数
224人

『少しでもいいから売ってくれ』と駆けつけた業者もいました」と振り返る。

最盛期の1990年代前半には年1千万本売り上げた筆ぺん。だが、ワープロやパソコン、電子メールの普及により陰りが見え始める。少子化も追い打ちをかけ、売上高は2割ほど落ちた。創業家で占められていた経営陣は、時代の変化への対応が遅れがちになった。

「墨滴も筆ぺんも使う人たちの声から生まれた。これからも現場の声を大切にしたい」と話す綿谷基社長

墨作りの伝統と、新事業への挑戦

迎えた100周年の年、綿谷さんが5代目社長に就任。「このままではもたない。すべてを白紙に戻し、100年のあかを落とそうと考えた」

まず取り組んだのは社内改革だ。自身は創業家一族だが、一族以外の社員を初めて役員にし、年功序列の賃金体系を成果主義に変えた。男女や年齢、正社員かパートかに関係なく、意欲のある人材を登用した。

新たな分野として、筆記具以外の文具にも打って出た。その一つが、記念写真を切り取ったり、文字を書き込んだりして整理する「スクラップブッキング」の事業だ。

1990年代に米国で広がったスクラップブッキングにいち早く着目。専用ペンを作り、代理店を通じて米国で売り出した。このノウハウを生かし、日本でも関連商品を販売した。日本ではなじみがなかったことから、同社の直営店など全国50カ所以上で初心者向けと講師養成の教室を開き、普及をはかり市場を開拓していった。

商品開発プロジェクトには、生産、営業、企画など部署を超えた人材を起用した。「より具体的なアイデアが出やすく、商品化までのスピードが速くなった」と企画マーケティング部の西村真由美さん(35)。

その成果として、ステッカーや色とりどりの台紙などを次々投入し、30〜40代の女性の心をつかんだ。当初、数千万円だった同事業の売り上げは現在、約2億5千万円に成長した。

文具の総合メーカーとして脱皮を図る一方で、伝統の墨作りへの誇りも忘れない。

同社の固形墨の売り上げは全体の5%を切った。原料の膠《にかわ》の入手は難しくなりつつある。それでも「墨作りの伝統を守るのが第一原則。1300年ほどの歴史がある最強の筆記具を、次の世代に残す使命がある」と綿谷社長は言い切る。役員も「削り」という墨作りの工程に参加し、伝統産業を担う企業としての意識を共有している。

そんななか、じり貧だった書道用具も、ここ数年の書道ブームで回復してきた。「デジタル時代だからこそ、手書きの良さを伝えたい。人間はアナログの固まりなのですから」

(土肥修一)

ライオンケミカル

夏の風物詩、蚊取り線香。その発祥の地とされる和歌山県有田市で蚊取り線香を作り続けている「ライオンケミカル」は、別会社に買収されたり、外資系に株を売られたりしながらも生き延びてきた。時代とともに経営者も社名もかわってきたその工場には、70年近くも変わらない1台の機械がある。

日本有数のミカンの産地でもある有田市。周囲にミカン畑が広がるライオンケミカル本社工場の中に、その「1号機」はあった。ペースト状の「生地」が薄く引き伸ばされ、バタンッとプレスされると、2本の渦巻きが一つになった円盤状の蚊取り線香が7個、姿を現した。1号機は、渦巻き式蚊取り線香の世界初の自動製造機。部品を交換しながら今も稼働し続けている。

元々蚊取り線香は、除虫菊の花を乾燥させて粉末にしたものから作られていた。後に「金鳥」ブランドの大日本除虫菊を創業する有田市のミカン農家が、1886（明治19）年に米国から種を取り寄せたのが、日本での除虫菊栽培の始まりとされる。同じ頃に有田市で創業したライオンケミカルの前身会社も、蚊取り線香製造に参入していく。

ライオンケミカル株式会社

本社所在地	和歌山県有田市
主な事業内容	蚊取り線香などの日用品製造販売
創業年	1885年
売上高	非公表
従業員数	約130人

戦時中に開発した1号機には、線香のペーストを渦巻き状に加工する工程を自動化する特許技術が盛り込まれていた。戦後、除虫菊に代わる化学物質の殺虫成分が開発され、蚊取り線香は大量生産の時代を迎える。同社も特許を生かした生産ラインを次々と増設し、製品は最大で約40カ国に輸出された。

転機は1961（昭和36）年に訪れた。当時の経営陣が特許を公開してしまったのだ。「業界の発展のために、との考えだったけど、今思うと人が良すぎた」。この頃まだ駆け出しの社員だった前社長の小高清孝顧問（72）は言う。虎の子の技術は海外にも流出。輸出がほぼ無くなったうえに社長人事をめぐる「お家騒動」も重なって売り上げは半減、ついに銀行から融資の打ち切りを通告されるところまで追い込まれたという。

その危機を救ったのは、1973年の「ライオン歯磨（現ライオン）」との業務提携だった。営業部門を廃止して生産の下請けに専念。だが、業績はそれでも上向かず、1991年には外資系の「ジョンソン」に株が売られた。そのジョンソンにも1999年に「不採算」と見切られた。直前に社長になっていた小高さんは「もうあかんかと思った」。救いの手を差し伸べてくれたのが、今の親会社の「三和」だ。地元有田市にあって原材料の取引関係があったほか、何よりも社長が小高さんと幼なじみだった。

本来の姿を伝えなければ

まず、小高さんは長年の営業経験をもとに自ら駆け回って、失っていた販路の再開拓に取り組んだ。下請けの間に蓄積したノウハウも生かし、消臭剤や洗浄剤など約30種類の独自商品を開発。少数精鋭の営業態勢で販売コストを抑制し、業績は盛り返していった。今では蚊取り線香以外の商品が売り上げの4分の3を占める。

復刻した除虫菊の蚊取り線香を持つ田中源悟社長（左）と小高清孝顧問。右後方の機械が「1号機」

「あきらめんことですな。親会社が変わっても、ものづくりさえきちっとしていればなんとかなる」と小高さんは振り返る。

そんな中、2008年秋に就任した三和出身の田中源悟社長(43)が提案したのは、除虫菊を使った昔ながらの蚊取り線香の復活だった。

「日本から世界に広まった蚊取り線香。その一翼を担ったメーカーとしては、たとえコストは割高でも、本来の姿を伝えなければと思った」

かつてのトレードマークのライオンを描いたレトロな箱のデザインを復刻。着色料を使わず、天然原料で作った薄茶色の蚊取り線香は、化学物質に過敏な人や香りを好む人に受け、販売数は年々倍増しているという。製造にはもちろん、1号機も活躍している。

（増田啓佑）

第9章 中国地区

「意地と見栄と覚悟」

（森田酒造）

アベ鳥取堂

1日に1万2千人が乗降するJR鳥取駅。同社が1階コンコースに出店する売店2カ所は、特急列車の発着前後を中心に、客が次々立ち寄る。駅弁を受け取ると小走りに改札へ向かう人もいれば、吟味して複数買い込む人もいる。

車いすの母親と熟年夫婦の3人連れは、店頭に並ぶ17種類の駅弁から「元祖かに寿し」とカニ形容器に入った「かにめし」、イカスミを使った「黒めし」を1個ずつ買った。「東京から里帰りです。鳥取に住んでいた時に、かに寿しを食べていたので懐かしいです」と夫が話す。

売り子歴17年の楮原《かごはら》正代さんは他社も含めて30年以上、駅周辺の様変わりを見てきた。「建物はいいようになったけど、旅行客はぐっと少なくなりました」。でも、墓参りに戻った客など顔なじみが訪れると、目尻が下がる。

駅弁で「お国自慢」

3代目の阿部正昭社長（53）によると、創業者で祖父の正行氏は親類の和菓子屋で修業し、

元祖かに寿し アベ鳥取堂

本社所在地
鳥取市

主な事業内容
弁当製造販売

創業年
1910年

売上高
4億900万円
(10年5月期)

従業員数
50人

菓子製造小売業から始めた。店には大手メーカーの菓子も置き、途中からビールや米、木炭なども扱った。「菓子もアベ　米もアベなら　酒もアベ」。そう書いた看板を鳥取城二の丸跡の目立つ場所に昭和初期まで掲げ、1940（昭和15）年には会社を鳥取市の東部から鳥取駅前に移転した。

太平洋戦争中の1943年9月、鳥取地震で社屋が倒壊。正行氏は買い出し先の各地で食べ物に苦労した経験から、「鳥取を通る人に食べてもらえる物がないのは申し訳ない」と、翌10月に鳥取駅で駅弁の構内立ち売り営業を始めた。サツマイモと大豆、メリケン粉を混ぜたパン「ほんじゅう」を売った。かに寿しの誕生は1952年。戦後も落ち着き始めた1950年ごろ、国鉄が駅弁業者に地方色豊かな弁当の開発を求めたのがきっかけだ。身近で安く、都市部では「ごちそう」のカニに目をつけた。「祖母がカニで知られる兵庫・浜坂出身だったこともあったようです」と阿部社長。かに寿しが知れ渡った1955年ごろ、各地でかに寿しが製造され始めたため、差別化を図ろうと「元祖」の文字を加えた。カニをゆでる工程やお酢と砂糖の調合の工夫で、1958年には通年販売も実現した。

「特急スーパーはくと」の前でアベ鳥取堂の阿部正昭社長（左）と従業員の板垣俊郎さん

阿部社長の手元に古いスクラップブックが残る。その中に、

1964年1月に髙島屋大阪店で催された有名駅弁の販売記録がある。当時150円だったかに寿しは約2週間で6万2千食を売り、出品された23品の中でダントツの人気。「ピークには1日で1万2千食が売れた。駅弁を満載したトラックが大阪に着くと、売台10本がかに寿し用でした」。京王百貨店新宿店の駅弁大会でもトップを記録した。

正行氏が起こして子どもに分割された菓子製造、卸、小売り、駅弁の各事業で、株式会社として残るのは駅弁事業だけだ。駅前再開発に伴って本社を移転して乗り出したテナントビル業も、営業不振で1984年に売却。数十億円の借金を背負うと同時に、3代目に事業が引き継がれた。「売れる物は全部売った」と阿部社長。自宅も売却し、今は本社2階に住む。

鉄道の高速化は、駅弁業界に変革を迫ってきた。「高速化で駅弁を車内で食べる必要がなくなった」。駅構内販売にはキヨスクやコンビニエンスストアが参入し、阿部社長が知る限り、全国約130社ある駅弁業者のうち、2010年には3社が消えた。中には髙島屋で競い合った「水了軒」(大阪市)の名前もある。変革に向け、コンビニへの納入も探るが、コスト構造が違い、簡単にいかないという。

「駅弁は土産品に変わり、土地の味や香りが求められている」。取引先の醸造所が廃業するとお酢の醸造も始めるなど、地元産の食材にこだわる姿勢はかたくなに守る。カニ身は食感を保つため今も手むきだ。同社が駅弁を17種類に増やしたのは「鳥取にはおいしい物がたくさんある。ならば、駅弁で鳥取を自慢しよう」という阿部社長の思いから。今後も、新弁当の開発を続けていくという。

(中田和宏)

隠岐汽船

隠岐の人々の心には、27海里の海がある。晴れた日、島々の南約50キロにうっすらと姿を見せる島根半島。間には、日差しを照り返す波がある。縄文人は丸木舟に黒曜石を積んでこぎ渡り、都からは後鳥羽上皇が流され、北前船はしけをしのいだ。人も物も文化もすべて海からやって来た。かつて渡ることが命がけだった海に今日も、隠岐汽船の船が正確な航跡を引き、島の暮らしを支える。

2010年4月半ば、島に向かう「フェリーおき」の操舵《そうだ》室に入れてもらった。隠岐の島町に住む操舵手の石田英幸さん(44)は隠岐水産高校生だった時、父を亡くした。家族の生活を支えるため、卒業後すぐマグロ船に乗り組み、南半球へ。1998年に島に戻り、就職した。

「この船があるから、古里で働ける」

隠岐4島で約2万2千人が暮らす。本土に渡るのは、例えば松江市での野球大会に出場する子どもたちだったり、本土での出産を控えて健診に向かう妊婦だったり。船が西郷港に着くと、本土の病院で亡くなった人を乗せた車を、黒いネクタイ姿の一団が迎えた。

隠岐汽船株式会社

本社所在地	島根県隠岐の島町
主な事業内容	輸送業
創業年	1895年
売上高	26億8000万円
従業員数	146人

西ノ島町・別府港に向かう超高速船「レインボー２」(奥)と隠岐の島町・西郷港に向かうフェリー「くに」がすれ違う

「ボーッ」。隠岐汽船の船は、西ノ島の焼《た》火山《くひやま》の前を通る時必ず、汽笛を鳴らす。山に眠る創設者、松浦斌《さかる》氏への敬礼だ。煙突に描かれた「三星」は松浦家の家紋でもある。

明治に入っても、隠岐から本土に行くには、海産物問屋などの帆船や漁船に頼るしかなかった。「風待ち」による足止めは当たり前。時には往復に12日間も要し、海難も頻発した。

「人命を救い、島民の生活を支え、文化産業を発展させるためには、航路の改善が急務だ」。航海の守り神、焼火神社の神職だった松浦氏は、蒸気船による定期航路の開設を訴えた。島内では、冒険的だとして消極論が強く、資金難もあって難航。氏が焼火山の杉を根こそぎ伐採するなどして代金の大半を負担し、大阪商船（現商船三井）

から蒸気船を購入し、1885（明治18）年、鳥取・境港と初の定期航路が開設された。

元気を運ぶ、島の命綱

船の大型化と高速化は、島の暮らしも変えてきた。1972（昭和47）年には初めてフェリーが就航。貨物船で運んでいた物資がトラックに乗ったまま本土からやって来た。島の出身者が都会からマイカーで戻るようになった。

16代目にあたる木下典久社長（60）は隠岐の島町出身。小学校の修学旅行では、一晩8時間かけて本土に渡った。大学進学のため5色のテープで見送られた時は、3時間ほどで本土に着いた。入社20年目の1993年にデビューした超高速船が「夢の60分時代」を実現した。

隠岐汽船は1995年以降、フェリーや超高速船を次々新造したが、ここ10年の構造改革路線で、公共事業が激減し、需要が大幅に落ち込んだ。燃料油の高騰もあり、財務状況は急速に悪化した。2006年度末の累積赤字は14億円余り。会社存続が危ぶまれる中、県や地元自治体の支援を受ける再生計画を決定。経営陣が2007年に刷新され、木下社長が就任し、人件費の削減、超高速船1隻の売却に踏み切った。地元の支援もあり、2010年3月には累積赤字を解消した。

木下社長は決意を込める。「隠岐汽船が元気でなければ、隠岐の元気も出ない。隠岐航路は島のライフライン。先人たちから受け継いだ航路を途絶えさせるわけにはいかない」

（岡田和彦）

彩雲堂

京都、金沢に並ぶ菓子どころとされる松江の代表的な和菓子に「若草」がある。江戸時代に松江藩主が詠んだ和歌が名前の由来とされ、藩主もその味を認めたという。もちもちとした食感と、甘い緑の寒梅粉《かんばいこ》がまぶされているのが特徴だ。伝統の和菓子は、現代の人々の五感に、季節の風を届けてくれる。

鳥取と島根の県境にある中海に浮かぶ大根島の製造工場。その一角にある「あん場」で早朝から、和菓子の基となるあんや求肥《ぎゅうひ》が作られる。奥出雲産の仁多米を石臼でひいた粉に、グラニュー糖を入れた求肥が七つの釜で練られる。若い職人たちが温度を確認したり、しゃもじで引き伸ばしたりして、練り具合を確かめる。あめ色になった求肥から、ご飯を炊いたときの香ばしさが広がる。熱いうちに木枠に流し込み、専用の保温室で1週間ほど寝かせる。

福島善照さん(23)はあん場で働き5年目。温度や湿度の微妙な違いで求肥の出来は変わる。いつも同じものを作り続けるのは難しいが「若草はうちの看板商品ですから、変なものは作れません」。

本社所在地
島根県松江市

主な事業内容
和菓子製造販売

創業年
1874年

売上高
非公表

従業員数
143人

寝かした求肥を長方形にカットすると、女性職員5人が若草を象徴する緑色の寒梅粉をまぶす。一つ一つ木枠のトレーに敷き詰めていくと、鮮やかでふわふわした緑色が草原のように見えてくる。工場長の大江克之さん(54)は「手間がかかっても老舗が守っていかなければいけない作業。これが本当のお菓子作りです」と話す。

本店では、ショーケース中央に若草が置かれている。「こしのある求肥と寒梅粉の甘さが抹茶にあいます」と山口美紀社長

不昧公が愛した名菓、文献から再現

若草は、茶人として名高い松江藩7代藩主松平治郷《はるさと》（通称・不昧《ふまい》）公が命名したとされ、治郷公が認めた和菓子「不昧公好《ふまいこうごのみ》」の一つに数えられている。だが、幕末の混乱などで、若草は一時期製造が途絶えてしまう。

彩雲堂の創業者、山口善右衛門《ぜんえもん》氏は１８４８（嘉永元）年、現在の出雲市平田町で生まれた。父はこうじ屋で寺子屋も営み、幼少から書物や茶への造詣が深かったという。明治初頭、アメを作っていた親類を頼りに松江市天神町に来て金平糖の製造・販売を開始。アメやようかんも作ったという。ひ孫にあたる5代目社長、山口美紀さん(58)の夫で会長の研二さん(63)によると、店近くの呉服屋では陶器などの嗜好《しこう》を品評し合う「どうだら会」という集まりがあった。そこで若草について知った善右衛門氏は、県内外の茶人の伝承や書物を頼りにイメージし、明治中期ごろに再現したという。研二さんは「地域に育った文化を伝え、店の柱になる菓子を作りたかったのだろう」と想像する。

戦時中は、砂糖が手に入らないなか、男手のない店を2代目の妻らが細々と支えた。1950（昭和25）年、3代目の山口善之右《ぜんのすけ》氏が抑留されていたシベリアから帰還。春だけ製造していた若草を通年で作り始め、和菓子の種類を増やした。高度成長期に百貨店やデパートに販路を広げ、今の基盤を作った。

和菓子離れや不況もあり、市内の和菓子業界の売り上げは減少傾向にあるという。新たな販路の開拓に、松江商工会議所の事業で、彩雲堂も2006年から、米国の日系スーパーでも販売。バレンタイン用にはチョコレートようかん、健康志向でトマトやブルーベリーを入れたようかんも作る。研二さんは「新しいことへの挑戦は必要。だが和菓子には、日本の伝統技術やもてなしの気持ちが詰まっている。若い人も古くさいと思わず、見直してほしい」と語る。

和菓子は目、耳、鼻、手、舌を使い五感で食べるものだという。初秋という名の和菓子があるとすれば――。研二さんは続ける。まず色をめで、涼風が山々を行き渡り、少しずつ寒くなる様子をイメージする。栗のほのかな香りを感じ、感触を楽しむ。口に入れて甘さを感じる。茶室という静寂な空間で、お茶を出す人といただく人が時間と気持ちを共有し、心が満たされていくのが醍醐味《だいごみ》という。美紀さんは言う。「和菓子は日本伝統のコミュニケーションツールです。食べた人が笑顔になり、好きな人が広がっていけばいいですね」

（小林一茂）

林原

トレハロースの甘みは砂糖の半分。でんぷんやたんぱく質の変質防止や保湿効果がある。かつては量産できず1キロ数万円した。

1992年、カギになる酵素を発見したのは林原《はやしばら》生物化学研究所の丸田和彦研究員(40)。入社3年目だった。土から菌を取り出して培養し、有望な酵素を探していく。同僚数人と、手分けして作業に取りかかって2カ月後。丸田さんがある菌の酵素をでんぷんに加えると、不可解な反応が現れた。「まさか」。詳しく調べると、トレハロースの生成が確認できた。

当時、でんぷんからトレハロースを作るのは不可能とされていた。常識を覆す発見に、丸田さんは「研究者になってよかった、と思いました」と振り返る。

林原グループは、でんぷんに酵素を反応させる製法で特許を取得。価格は100分の1になり、今やお菓子やカップめんなど約7千社の2万種の製品に使われているという。その魅力を地球人に教える設定で、宇宙人キャラクター(下写真)まで作ってしまった。

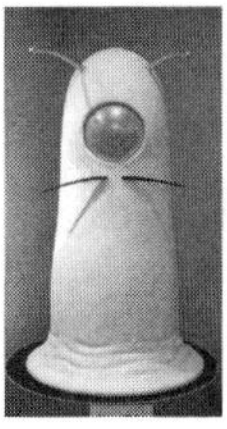

Hayashibara

本社所在地
岡山市

主な事業内容
食品・医療品素材の研究・製造販売

創業年
1883年

売上高
807億円
(グループ全体)

従業員数
1087人
(グループ全体)

トレハロースが使われている商品を手にした丸田和彦さん

研究成果の「おもちゃ箱」

新製法の開発で業績を広げたのはトレハロースが初めてではない。1935（昭和10）年、苦みの少ない水あめを酸と麦芽酵素を使って量産する方法を完成。1959年には酵素糖化法によるブドウ糖量産法も開発した。

1961年に先代社長が死去。大学在学中に社長に就いた林原健・現社長（68）が、研究開発にさらに力を入れる方針を示し、開発スピードは加速。数年ごとに画期的な製品が登場するようになった。同研究所にいる約150人の研究員のうち、約3分の1は博士号を持つ。

研究部門を統括する福田恵温《しげはる》常務（58）は、「改良のための研究もあるが、3割くらいは10年20年かけても独創的成果をあげようと取り組んでいます」と話す。

福田さんは成果の蓄積を「林原のおもちゃ

箱」と呼ぶ。独自の成果を次々「箱」に入れ、市場の動向などを見て、使えるものを取り出すのが林原流というのだ。

1973年に開発されたフィルム状の多糖類プルランは当初、用途がなく売れなかった。約30年たって、ゼラチンに代わる医薬品用カプセルとして注目が集まった。ハムスターの冬眠研究は、抗ストレス薬開発のほか、宇宙旅行での人工冬眠への応用を夢みているという。

なぜこれほど研究に力を注げるのか。同グループは理由の一つに「戦略的非上場」を挙げる。株主から短期の成果を求められないので研究に時間をかけられる。「箱にはたっぷり成果が詰まっていますよ」。福田さんは自信を見せる。

グループは、微生物が作る酵素などの技術でバイオ企業として成長。研究の関心は生命全般に広がった。1993年にはモンゴル・ゴビ砂漠で恐竜や鳥類の化石発掘調査を開始。1998年、チンパンジーを飼育・研究する「類人猿研究センター」を作った。

研究を中心とする林原自然科学博物館の石垣忍副館長(55)は元高校教諭。「生物の歴史から人間を考える博物館の構想を、石井健一・元神戸大学教授（現館長）と大阪で温めていたら、林原グループと方向が一致した」と振り返る。

林原側からの提案は「長い目で研究を」。ゴビ砂漠での調査は今も続いている。「本業と直接結びつかない研究が続くところが林原らしい。もちろん、研究で最先端を走らないと」と石垣さん。少々とっぴにも見えるが、福田さんは言う。「成果が出れば士気は上がる。もちろん、これもおもちゃ箱にしまっていくのです」

（赤木基宏）

森田酒造

食の逸品を探す百貨店のバイヤーがこっそり見に来る食品店が、白壁の町並みで有名な岡山県倉敷市の美観地区にある。この地で創業１０１年になる「森田酒造」が、酒蔵の一角で始めた「平翠軒《へいすいけん》」だ。３代目当主の森田昭一郎さん（68）がすべて自らの舌で探しあて、取引を渋る相手には通い続けて説得し、集めた品々だ。１００平方メートルほどの店内に、食肉や魚の加工品、乳製品やジャム、菓子など約１２００品目が所狭しと並ぶ。

熊本の「とうふのみそ漬」は、平家の落人伝説が残る五家荘《ごかのしょう》地方に伝わる保存食。金沢の「いなだ鰤《ぶり》」は、塩漬けしたブリを半年以上干しただけの漁師たちの酒の肴だ。弥生時代から食されてきたと伝わる「唐納豆」は、愛知の味噌蔵が、店頭には置かず、欲しがる近所の人にだけ譲っているものを送ってもらっている。個人か小規模な会社による少量生産の品ばかりで、価格は２００～１万円前後。すべてに手書きのポップ広告を付け、生産者の思いや製法、おいしい食べ方などを紹介している。店内はいつも地元の常連や観光客らで込み合う。

森田さんは「うまい、まずいは食品選びの基準ではない。食べることは肉にせよ野菜にせよ、

本社所在地
岡山県倉敷市
主な事業内容
酒造業
創業年
1909年
売上高
非公表
従業員数
24人

元々あった命をいただく行為。命の尊さを知り、無駄なく扱う生産者の食品を扱っています」。

森田家は江戸時代中期にゴザなどを商い、天領だった倉敷で「新禄《しんろく》」と呼ばれた新興の大地主として栄えた。1909（明治42）年、小作人が納める米で祖父が酒造りを始めた。

森田昭一郎さんが集めた食品が並ぶ平翠軒

森田さんは慶応大学を卒業後、コピーライターを志し、東京の広告会社に就職した。だが3カ月の試雇用期間後、営業職での採用を通告されて退職。国税庁の醸造試験所で酒造りを学び、24歳で帰郷した。新しい酒造りを認めない2代目の父とは、激しく対立した。ふだん使わない酵母菌を試しただけで「余計なことはするな」と怒鳴られた。「よい酒さえ造ればいい」と宣伝広告も認めない。学究肌の父は全国新酒鑑評会の上位入賞をめざし、多大な経費と手間のかかる吟醸酒を造った。「夢は売らない」と、鑑評会後は他の酒と混ぜて2級酒として売ってしまう。そんな父が理解できず、何年もまともに口をきかなかった。

65歳になる父から、店の通帳と実印を放り渡されたのは32歳の時だ。「もう口は出さない。好きにやれ」。だがこのころから、日本酒の消費量は全国的に減少に転じ、苦境に立たされた。

食品づくりにかける情熱を応援

いつ廃業してもおかしくなかった1985年。43歳にして初めて生まれたヒット作が「激辛」だ。蒸し米などの原料を4日間で3回に分けて仕込むところを、8日間で7回に分けてみた。原料を小分けにしたことで糖をアルコールに変える酵母が飢え、残留糖度が少ない、辛口で深みのある酒ができた。1996年には「荒走り」を発売。酒造りでは、発酵した原料を入れた酒袋を積み重ね、その自重で出る白濁した最初の酒を「荒走り」、機械などで圧搾した2番目の酒を「中汲み」、最後に出る酒を「責め」と呼ぶ。三つが混ざった酒を売るのが常識だったが、荒走りだけを瓶詰めした。自然派志向の消費者から「ストレスがかかっていない、すっぴんの酒」と喜ばれ、倉敷を代表する酒に育てた。

平翠軒を始めたのは1990年。酒造りに悩み、逃げ出したい気持ちもあった中で、食品づくりに情熱を燃やす人たちとの出会いに勇気づけられてきた。

広島県福山市の芦田川のほとりで天然アユの甘露煮を作っていた老人は、17台のコンロに鍋をかけ、3日間かけて仕上げていた。一つの鍋のアユの数は必ず17匹と決まっている。「大きな圧力鍋を使って省力化できませんか」と問うと、「このやり方でないと、おれのアユはできない」。平翠軒は、そんな生産者の信念を応援する店でもある。

「会社を100年続けるには、意地と見栄と覚悟がいる。ヘルシー志向で和食が世界で注目され、日本酒は輸出に活路が開けるはず」。父の仕事には信念があったと今はわかる。(鈴木　裕)

三石耐火煉瓦

本社所在地
岡山県備前市
主な事業内容
れんが製造
創業年
1892年
売上高
非公表
従業員数
95人

海水を満たした水槽の底に横たわるゴツゴツした白い岩。所々に紫色の石灰藻が繁殖したその姿は、南の海のサンゴ礁を思わせる。

実はこれ、粘土を高温で焼き上げた「三石《みついし》耐火《たいか》煉瓦《れんが》」のセラミックス商品。だが、単なる観賞用ではない。表面の細かい穴が水槽内の汚れを吸着し、やがて、穴にすみ着いたバクテリアも水の汚れを分解し始める。言わばランニングコストのかからない浄化装置だ。さらに、沖縄県の八重山漁協と提携して岩を石垣島近海に1年間沈め、藻などの生き物を表面に付着させることで浄化機能を高めている。

「主な販売先は熱帯魚愛好家。国内外で採取規制が進む天然化石サンゴの代替品として、需要増が見込める分野です」。明治以来、耐火れんがを焼き続けてきた同社で、新商品の開発を担う森宏行・開発部長(54)は期待を込める。

同社が立地する岡山・兵庫県境近くの備前市三石地区は、古くから「耐火れんがの町」として知られてきた。地元で採れる半透明で軟らかい蠟石《ろうせき》を原料にれんが生産が始まったのは明治半ば。製鉄所の高炉や転炉、石炭を燃やす機関車の火室などの内壁には、高温にびくともしない耐火れんがが欠かせない。

良質の原料に恵まれた三石地区には、日本の近代化とともにれんが工場が次々誕生。日清・日露戦争の軍需景気などを追い風に増産を続けていった。地元の実業家・加藤忍九郎氏が興した同社は、その中でも最古参の企業だ。

試行錯誤が生み出した成果

国内の耐火れんがが生産量がピークを迎えたのは、高度経済成長末期の1970（昭和45）年。しかし、その3年後に30代の若さで就任した万波有道《まんなみゆうどう》社長（68）は「あのころ、会社は最悪の状態だった」と振り返る。軍や国鉄といった巨大な得意先の下で「造れば造るだけ売れた」という環境が長く続いたためか、時代に応じた販路開拓や技術革新の気風が失われ、自社工場の一部を売却するなど経営が停滞。国内の耐火れんがが需要自体も右肩下がりの時代に突入していた。

危機感を抱いた万波社長が取り組んだのが、他社が手を付けていない新分野の開拓だった。「当時は『事業の多角化』なんて格好いいもんじゃなかった。生き残るために、どんな思いつきでもとにかく試してみた」という。粉々に砕いたれんがを圧縮して固めた吸音材、雨水を地下にしみこませる透水性の舗装材、本格的なピザが焼けるれんが窯……。1980年代以降、社内に開発部を新設し、さまざまなアイデアを商品化した。

人工岩礁の素材となる水質浄化用セラミックスも、こうした試行錯誤が生み出した成果の一つ。粘土に細かな可燃物を練り込んで焼き、内部に無数の穴を発生させて熱を通しにくくするという、れんが製造の一手法を応用したこの素材は、1990年代に開発。国内外のニシキゴイ養殖業者らが愛用しているほか、岡山理科大学で現在進められている、水槽を使ったクロマグロの陸上養殖実験でも活用されている。

また、2002年には建築工事業の許可も取得。「100年、200年と歴史を刻むほど味わい深くなる家」をコンセプトに、れんが住宅の建築を手がけるようになった。準備段階では、担当社員らを月替わりで欧州に滞在させ、歴史的建築物の良さをじっくり体感させたほど、〝本格派〟にこだわったという。

「いろんなことに挑戦してきたけど『安く早く』という考え方は嫌。れんが住宅にしても、何世代も住み続けられる本物を造る、というのが我々のスタンスです」

経済産業省の近代化産業遺産にも認定されている創業当時のれんが煙突が、今も現役で活躍している本社工場の一室で、万波社長は誇らしげに語った。（宮武　努）

化石サンゴそっくりの水質浄化用セラミックスと万波有道社長

熊平製作所

「設置するのはここですよ」。熊平《くまひら》製作所の本社から5分ほど車を走らせた、顧客向けショールーム。熊平雅人会長(67)が一番奥を指さした。

マンモス扉の中でも、技術の粋を極めたと形容されるのが、「丸扉」だ。都市銀行や有力な地方銀行などに納めてきた。顧客が出入りする貸金庫室の扉として多く採用されたという。

1965(昭和40)年、東京都内の大手都市銀行から受注した丸扉は当時、東洋一をうたわれた。直径2・4メートル、厚さ93センチ、重さ35トン。15時間の火炎にさらされても中の現金は燃えず、ガスバーナーやドリルの攻撃には、厚さ2・6メートルのコンクリートと同等の強度を持つという。ビルが解体されると聞きつけ、会長自ら訪ねたのは2008年の12月だった。

「貸金庫の入り口で、『大事なものを守っていますよ』と知らせる巨大な扉は、我々の原点であり、金庫屋としての『安全』の象徴なんです」

役目を終えたこの丸扉の一部も使い、1億円近くかけて、2010年11月、新たな扉がショ

クマヒラ

本社所在地
広島市南区
主な事業内容
セキュリティ機器の開発・製造
創業年
1898年
売上高
385億円
(グループ全体)
従業員数
452人

ールームに設置された。

原点の扉が時代を拓く

同社の創業者は雅人会長の祖父、源蔵氏。16歳で東京のメーカーと代理店契約を結び、広島市天神町（現在の平和公園内）で金庫販売を始めた。まず現在の韓国・ソウルや中国で生産。1938（昭和13）年に広島に工場ができたが、戦争で民需品の金庫自体が造れなくなった。「武器の製造はしない」という信念から、軍需品として消防ポンプを造ってしのいだ。原爆で社員11人が死亡。敗戦で海外工場はすべて没収。最初の試練だった。

1953年製の金庫の前に立つ熊平雅人会長

しかし外地から引き揚げてきた技術者らにより、1946年に広島で金庫製造を開始。1954年には国産初の丸形金庫扉を鳥取市内の銀行に据え付けた。経済成長とともに拡大する金融機関相手の金庫室整備でトップに立った。だが経済の成熟とともに、需要も頭打ちに。創業100年を迎えた1

998年を前後して、セキュリティ分野へ本格進出した。

2010年3月、東京・お台場の「東京ビッグサイト」で開かれた企業展示会。熊平製作所の製品を販売するクマヒラのブースに、金庫はなかった。静脈や指紋で人を識別する本人認証システム、企業などが人の出入りを管理する、近未来的なデザインのセキュリティゲートがずらり並んだ。

一度納めれば長く活躍するマンモス扉ゆえ、近年はほとんど造られていなかった。ショールーム用のマンモス扉にかかわった増田千尋・事業部長(50)は「興奮します。昔の人と同じものができれば、追いついたと感じられる」と話す。

採用する学生は機械や電子、情報の各工学系となり、金属加工の金庫分野とは人材の質がずいぶん違ってきた。設計や製造の技術も、手書き・手磨きからコンピューター制御に変わったが、盗難防止や耐火の技術は、長年の伝統が培ったものだ。設置を訴えた諏訪正照社長(61)は「マンモス扉を造る技術そのものが社員の誇り。最新鋭のゲートを見ても伝わらない『熊平』の信頼性が、扉を見てもらえば伝わるはず」。

阪神・淡路大震災では鉄道のガード下にあった銀行の建物が壊れ、同社の貸金庫室がガードそのものを支えた例すらあった。

熊平会長は言う。「私どもの会社の主義はね、『守る』ということ。需要が頭打ちでも、原点は捨てられない。二つの分野は車の両輪。このまま進んでいくつもりです」

(斎藤利江子)

戸田工業

「昭和30年（1955年）5月ごろから、3本の煙突より排出される亜硫酸ガスを含んだ猛烈な煙が工場周辺の山林、田畑、民家に充満」「住民は昼でも約20間（約36メートル）前の自動車がバスかトラックか判別がつかず……」

『広島新史』に記された55年前の「煙害事件」は、当時、安佐北区にあった戸田工業の広島工場が引き起こした。怒った住民は翌1956年に工場に出入りするトラックを止め、1957年には裁判を起こした。煙害を防ぐ装置をつけ、多額の補償金を支払うことで解決したが、それまでと同じ造り方を続けるのは難しくなった。

戸田俊行社長（60）は、当時の社長だった父の英夫氏が、一升瓶を提げて工場の近くの住民や従業員らにわびて回る姿を覚えている。「工場の周りは煙がたなびき、硫黄のにおいがして、山の木は枯れていた。あのまま続けていたら、会社はなくなっていた」。そのころ国内に45カ所ほどあったという弁柄《べんがら》の工場は、数カ所を残すのみだ。

戸田工業株式會社

本社所在地
広島県大竹市

主な事業内容
化学素材の開発製造

創業年
1823年

売上高
323億円

従業員数
404人

公害をなくすための技術を応用

江戸時代からの弁柄の造り方は大まかに言えば、硫黄を含んだ鉄鉱石を細かく砕いて焼いていた。焼く工程で亜硫酸ガスという二酸化硫黄の煙が出る。煙害と呼んだ公害のもとだった。研究を志していた英夫氏は、対策を京都大学の研究室に求めた。そこで、弁柄を焼いて造るのではなく、タンクの中で溶かして造る製法が生み出された。公害の原因になる硫黄を、タンク内で別の成分と結びつけてしまうのだ。生産本部長の屋宮和志《おくみやかずし》さん(62)が入社した1971(昭和46)年。山口県小野田市(現在は山陽小野田市)の工場に、京大の技術を応用した新しいプラントができた。「亜硫酸ガスが出ない無公害のプラントで、これから動かすという時期だった」と振り返る。工業化学が専門の屋宮さんは小野田に移り、新しい生産法でこれまで通りに造れるかを確かめるのが仕事だった。

タンクでの生産に切り替えたおかげで、弁柄の粉の大きさを変えたり、形を針状にしたり、六角形にしたりと自在に操れるようになった。それまで職人技に頼っていた焼く作業が、タンクなら、圧力や温度、入れる薬剤まで調節できる。こうしてできた細かい粉が、テープに使われるようになった。音楽とビデオのテープは、ピークの1990年代半ば、世界で毎年30億本売れた。戸田工業は1993年度にテープ用の粉を2万トン生産し、世界シェアの6割を握った。公害をなくす技術が、盛り上がるテープの需要をつかんだ。

やがてテープは、CDやDVDにとって代わられた。複写機のトナーの成分にしたり、カラスがつつかないようゴミ袋を茶色っぽくする顔料にしたり。試行錯誤が続いた。

リチウムイオン電池の中に使われる正極材と呼ばれる部材の開発に力を入れたのは１９９８年から。研究開発に２００億円を投じてきた。国内ではすでに生産し、売上高の３割を占めるまでになった。伊藤忠商事と組んで米国にも工場を建設中で、オバマ政権の「グリーン産業」の補助金も得て、２０１１年１月に操業を始める。ハイブリッド車や電気自動車の普及に伴い、車に積むリチウムイオン電池の生産量が大幅に増えると見込む。ここにも粉の大きさや形を変える技術が生かされている。磁気テープ用の粉を長く研究してきた永井規道《のりみち》さん（59）は、粉をさらに細かくし、新たなデジタル記録用テープをつくろうとしている。

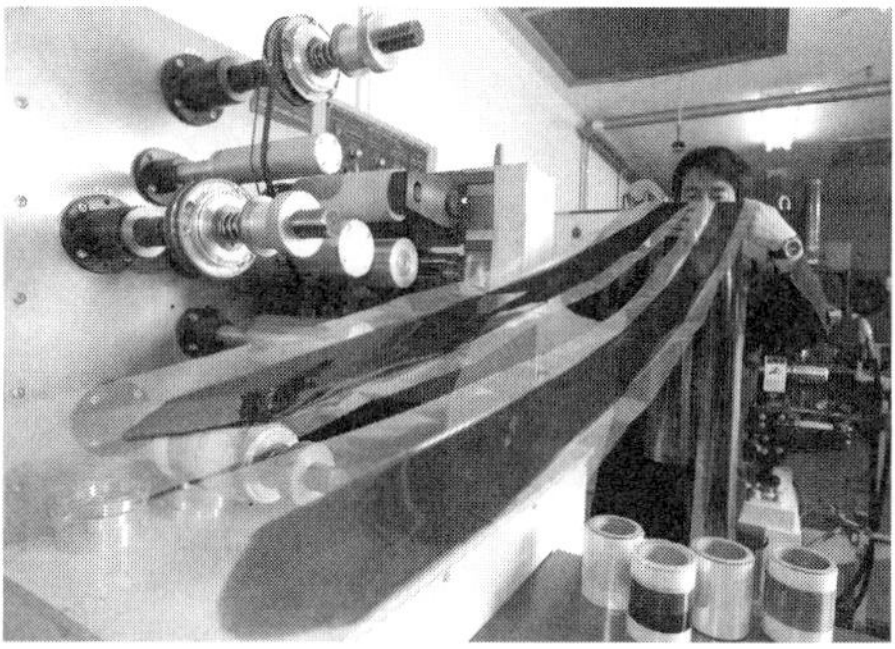
長いフィルムに粉を塗った段階。色のついたところを細く切るとテープになる

開発の足取りは、鉄を用いた弁柄から始まり、粉をひたすら細かく、形状や物質の種類を多くしてきた道のりだ。「顔料や記録といった、これまでの分野だけでなく、医療やエネルギー分野にも広げていける。微粒子を扱う技術はまだまだ応用がきくんです」と永井さん。２００９年度は3年ぶりの黒字になった。苦境をまた、新分野の開拓で乗り越えつつある。

（諏訪和仁）

サタケ

国内やアジアの大型精米機の7割はサタケ製。北米ではほぼ独占する。お米や麦を乾燥・貯蔵する国内のカントリーエレベーターでも4割を占める。

始まりは農家だった佐竹利市《りいち》氏の発明だ。足踏み道具を使って精米するつらい単純作業をなくしたかった。田んぼや山を半分売って開発費をひねり出し、広島市の鉄工所を間借り。1896（明治29）年、エンジンで動かす精米機を生み出した。二つの臼の間にてんびんを置き、その両端に杵《きね》をつけ、エンジンで左右の杵が交互に臼の中の玄米をつく仕組みだ。

30台売ったが、すぐに改良を思いついた。「不良品」として買い戻し、捨てた。社史によれば、利市氏は「巨額の金を使って、こんなちゃちな機械しかできなかった自分が恥ずかしい」と、出来にこだわった。再び金策して2年後、改良した精米機を売り出す。その1号機は、お金を貸してくれた当時の木村酒造（現賀茂鶴酒造）に納めた。精米機は飛ぶように売れ、9年後には800坪の工場で200人が働くまでになった。以後、佐竹家が一貫して経営を担ってきた。

本社所在地
広島県東広島市

主な事業内容
食品産業総合機械および食品の製造販売

創業年
1896年

売上高
484億円
（10年2月期）

従業員数
970人

旧制中学を出た長男の利彦氏は父の技術を理論化し、発展させた。父子は1930（昭和5）年に胚芽を残して削る新しい精米機を開発。胚芽には脚気を防ぐビタミンB1が多く含まれ、軍に求められていた。陸軍の宇品糧秣支廠《りょうまつししょう》に納めると、当時の満州（中国東北部）で使われるようになり、工場も建設。第2次大戦中にはベトナムや太平洋の島々、軍艦内に持ち込まれた。このころ、回転するらせんを通しながら表面を削る精米技術の基本を確立。戦後は食糧増産で、業績を順調に伸ばした。

佐竹利子代表。後ろにある即席ごはん「楽メシ」の生産ラインの売り込みに力を入れる

「お米になったつもりで考える」

利彦氏の一人娘の利子代表は、「家業」を継ぐため婿を取るよう言われて育った。父に命じられて今の学習院女子大学に入ったが、「束縛された環境から逃げれば、個性が伸ばせるんじゃないか」と米国の大学に留学。商業デザインを学ぶうち、同じ大学で化学工学の大学院にいた岩上覚氏と出会った。日本に帰り、相手が名字を変えるのを条件に、父が結婚を認めるまで5年かかった。

1960年の結婚後すぐ専務になった覚氏は3歳から米国育ち。「よそ者」に反発する重役たちと、英語と片言の日本語で議論した。一方、工場の現場とは食事会で不満や意見を聴き、信頼を得ていった。覚氏は販売台数や売上高、利益を社員に明らかにし、経営計画を立てた。対象分野も、麦やとうもろこしまで広げた。大手商社を通さず、トップセールスで販売先を広げる方法で、個人商店を、140を超える国や地域で販売する会社に変えた。

利子代表は「祖父が会社を興して、父が技術を磨き、主人が来て世界中の顧客に売るようになった」と振り返る。覚氏は2000年11月に病で亡くなった。

利子代表は、湯や水を入れて食べる即席ご飯の「マジックライス」、電子レンジで温める「楽メシ」といった消費者に直接届ける食品にも力を入れている。「即席ご飯の味付けは、主婦として工夫した。健康食品の分野も伸ばしたい」と利子代表。女性社員に長く働いてもらえるよう本社に託児所を設け、社内結婚も勧めている。

サタケでは今、お米から取った糠《ぬか》に含まれる成分を健康食品などに活用することや、とぎ汁から燃料になるエタノールを生産することを考えている。米粉を小麦粉代わりに使う技術の開発にも取り組む。技師長の金本繁晴常務(65)は「穀物を残すところなく生かすことにこだわっていきたい」と話す。若いころ利彦氏から、たたき込まれたひと言が原点だ。「自分がお米になったつもりで考えろ」

(諏訪和仁)

大和重工

中国地方では古くから、地元で取れる砂鉄と木炭による「たたら製鉄」が盛んだった。その流れをくむのが大和《だいわ》重工だ。「たたら」と呼ばれたふいごを使い、180年ほど前から、溶かした鉄を型に入れ、鍋や釜といった暮らしの道具を生み出してきた。今も五右衛門風呂を製造する国内唯一のメーカーでもある。

「海外では造れない鋳物を造る。そのためには鋳物造りの基礎からやり直す」。田中保昭社長(65)は2010年9月、鋳物造りに使う木型を造っていた会社を事実上、傘下に収めることにした。鋳物メーカーが木型まで手がけるのは珍しいという。

鋳物造りは木型造りから始まる。設計図に従って木を削ったり、組み合わせたりして、造りたいものと同じ形の木型を造る。空の入れ物に木型を入れて砂でいっぱいにし、砂を樹脂などで固め、砂の型を造る。入れ物を半分に割るなどして木型を取り出し、元に戻してできた空洞に溶かした鉄を流し込む。冷ましてから型を外し、表面を削って仕上げる。

このやり方で鍋や風呂釜から、長さ10メートル以上にもなる船のエンジンの外枠まで造って

Daiwa
大和重工株式会社

本社所在地
広島市安佐北区
主な事業内容
鋳物製造
創業年
1831年
売上高
43億円
(09年12月期)
従業員数
207人

いる。田中社長は、鋳物のできを左右する木型造りを社内に取り込むことで、鋳物の精度を上げ、不良品を減らしてコストを削ろうとしている。

鋳物で造った風車の付け根と田中保昭社長

五右衛門風呂を最新技術で

産業や暮らしに幅広く使われている鋳物の生産は、景気に合わせて幾度となく浮き沈みを経験してきた。

大和重工の前身となる会社は江戸時代から鍋や風呂釜を造ってきたが、日露戦争後の不況などで立ちゆかなくなった。田中社長の祖父で、運送会社を経営していた恭造《きょうぞう》氏が引き継いだ。景気のいいときに事業を拡大し、悪いときは工場を閉鎖して、身を縮めた。

戦前、戦後の戸建て住宅の風呂は鋳物の五右衛門風呂がほとんど。風呂釜の下で薪《まき》を燃やして、わかした。当時生産していた相談役の遠藤昌さん（83）は「1970年ごろまでは、造ればとにかく売れた」と振り返る。月1万個の生産が7〜8年続いた。国内の6割が広島県産で、大半を大和重工が造った。「広島の会社はみんな、4月3日を花見で休みにしていた。臨時ボーナスが出るので、尾道の千光寺に出かけたものでした」。顧問の田中淳さん（80）は懐かしむ。

団地全盛の時代に入って、主力製品は、薄手の鋳物の表面にホーロー加工をした風呂に移った。生産量は増える一方で、1968年には東京工場を新設し、当時の日本住宅公団（現都市再生機構）や米軍住宅向けに生産。1972年から今の広島県安芸高田市吉田町にある吉田工場で、鋳物からホーロー加工までの一貫生産を始めた。

一世を風靡《ふうび》したホーロー風呂だが、重さが敬遠され、プラスチック製が主流を占めるようになったのは70年代半ば。赤字が続き、1981年に東京工場を閉めた。2年後に就任した田中社長は、営業所や社員を減らしながら設備更新。産業向けの生産を増やして、乗り切ってきた。

2008年の金融危機の影響で、2009年の鋳物の国内生産量は前年から4割減った。ピークだった1990年の半分だ。田中社長は鋳物の使い道を広げようと、風力発電に使う大型風車の付け根を試作した。「鋳物は重いのが欠点だが、振動を吸収する特性がある。工作機械には欠かせないし、使い道はまだまだある。鋳物は『いいもの』。吉田工場では、電炉で溶かした鉄を型に入れ、ホーロー風呂や五右衛門風呂（下写真）を手作りし続けている。五右衛門風呂は細々とではあるが、毎月50個が売れるという。

ものづくりに詳しく、大和重工を見学したことがある政策研究大学院大学の橋本久義教授は言う。

「五右衛門風呂という古いものを最新の技術で造り、どでかい船のエンジン向けでも強みを持っている。会社は今、苦戦しているが、もの造りを磨けば、また乗り切れるはずだ」

（諏訪和仁）

松田屋ホテル

龍馬も入った温泉宿――。そんなロマンのある旅館が山口市にある。創業335年の松田屋ホテル。8代目当主の松田康義さん(66)は、歴史の足跡を泊まり客らに説明する「語り部」でもある。

傷ついた白キツネが見つけたという伝説が残る山口市の湯田《ゆだ》温泉。市中心部に位置し、温泉街というより、どこにでもある地方都市の風情だ。そんな中、松田屋ホテルの4千平方メートル近い敷地は、白壁と、5階建てのビルぐらい高い山桃や松などに囲まれている。庭園に、オシドリが羽を休める池や滝まであるとは、外から想像もできない。薩摩藩の西郷隆盛、大久保利通と、長州藩の木戸孝允《たかよし》や伊藤博文らが会ったとされる東屋風の「会見所」が残る。

「履信居仁《りしんきょじん》　己亥6月2日　博文」

ロビーにある揮毫《きごう》額は、1899(明治32)年に伊藤博文が書いたと伝わる。「『礼にもとづき、思いやりの気持ちで』という意味があり、私たちの心得としています」と松田さん。創業当初は部屋を提供しながら、旅人からお茶代を受け取っていたという。幕末には本格的な旅籠《はたご》

本社所在地
山口市
主な事業内容
温泉旅館業
創業年
1675年
売上高
約6億円
従業員数
約60人(パート含む)

となり、勤王の志士が集った。

松田屋の名を幕末ファンに知らしめているのが、坂本龍馬も入ったとされる「維新の湯」だ。１８６０（万延元）年に造られ、本来の場所からは移設されたが、浴槽と洗い場、天井は当時のままだ。

「あなたが坂本さんでありますか」

何度も宿泊した作家の司馬遼太郎は小説『竜馬がゆく』で、高杉晋作との出会いの場に湯田温泉の旅館を持ってきた。「フィクションでしょうが、私たちはうちで２人が出会い、維新の湯で親交を深めたと信じています」

志士の誇りを伝える宿

「家業に縛られず、好きな道を歩みなさい」。１９８８（昭和63）年に亡くなった7代目の父に、そう言われてきた。慶応大学を卒業後、旧住友銀行に入社。だが１９７０年、山口に戻った。「ホテルは体の一部みたいなもの。帰らなくてはならない場所、という思いがあったのかもしれない」と笑う。父の背中を見て当主業を学ぶなか、ホテルに代々伝わる話を初めて聞かされた。「祖母は、酔うとす

自慢の庭園を眺める当主の松田康義さん

ぐに刀を抜く高杉晋作を恐れていた」。そんな話がたくさん残っていた。繰り返し行われた改装も最小限に抑えられ、志士たちが書き残した書なども大切に保管されていた。

「維新百年」にあたる1967（昭和42）年を過ぎ、1971年に明治維新資料室を設け、高杉晋作が刻んだ文字が残る「憂国の楓」などを展示した。すると、1975年に山陽新幹線が開通、2年後には大村益次郎や吉田松陰など山口ゆかりの人々が登場する大河ドラマ「花神」が放映され、高視聴率を記録。萩や津和野を訪れた観光客が、湯田にも足を延ばすようになった。「代々、自然な形でこの宿に残されていたものが、時代に求められ、利用されたお客さまに愛されてきたのでしょう」

湯田温泉に来る客は、減り続けている。湯田温泉旅館協同組合によると、宿泊客は1991年度の約67万人をピークに、ここ数年は40万人を割り込む。この厳しさを何とかしたいと、松田さんの次男で従業員の健慈さん（30）は2008年からホテルのホームページでブログを始め、周辺のイベント情報などを紹介。2010年にはツイッターも始めた。「今の若者が何を求めているかを知り、ホテルに還元できれば」。1泊3万円前後と安くはないが、ネット予約も増えているという。「微々たる存在感ですが、これからもホテルを続けていければうれしいですね」と、取材には終始、控えめだった松田さん。だが、受け取った名刺には「維新伝承」の文字。「志士たちが愛した湯田温泉に誇りはあります」

「歴史を鑑《かがみ》として未来に、という気持ちを忘れず、この土地の語り部になれれば」と、何度も繰り返し語った。

（小西宏幸）

一馬本店

山口県防府《ほうふ》市の「一馬《いちうま》本店」は、数代続いた造り酒屋から、1899（明治32）年、味噌・醬油製造業に転業した。酒屋時代に「手前味噌ですが」と配っていた自家製味噌が「一番うまい」と評判だったことから社名が名付けられた。2009年秋、下川啓文《ひろふみ》さん（52）が社長に就き、妻の倫子《みちこ》さん（52）と二人三脚で9人の小さな蔵を引っ張る。味噌の消費が落ち込むなか、味噌の味を覚えてほしいと、地元小学校での「出前授業」も始めた。

「今朝、味噌汁食べてきた人、手を挙げて」。教壇に立ったのは啓文さん。5年生30人を前に「徳川家康が長生きしたのは味噌汁好きだから」「味噌チョコやアイスもあるよ」「風邪っぽいと思ったらネギ入り味噌汁。疲れたときはワカメ」。子どもたちの興味を引きつける話を織り交ぜながら、約1時間、味噌の魅力を伝えた。資料準備には3週間かけたという。味噌汁を食べてきた子は5人だけだったが、その場で「工場で味噌を造ってもらい、食べてもらおう」と学校に掛け合った。

2010年7月にライオンズクラブに入会し、しょうがともろみを合わせた「しょうがもろ

イチウマ

本社所在地
山口県防府市

主な事業内容
味噌・醬油製造業

創業年
1899年

売上高
7200万円
(09年12月期)

従業員数
9人

4代目の下川啓文社長と妻の倫子さん

み」の売り上げの一部を寄付することにしている。工場を学校の体験学習の場に提供し、春に高校を卒業した就職活動中の男性を実習生で受け入れた。「100年以上も支えてくれた地域への恩返しです」

維新政府が酒税を設けたため、酒から味噌・醤油に転業。瀬戸内海に面した藩専用港の三田尻港が開港されたこともあり、事業は成功した。広島・呉に支店、韓国・釜山に出張所を構え、輸出も始めた。「当時は大企業だったんでしょうが、私が入った20年前は青息吐息ですよ」と啓文さんは苦笑いする。

啓文さんは、山口市の代表酒「山頭火」を造る「金《かね》光《みつ》酒造」の末っ子だ。高校卒業後、山口県宇部市に工場がある食品会社に就職。商品開発の研究が担当だった。20代後半、一馬の3代目・下川昭治《しょうじ》さんの三女、倫子さんと知り合い、恋に落ちた。倫子さんも末っ子だった。「金光酒造」は実姉が後を継いでおり、啓文さんは婿養子で下川家に入った。結婚から1年半後、食品会社を辞めて一馬に。啓文さんは「醸造所の末っ子同士が結婚して一つの伝統を守る。すごいでしょ」と笑う。

だが、工場の社員は冷ややかだった。「よそものが突然、4代目候補になった。覚悟していたが、しんどかった」。長靴と作業着姿になり、味噌だらけ、醤油まみれの時間を積み重ねた。

2009年10月、昭治さんが亡くなった後、後継ぎ問題が起き、いったんは退社を決意。その時、手を握りしめ「あなたがやって」と背中を押したのは倫子さんだ。「うちは2人で一つ。苦しみが半減し、喜びは2倍になるから」。啓文さんは照れ笑いする。

「お一人に100回食べてほしい」

一馬では、麦味噌だけで無添加、薄塩、赤など5種類を造る。米味噌にも白と赤だしがあり、もろみや醤油、ソースも含めると品数は40を超える。これをわずか9人で手がける。「給食や病院食、自衛隊に、近所のお年寄り。みんなのニーズに応えたい」と啓文さんは話す。

新商品の開発にも積極的で、短時間で魚や肉に味噌風味を付ける無添加の「味噌エキス」は特許を取得。焼き肉や焼き鳥のたれ、鶏エキス入り田楽味噌も世に出した。社長になっても、「研究者としての血が騒ぐ」と開発したのが、「しょうがもろみ」だ。

朝食の洋食化が進み、右肩下がりの味噌業界。2010年夏の猛暑で消費量はさらに減る見込みだ。一方、タイへの輸出は前年比2倍、シンガポールへも1・5倍増と、業界の目線はアジアに向きつつある。一馬にも中国や台湾から取引の話が何度も来たが、すべて断っている。

味噌の原料となる麦は、県内産100%が自慢だ。取材中にも、工場近くに住むおばちゃんが「味噌ちょーだい」と買いにくる姿をよく見た。

「子どものころの味を求めて、近所はもちろん、県外からも通販で買い続ける人こそ、大切にしたい。100人に1回ずつではなく、お一人に100回食べてほしいから」　（小西宏幸）

第10章

四国地区

「暖簾を破れ」

（水口酒造）

平惣

「手にとる楽しさとどけます」。徳島県内で書店を展開する「平惣《ひらそう》」は今期の経営方針で、「電子書籍元年」に対抗するスローガンを打ち出した。２０１０年5月28日、米アップルの新型情報端末「ｉＰａｄ（アイパッド）」が国内でも発売された。端末を使えばインターネットを通じ、いつでもどこでも、いろんな本が気軽に読めるようになる時代がやってきている。

書籍は売り上げの約6割を占める主力。すでにＣＤはネット配信の影響を受けており、売り上げを簡単に伸ばせそうにはない。電子書籍の普及が及ぼす影響は少なくないと予想され、平野惣吉社長（57）は「店頭で実際に本を手に取ってもらう。電子書籍に対抗するにはそのワクワク感しかない」と強調する。平野社長の頭の中は、アイデアを生み出そうといっぱいだ。中古本の買い取りや販売を始めよう……、トレーディングカードを商品として扱ってみよう……。

地域になくてはならない店に

創業は江戸時代中期の１７３９（元文４）年。現在の徳島県阿南市富岡町で開店した紙屋か

平惣

本社所在地
徳島県阿南市
主な事業内容
書店経営、ソフト販売等
創業年
1739年
売上高
約23億5000万円
従業員数
約200人
（パート含む）

書籍が並ぶ売り場に立つ平野惣吉社長

ら出発した。主が「平野惣吉」を代々襲名、現社長が8代目だ。言うまでもなく、屋号「平惣」は姓名の2文字をとっている。文房具、書籍、レコード、ビデオ、ゲームソフト、CDなど、取り扱う品々は時代とともに変化してきた。第2次世界大戦後しばらくの間は、店頭販売より学校関係者に教科書を販売するのが主力だった。

だが1984（昭和59）年、徳島県阿南市の国道沿いに郊外型の店舗を開いた。「町の小さな本屋」の社運をかけた出店だった。約20台分の駐車場を完備し、広さ約400平方メートルの店内には喫茶コーナーも設けた。「ここに来れば何かがある」というワクワク感を求めた。

今でこそ珍しくはないが、約400平方メートルもの広さは、地方の書店としてはかなりの大きさだった。郊外の書店に車で行く——。専務時代の平野社長が大阪や名古屋で見た光景は「いずれ徳島も同じ状況になる」と確信させた。

実際、客足は伸びた。徳島の商圏が駅前の商店街から郊外に移り行く流れに乗った。１９８6年には2軒目の郊外型店舗となる徳島店を徳島市内にオープンさせた。レンタル事業やゲームソフトの買い取り、販売にも進出した。ただし、信念は変えない。文化に関連するものしか販売せず、地域密着に努めるという2点だ。創業２７０年余りの間受け継いできたこの信念は、将来の生き残りにもつながると考えている。

２０００年には、従業員らによる子どもたちへの絵本の読み聞かせ「おはなし会」を始めた。今では各店舗の恒例行事になっている。地元へのサービスだけでなく、子どもの頃から本に親しんでもらおうという狙いがある。

どんなに規模を大きくしても地域密着の姿勢は崩さない。「地域社会を文化で結ぶ」を企業使命とし、地元の徳島県内に出店を限っている。平野社長は「ご先祖さんの時代から培った地元の人とのつながりは大きな財産だ」と言う。従業員が増えても、社内では家族的な経営を忘れないようにしている。平野社長が子どもの時は、自宅が店を兼ねていたため、従業員と一緒にご飯を食べた。家族同然の仲だった。「言葉で伝えるより、行動を共にすることでお互いを理解できることもある」とこの時の経験で知った。社員旅行や食事会といった社内行事を積極的に企画し、仕事をうまく進めるため、「チームワークが一番」と考えている。

平野社長は「時代とともに扱う商品や売る場所は変えていかなければならないが、得意先や従業員を大事にする精神を変えてはならない」と話す。「地域になくてはならない店」をより強固にしようと目指す。

（日比　真）

マキタ

「今日は早く家に帰って、家族との時間を楽しんでください」。創業100年の記念すべき一日は、盛大な催しもなく、実にあっさりとしたものだった。

船舶用エンジンメーカー「マキタ」は2010年4月1日、創業100年を迎えた。槙田實《みのる》社長(61)は高松市の本社で、3段重ねのお弁当を社員に配った。家族の分も含んでいる。「私生活の充実が仕事の質の向上につながる」という槙田社長の考えからだ。欧州赴任時に実感したことだという。マキタでは社員が参加する就業時間外の催しはほとんどない。

この日迎えた新入社員33人にも、槙田社長は「経済状況は依然厳しいが、若い皆さんと新たな創業期を築いていきたい」と語り、過去にこだわってはならないと訴えた。

100年の歴史は順風満帆だったわけではない。1970年代から80年代の造船不況は「残るも地獄、去るも地獄」だった。厳しい時代を乗り越えたのは、前向きな意識改革だったという。1910(明治43)年4月1日、槙田社長の祖父、久さんが始めた個人工場が始まりだ。1927(昭和2)年に国産第1号とされる船舶用ディーゼルエンジンを開発し、1941年

株式会社　マキタ
MAKITA CORPORATION

本社所在地
香川県高松市

主な事業内容
船舶用ディーゼルエンジン製造

創業年
1910年

売上高
153億円

従業員数
約260人

船舶用の巨大エンジンの前に集まる槙田實社長（中央）と従業員たち

に「槙田鐵工所」として株式会社化した。

三井造船や世界大手のドイツのエンジンメーカー「MAN　B&W」との提携などを経て、1万～1・5万トン級の小型外航船用エンジンで世界シェアの約30%を占める国際的企業に成長。だが、1973年の石油危機に端を発し、造船不況が襲う。収支の安定に必要な年間30台のエンジン製造に対し、わずか3台しか受注がない年もあった。1987年に大規模なリストラを行い、社員は約200人から約100人に半減した。

大切なのはエンジンの完成度

2代目社長の父、昇さんの後を継いで1990年に3代目社長に就任。社名を槙田鐵工所からマキタに変えた。生き残りのため、どんな注文も断らなかった。「短い期間でこの台数を仕上げるのは厳しいのでは？」と造船会社が半信半疑で持ちかけた受注も引き受けた。「現場に相当な無理を言ったが、厳しい時期を一丸となって乗り越えたことで今がある」。高い技術力と誠実な姿勢が評価され、受注は増えていった。

槙田社長は子どもの頃から工場が遊び場だったという。鉄の加工音が響く環境で育ち、「父に『会社を継げ』と言われたことは一度もなかったが、『次は自分の番だ』という意識が自然と身についていた」。大学を卒業後、造船会社勤務を経て、1982年に入社した。技術本部長の竹内憲夫さん(62)は「現場の声を大切にし、会社経営に反映している」と評する。技術陣から狭い旧工場での作業の難点を指摘する声があがり、20億円以上をかけて新工場が建設された。

中国を中心とした新興国の景気拡大によって、受注件数はまだ伸ばせると、槙田社長はみる。2010年度の売上高は、前年度から7億円増の約160億円と予測している。「世界の貿易の97%は海上輸送。車や航空機、鉄道が進歩しても、船の優位性は揺るがない。輸送効率のよい小型船舶の需要はさらに高まるはずだ。高品質な製品で世界に打って出たい」

船の心臓部にあるエンジンの部品加工や組み立てには100分の1ミリの精度が求められる。故障すれば船の遭難や沈没にもつながりかねない。大切なのはエンジンの完成度であって、年商のケタではない——。大きな船舶が横づけする本社近くの工場では、高さ約9メートル、横約5メートル、縦約11メートルのビル並みの3万トン級エンジンの製造が進む。大勢のエンジニアたちが真剣な表情で作業に取り組む。

(千代明弘)

吉原食糧

讃岐うどんは香川産の小麦でつくるべきではないか――。2000年に完成した香川産小麦「さぬきの夢2000」には、「粉のプロ」としてそんな熱い期待を込めた。

香川県農業試験場が主導する県産小麦をつくるプロジェクトに関連業界として加わり、粉に求められる特性を助言したり、試作品の製粉などに協力したりした。

香川県坂出市の製粉会社、吉原食糧は、香川の製粉業者として最も古い1902（明治35）年に創業した。現在、讃岐うどん用の小麦粉が売り上げの約7割を占めている。

「常に新しい価値を創造し、社会に提供していく」。同社の企業理念にはこうある。

2007年、小麦1粒を約50カ所の部位に選別し、讃岐うどんなど用途に適した小麦粉をつくる技術を全国で初めて開発した。「ハイブリッド小麦粉」と名付けて売り出している。

4代目の吉原良一社長（53）は「でんぷんやたんぱく質の割合は小麦の部位ごとに違う。どの部位をどれだけ配合するかによって食感やうまみ、色などを自在に変えられるんです」と力を込める。ハイブリッド小麦の開発もさぬきの夢2000への支援も、守り続ける理念の延長

さぬきの製粉会社　～創業明治35年～

吉原食糧（株）

本社所在地
香川県坂出市

主な事業内容
小麦粉の開発・製造販売

創業年
1902年

売上高
約15億円

従業員数
30人

線上にある。

　創業時、小麦は国に直接統制されていた。このため、同社は国の指定工場として麦を国から購入し、精白して国に再び販売していた。戦地に赴く兵隊の食糧用として陸軍や海軍などに麦飯用の押し麦を納入していたため、収入は安定していたという。

吉原良一社長（手前右）と従業員。小麦をひいて粉にする「ロール機」が並ぶ

　だが、戦後米の流通量が増え、主力の押し麦の需要が低下した。生産の中心を押し麦から小麦粉にシフトし、終戦から2年後の1947（昭和22）年に製粉工場を設立した。1954年、小麦粉の直接統制が廃止された。国から購入し、国に販売すればよいという状況が一変し、民間の販路開拓が急務になった。香川の「お国事情」から、必然的に主な顧客は讃岐うどんの店や製麺業者に向いた。経営の行き詰まった製粉会社の廃業が相次ぐ中、顧客の信頼を得るため、買い手の要望に応える小麦粉をいつでも大量に卸せるよう増産体制を確立する必要があった。

　1969年に日産113トンの設備に増強し、1985年には日産150トン以上を大量製粉する現在の工場を建てた。吉原社長には、専務を務めていた父・義男さんが昼夜を問わず工場に詰め、従業員と汗を流す姿が記憶に残る。「当時は質より量が求められ、とにかく仕事仕事、増産増産。うどん店などとのつながりを強め、会社を存続させてきた」と吉原社長は振り返る。

讃岐うどんを地元で支える

吉原社長は1985年、東京の大手電機会社を辞めて帰郷し、吉原食糧に入社した。そのとき、地元の讃岐うどんの変化に違和感を抱いた。ほとんどの店で、豪州産の小麦粉ASW（オーストラリア・スタンダード・ホワイト）が原料に使われていたからだ。

ASWは安定した収穫量が期待できるほか、麺が白っぽい色になり、強いコシや弾力もある。一方、香川産小麦を使った麺はくすんだ色で切れやすく、弾力や粘りも少ないためにうどん店のニーズに合わなくなっていた。

同社が参加し、香川産の「さぬきの夢2000」が誕生したのは、いわば「時代の要請」があったからといえる。現在、さぬきの夢2000の生産量は着実に増えている。

吉原社長は「かつての量一辺倒ではなく、質で独自性を発揮すること」と力を込める。従業員に対しても「自分の感性を大事にし、時代の先を読んでほしい」と求め続けている。

「今後も、販売増に結び付けられる独自性を磨いていきたい。それとともに、讃岐うどんを支える地元の製粉会社として、その役割を果たし続けていきたい」

（林　亜季）

水口酒造

松山市の道後温泉本館近くにある「道後麦酒館」。湯上がりの一杯を求めて、観光客らが次々と吸い込まれていく。お目当ては、麦酒館を経営する水口酒造の地ビール「道後ビール」だ。強い苦みが特徴の「スタウト」、キレの良い「ケルシュ」、その中間の味わいの「アルト」の3種類。全国の地ビールを集めた2000年の品評会「ジャパン・ビア・グランプリ」で金賞を受賞した。

「暖簾を守るな」でビールに挑む

水口酒造は1996年にビール製造を始め、現在は売り上げ全体の3分の1を占める年間150キロリットルを販売する。水口義継社長（54）は「道後ビールがなかったら今頃は酒屋をたたんでいたかもしれない」と振り返る。

水口酒造は、道後温泉本館ができた翌年の1895（明治28）年に創業した。額田王《ぬかたのおおきみ》が7世紀に詠んだ和歌で松山を指したとされる地名「熟田津《にきたつ》」から名称をとり、日本酒「仁喜多津」

本社所在地
愛媛県松山市
主な事業内容
酒造業
創業年
1895年
売上高
4億9000万円
従業員数
68人

を造る。４代目の水口社長は１９８５年、先代社長の父親の腎不全による急逝に伴い29歳で就任した。それまでは酒造りと無縁の仕事に就いていたため、早朝から杜氏《とうじ》のそばで酒の仕込み方を学び、昼は営業に走り回った。ただ当時は、日本酒業界への風は厳しくなる一方だった。「日本酒離れ」の波が押し寄せつつあったためだ。

国税庁によると、日本酒（清酒）の消費量は１９７５年の１６７万５千キロリットルをピークに減り続け、２００８年にはピーク時の４割未満まで落ち込んだ。中小の酒造会社の多くが大手の下請けで酒を造る「桶売り」を中心に据えてどうにか生き延びていた。

「桶売りもいずれはなくなるだろう。自前の酒がなければ生き残れないのではないか」。水口社長は強い危機感を抱いた。１９９４年の酒税法改正でビール製造業への参入資格が緩和されたのを機に、地ビール製造に乗り出すことを決断する。とはいえ、参入は勇気がいることだった。日本酒メーカーからみればビールは「宿敵」。水口社長は「『ビールなんか酒じゃあない』という雰囲気が日本酒メーカーには少なからずあった」と振り返る。

思い切った決断には、創業時からの社訓が無縁ではない。「暖簾《のれん》を守るな、暖簾を破れ」と社訓は伝えてきた。既成概念にとらわれず新しい分野に挑戦し続けることが会社の伝統を守ることにもつながる、という考え方だ。

１９３０（昭和5）年の製氷業への参入もその一つと言える。日本酒造りは冬場がピークで夏場は従業員の手が空く。このため当時の社長は酒造りに用いる水を生かそうと考え、ドイツ製の製氷機を使った事業に乗り出した。西日本では初めてだった。

２００５年には、焼酎「刻太鼓《ときだいこ》」の製造を開始する。酒蔵の隣にオープンさせた和風レストラン「にきたつ庵《あん》」で、多くの客から「焼酎はないの？」と尋ねられたのがきっかけだ。そして２０１０年３月には、車の客や子ども向けの「道後サイダー」も始めた。

水口義継社長（手前右）と従業員

新規参入のアイデアを生む基本は「周囲が何を求めているかを敏感に感じ取ることだ」ときっぱり。「問屋の顔しか見えなかった職人が店頭でお客さんの前に立ち、消費者目線でものを考えることができるようになった」

もちろん、日本酒自体の質を高める努力は欠かさない。杜氏は冬場に酒蔵を訪れメーカーに所属しないことも多いが、同社は１９９０年代後半、４年間かけて専属の職人を育てた。

地域貢献重視の姿勢も忘れない。道後ビールの大半は道後温泉周辺の商店や旅館などに販売している。販売地域を絞ることで、ビール目当てに足を運んでくれる人が増える期待をしているからだ。水口社長は「道後温泉に育てられた会社だから、温泉のにぎわいに貢献したい。長年生きてきた恩返しと思っている」と強調する。

（高木真也）

伊予鉄道

「乗り込んで見るとマッチ箱の様な汽車だ」

夏目漱石は1906（明治39）年発表の小説『坊っちゃん』で、松山城下を駆け抜ける伊予鉄道をこう表現している。小さな蒸気機関車が引っ張る列車だ。

蒸気機関車は1954（昭和29）年に廃止された。だが、愛媛県と広島県を結ぶ「瀬戸内しまなみ海道」開通から2年後の2001年に〝復活〟した。深緑色の小さな機関車は、明治時代の機関車を忠実に再現し、乗務員は当時と同様の制服を着用している。レトロな雰囲気でいっぱいの姿をひと目見ただけで、訪れた観光客らは胸を躍らせる。

年間約10万人が利用する「坊っちゃん列車」だが、実は、単体では赤字運行だという。それでも走らせる企業理念とは——。

続けます 安全・安心 あしたのために
伊予鉄道株式会社

本社所在地	愛媛県松山市
主な事業内容	運輸事業
創業年	1887年
売上高	103億4500万円
従業員数	847人

松山の「おもてなし役」

伊予鉄道は1887（明治20）年、旧松山藩士の実業家小林信近氏が創立。翌年、山間地から港に木材を運ぶために松山―三津間の約6・8キロで開業した。市内や郊外の鉄路は、それを基に延びていった。同社は路線バスも運行し、県都の代表的な公共交通機関として発展してきた。だが、市中心部を走る路面電車は近年、ほかの都市の路面電車と同じように、利用者の減少に悩まされてきた。このままでは、地域の「足」がなくなるかもしれない……。危機感を抱いた同社は、さまざまな試みを重ねて利用者の増加に取り組んだ。

路面電車は戦前、輸送力とコストの安さから、全国各地で交通手段として活躍していた。だが、高度経済成長期を迎えて道路整備が進んだ1960年代以降、主役の座はマイカーなどの車に移行。1961年に全国で51事業者が運行していた路面電車は、現在は21事業者まで減少している。

レトロ感満載の「坊っちゃん列車」(伊予鉄道提供)

伊予鉄道も、2000年度の路面電車の利用者は年間約730万人で、ピーク時の1964年度の4割に減った。同社は2001年度から、利用者が激減していたバスなどを含めた運輸事業全体の利用者を増やそうと、サービスの向上策を相次いで打ち出した。

初乗り運賃を170円から150円に値下げした。駅との段差が少なく乗降しやすい「超低床式軌道電車」を導入するなど、お年寄りら交通弱者に優しいバリアフリー化を進めた。接客態度の向上を目指そうと、2002年度から採り入れたモニター制度では、一般利用者にも対象を広げた。こうした積み重ねが奏功し、路面電車の利用者減に歯止めがかかった。

富山市で日本初の本格的な次世代型路面電車（LRT）が導入されるなど、路面電車は環境や交通弱者に優しい乗り物として再び注目を集めている。

2006年にトップに就いた佐伯要社長(65)は「住民が路面電車を愛してくれるからこそ、車と路面電車が共存していくことができている」と述べる。

「安全で良質なサービス・商品を提供し、地域とともに歩み、ともに発展します」。同社は2009年10月、120年余りの歴史を踏まえ、経営理念を明文化した。入社後、線路などの保守担当として安全運行を担ってきた佐伯社長は、鉄道事業者に最も大切な「安全」を冒頭に置いたうえで、公共的な役割を担う企業として「地域」の文言を盛り込んだ。

その地域貢献の代表例が、2001年に復活した新生「坊っちゃん列車」だ。道後温泉や松山城に並ぶ新たな観光資源を求める地元経済界などの協力を得て、復活させた。機関車は低公害型のディーゼル車で、二酸化炭素をほとんど排出しない模擬の白煙によるなど「環境」への配慮を行き届かせた。佐伯社長は「地域の人々の支えがなければ、公共交通は成り立たない。坊っちゃん列車が走る光景は120年前の街並みそのものでしょう。松山の『おもてなし役』を務め続けたい」とその役割を強調する。

（高木真也）

司牡丹酒造

高知市から西へ約25キロ、江戸時代の風情が残る佐川町に司牡丹酒造の社屋はある。

創業は1603（慶長8）年。土佐藩主になった山内家と共に土佐に入り、佐川1万石を治めた首席家老・深尾重良のお抱えの酒屋として酒造りを始めたとされる。司馬遼太郎の小説『竜馬がゆく』にも記述が見える。龍馬が遠来の客に勧める酒として登場している。

《酒は、土佐の佐川郷で吟醸される司牡丹である。土佐人ごのみの辛口で、一升半のんでから口中にやっとほのかな甘味を生じ、いよいよ杯がすすむ》

実際に、龍馬はこの酒を飲んでいたのだろうか。竹村昭彦社長（47）はこんな解説をしてくれた。「司牡丹の前身『黒金屋』を営む竹村家と龍馬の本家『才谷屋』は交流があり、竹村本家に龍馬直筆の手紙も残っています。司牡丹がある佐川町は龍馬の脱藩の道にもあたり、飲んだ可能性は高いのではと思います」

1918（大正7）年、町内の4軒の造り酒屋が合併して今の会社組織になった。「司牡丹」の酒名になったのは翌1919年からだ。同社の酒を愛飲した同町出身の志士・田中光顕《みつあき》

本社所在地
高知県佐川町
主な事業内容
酒造業
創業年
1603年
売上高
非公表
従業員数
38人

伯爵が命名した。

竹村社長の曽祖父・源十郎さんは「中興の祖」とされる。今につながる「品質至上主義」を掲げ、佐川の軟水にあう酒造りの技術を求め、有名酒造地を巡って研究した。広島から優秀な杜氏《とうじ》を招き、酒造りの技を磨いた。「粗悪な酒を造るぐらいなら」と、太平洋戦争中はアイスキャンディーや味噌をつくってしのいだ。

その味は、土佐ならではの淡麗辛口が基本だ。全国新酒鑑評会では1965年から金賞を26回受賞している。2000年に糖類や酸味料を加えた「三倍増醸酒」を全廃し、2005年には「平成蔵」を建てて、最新鋭の機械を入れた。

だが、決して順風満帆ではなかった。「日本酒離れ」の逆風は老舗にも容赦なく襲いかかる。1988年ごろをピークに売り上げは減り続けている。「いつが厳しかったかと聞かれれば、今が一番苦しいのが実感だ」と竹村社長は厳しい表情を見せる。

高知は、NHKの大河ドラマ「龍馬伝」により、龍馬ブームに沸いている。2009年、酒販店に対し「龍馬にちなんだ酒コーナーを設けないか」と呼びかけてみた。竹村社長自身、髪を伸ばし、龍馬のいでたちで全国を営業に回った。銘柄によっては増産にも踏み切った。同年12月下旬から好調の波がやってきた。前年比2割増を記録した。「坂本龍馬と最も縁が深い蔵元」がキャッチフレーズだ。

竹村社長は「売り上げが減る中で増産に転じるのは決断だった」と振り返る。ただ、国内の日本酒離れの流れは変わらないとみる。同社はこれまで、地ビールブームの時も手を出そうとはしなかった。「これまでもこれからも日本酒」という基本線を変える考えはない。

「人生ってええなあ」の酒を

竹村社長は東京のファッション雑貨会社を経て、1990年に入社した。酒業界に足を踏み入れてみて最初に感じたのは、さまざまな免許制度に縛られ、新しいことにチャレンジする意欲が比較的高くないということだった。

2003年、「10年後の司牡丹を考える会」をつくった。2年間、若手社員と酒を飲んで夢を語り合った。竹村社長は「2%の輸出比率を10%にしたい」などと熱く思いを語った。同社は今、アジア担当の社員を置く。理念を記す「ミッションカード」にはこんな未来図も。「世界の酒司牡丹！　世界102カ国、1000万人のファン！」

「世界のSAKEとしてブランドを確立したい。世界中の人が司牡丹と土佐の食文化に親しみ、『人生ってええなあ』と言っていただけるように」。竹村社長以下、社員一同の願いだ。

（前田　智）

竹村昭彦社長（手前中央）と社員のみなさん

第11章
九州・沖縄地区

「手わざ　心をつなぐ」
（カステラ本家福砂屋）

シャボン玉石けん

日本酒を造る杜氏《とうじ》のような作業だ。

北九州市若松区にあるシャボン玉石けんの工場。直径約3メートル、深さ5メートルの大きな釜で、白くねっとりとした液体が煮立つ。国産の牛脂やパーム油、ひまわり油といった天然素材が原料。スコップを持った職人が、密度が均等になるよう時折かき混ぜる。

香りを確かめるだけではない。若手社員は「味見もするんですよ。今日は少し塩辛いなとか、まだ牛臭いねーとか皆で言い合って」と、口に含んでみせた。酸化防止剤や色素、香料などを含まない「無添加」だからだ。

1週間から10日かけて炊き込み、水分を抜くと純白のせっけんになる。油脂に含まれていた保湿成分のグリセリンがせっけんに残り、使用時の肌のツッパリ感が少なくなる。グリセリンを後で添加する大量生産なら5時間で済む工程。手間をかけ、肌へのなじみをよくするのだという。生態系にもなじみやすい。無添加せっけんの排水は、微生物の栄養源となって分解されていく。最終的には魚のエサにもなる。

本社所在地
北九州市若松区
主な事業内容
せっけん製造
創業年
1910年
連結売上高
約62億円
従業員数
93人（グループ全体）

固形せっけんに換算して月約80万個を出荷する。健康志向やエコ意識を追い風に売り上げを伸ばし、無添加の分野では業界トップクラスだ。

卸問屋からの転身

１９１０（明治43）年の創業から２０１０年でちょうど１００年。石炭の出荷港として栄えていた若松市（現若松区）で日用雑貨を売った「森田範次郎商店」は戦後、合成洗剤を主力に卸問屋として成長した。

２代目の森田光徳氏が全事業を無添加せっけんの製造に切り替えたのは１９７４（昭和49）年。きっかけは、機関車を洗う無添加の粉せっけんを旧国鉄から受注したことだ。合成洗剤よりサビが発生しにくいとの理由だった。光徳氏は、無添加せっけんで湿疹が治った経験を信じて「無添加」に突き進む。「人の体や環境にも優しい」と考えた決心だった。

月８千万円あった売上高は78万円と１００分の１に激減。１００人いた従業員は一時、５人まで減った。それでも、無添加せっけんの良さを説く本を出版し、講演活

自社商品に囲まれた森田隼人社長

動を続けると、徐々に顧客が広がった。合成洗剤による水質汚染が社会問題化したことも後押しし、全国から注文が入るようになる。黒字化には18年かかった。

「銀行に行く前には鏡の前で何度も笑顔の練習をするんだ」。融資を受ける銀行で、カラ元気の笑顔をつくり続けた父親の姿を、3代目の森田隼人社長(33)は覚えている。光徳氏が2007年に亡くなると、バトンを受けた隼人氏は全国展開を本格化。東京に営業所を設け、新製品の開発にも力を入れている。年6千億円規模とされる国内のせっけん市場。無添加はその数%どまりとみられているが、隼人氏は「シェアを伸ばす余地は十分ある。韓国、中国など海外の需要も高まる。2014年に売上高100億円をめざす」。いまの1・5倍以上だ。

2009年12月には社内に「感染症対策研究センター」を設置。広島大学などと共同開発し、新型インフルエンザ対策用のハンドソープも発売した。水の使用を抑えるせっけん系の消火剤を全国の消防局に納めたり、海外市場をにらむ大規模な林野火災用の消火剤を開発したり。「人と環境に優しいせっけん製品」の幅を広げている。

シャボン玉石けんのテレビCMには会社のロゴマークにもなっている子どもが登場。「青いお空がほしいのね、飛ばしてごらんシャボン玉」と歌声で呼びかける。35年ほど前に光徳氏が考えたものだ。かつて公害に苦しんだ北九州市で、いち早く人と環境に着目した経営者。その気持ちは、揺らぐことなく受け継がれている。

（福山　崇）

吉田時計店

気がついたら1時間も2時間もたっていた――。北九州市のJR門司駅前の「吉田時計店」に来た客は、しばしば買い物を忘れて店員と話し込んでしまう。

店に入ると高級なカップに入ったコーヒーがお菓子といっしょに出てくる。日本茶や昆布茶も選べる。「まるでカフェでしょう。くつろげますよ」と女性店員が笑う。

腕時計や掛け時計のほか、めがねや指輪などが数万点。店員十数人が客の好みや使い道を聞きながら、いっしょに品定めする。おつりに受け取る千円札は、しわ一つない「ピン札」。気持ちよく帰ってもらうためだ。

店で買って使わなくなった金縁のめがねを持ち込めば、無料で指輪にリフォームしてくれる。「せっかく宝飾品を買っても、つけていく場がない」という声を聞けばホテルでパーティーを企画してしまう。「お客さんの目にはっきりと見えてこそ本物のサービス。創業以来、何をしたら喜んでもらえるかを常に考えてきた」。吉田清春社長(59)は力をこめる。

時計技術を学んだ初代の吉田清一郎氏が1885(明治18)年に佐賀県で店を開いたのが始

YOSHIDA
SINCE 1885

本社所在地
北九州市門司区
主な事業内容
時計・宝石・めがね・補聴器販売
創業年
1885年
売上高
非公表
従業員数
24人

店内で時計に囲まれる吉田清春社長。地元の子どもたちがさまざまな時計を見に店へ来るそうで「みんなに楽しんでもらうため飾っている」

まりだ。やがて門司に移転したが、1945（昭和20）年に戦災で店舗が焼失してしまった。そんな中でも2代目の藤吉氏は修理のため預かっていた時計を客に届けて回った。藤吉氏は、おつりのお札に1枚ずつアイロンをかけていたという逸話が残る。これが「ピン札」を渡す今の店の原点になった。

次の泰清氏に代替わりしたあとも、地元で一番に自動ドアを設置し、店から地域の催しや飲食店の情報を発信した。2001年に店を継いだ4代目の清春氏の中にある「サービス精神」は代々受け継がれてきたものだ。

創業時は時計が品ぞろえの中心だったが、時代に合わせながら商品構成も変わった。今は店の売り上げの6割がめがね、3割が宝石、1割が時計だ。最近は補聴器にも力を入れている。

真のサービスとは

店を取り巻く環境は決して楽ではない。調査会社の矢野経済研究所によると、２００９年の宝飾品市場の規模は９２８３億円で、前年より１割あまり減った。３兆円を超えていたピークの１９９１年と比べると３分の１以下だ。時刻表示機能つきの携帯電話が広まり、腕時計を身につける人も減っている。それでも吉田社長は「『ヨシダらしさ』とは何かを考えて地道なサービスと独自の商品づくりを続ければ必ずお客さんはついてきてくれる」と自信をみせる。

たとえば、丸いレンズの縁をカットする独自のめがねの加工。ダイヤモンドのカットを参考にした手法で、顔が締まって見える効果があるという。店の技術者、陣内博紀さん（48）が編み出したので「陣カット」と呼ばれる。加工してもらうため、遠くから訪れる人もいて売り上げに貢献している。「１００年間企業が続いたので、数年の不況には動じない」と吉田社長。

支える従業員も強力だ。30年近く勤めている規矩《きく》和子さん（55）は「心の余裕がサービスにつながるので、社員同士も仲よくするよう心がける」と話す。子どもの運動会で休みたい人がいれば、すぐにだれかが代わりを買って出る。高い商品が売れたら、接客した店員だけではなく、「お客さんにおいしいコーヒーを出した人」もみんなでほめる。

そんな雰囲気の中で育っているのが吉田社長の長男の清宏くん（13）。５代目を継いで「次の１００年」を担ってくれるのか。吉田社長は大きな期待を抱く。

（竹下隆一郎）

深川製磁

本社所在地
佐賀県有田町
主な事業内容
陶磁器製造販売
創業年
1894年
売上高
15億4800万円
従業員数
148人

古い町並みが残る有田町・皿山通りの近くにタイル張りの本店がある。2階建ての建物も、「日本一の陶磁器店に」という思いをこめて富士山をかたどったステンドグラスも、初代・深川忠次氏が創業した当時のまま。2009年、国の近代化産業遺産群に選ばれた。

店の奥では、この道30年以上の職人が黙々とろくろを回し、熟練の手さばきで成形から素焼きをする。器にうわぐすりを塗ったあと「とんぼ窯」と呼ばれる窯で本焼き。高温で焼ききることで、粘土の組織がまとまって硬い磁器になっていく。

その後、本店から車で10分ほどの「チャイナ・オン・ザ・パーク」にある西有田工場での作業に移る。1品ずつ職人が小筆で絵模様を描く上絵付けを施したうえで、色の定着をよくするために再度低温で焼き、ようやく作品として完成する。

深川製磁の代名詞になっている、透き通るようなスカイブルーの染め付け「フカガワブルー」。その色を出すには、とんぼ窯で通常より高い1350度で焼く。4代目の深川一太さん（62）は「焼く温度を下げた方が生産性は上がるけれども、初代の色ではなくなるから譲れない」と話す。

「世界の商工人たれ」

有田焼の発祥は17世紀初め。豊臣秀吉の朝鮮出兵の際、鍋島藩祖・鍋島直茂が連れ帰った陶工が白磁鉱を発見し、製造が始まったとされる。

明治になると藩の保護がなくなったが、忠次氏はいち早く世界に目を向けた。1900(明治33)年、高さ2メートルを超える大花瓶をパリ万国博覧会に出品した。高い技術を持った職人に命じて3年がかりで完成させたという品は金賞を受賞し、世界の陶磁器愛好家に深川製磁が知られるきっかけになった。その大花瓶は現在、「チャイナ・オン・ザ・パーク」の忠次館に飾ってある。

1910年には宮内省御用達に指定され、皇室に食器類を納めるようになった。軍の指定工場にもなり、日露戦争の日本海海戦を率いた東郷平八郎の艦船や戦艦大和でも深川製の食器が使われていたという。

伝統を守りつつ新しい発想を採り入れる精神の下地は、2代目の深川進氏の妻敏子さんが持ち込んだ。北海道・旭

初代・忠次氏の図案を再現した作品と深川一太社長

川出身で、大正時代に東京で進氏と知り合った。有田に到着した敏子さんはバイオリンを携え、真っ赤なバラを付けた帽子姿。「まるで天使のようだった」と今も語り継がれる。忠次氏の作品にも影響を与え、帽子やバイオリンなどのデザインが採り入れられたという。

「世界の商工人たれ」。代々受け継がれている家訓だ。その教えを守って一太さんは2005年、イタリア・ミラノに常設展示場「ミラノ・スタジオ」を開設。電気スタンドや、ひょうたんをデザイン化した「HISAGO（ヒサゴ）」など新作を出品した。これら「ミラノコレクション」は、今では売り上げ全体の約1割を占めている。

毎年、イタリアで開かれる世界最大規模のデザイン・インテリア見本市に出品する。世界で有田焼がどの位置にあるかを確かめるためだ。ライバルに当たるのはドイツ・マイセンや英国・ウェッジウッドといった有名焼き物メーカー。日本での高い知名度と比べると「世界ではまだまだ」と一太さん。

ブランド名だけでは買ってもらえないからこそ「使ってみたい」と思わせるデザインや手ざわりが欠かせない。

「焼き物の可能性はまだある。そう言えるのは確かな技術力があるからこそ。使うことで心の平穏を持ってもらえる器を作っていきたい」

（上山崎雅泰）

カステラ本家福砂屋

長崎名物の路面電車を山の手の思案橋駅で降り、路地を少し歩けば「カステラ」と大書された長暖簾《のれん》が見えてくる。創業から３８６年になるカステラ本家福砂屋が、明治初期に建て替えた本店だ。瓦屋根に白壁の日本家屋には、輸入れんがタイルも使われ、文明開化の息吹を今に伝える。

カステラは、まさに和魂洋才の菓子だ。宣教師フランシスコ・ザビエルが鹿児島に渡来したのは１５４９（天文18）年。そのころキリスト教や鉄砲と共に、卵や砂糖を使う南蛮菓子も日本にやってきた。その一種であるカステラはスペイン・カスティーリャ王国で生まれ、「カステラ王国のお菓子」と日本に伝わったのが語源になったとされる。

シンプルな仕事に、心をこめる

福砂屋が創業し、南蛮菓子を作り始めたのは、ザビエル来日から半世紀以上後のこと。当初は米や砂糖も商っていたが、３代から本格的に取り組んだ。長崎は江戸時代の鎖国下でも出島

創業寛永元年
長崎 カステラ本家 福砂屋
SINCE 1624

本社所在地
長崎市
主な事業内容
カステラ製造
創業年
1624年
連結売上高
約80億円
従業員数
約850人
（グループ全体）

で貿易が続いたため、舶来の砂糖が豊富で菓子作りが発展した。当初は硬かった菓子に日本らしい繊細な工夫を加え、明治期に水あめを採り入れて、しっとりと柔らかい「カステラ」に育てた。

福砂屋の最大の特長は、創業以来、「手わざ」によるカステラ作りを守っていること。生地の仕込みから焼き上げまで、一人の職人が付きっきりで作る「一人一貫主義」を掲げる。手作りにこだわるのは、カステラは焼き上がりが天候に左右されやすく、生地や焼き加減に日々の微調整がいるからだ。

材料は卵、砂糖、水あめ、小麦粉。全卵をミキサーで混ぜる業者も少なくないが、福砂屋では手割りで黄身と白身に分け、まず白身だけを手作業で泡立てる。例えば湿気が多い日は、普段よりも白身をきめ細かく泡立てないとふっくら焼けないが、その加減は職人の判断だ。職人歴40年の若杉康男・多良見工場長(59)は「大切なのは集中力。温度や湿度まで五感で感じ、心を込めて泡立てる」と話す。

長崎カステラの特徴である、底のザラメにもこだわりがある。ザラメの上に生地を流して焼く業者もあるが、福砂屋は泡立てた白身に黄身やザラメを加えて混ぜ、少し生地に溶け込ませてから自然に底に沈めて風味を高める。焼き上げたカステラはベテラン職人が検品。生地断面の気泡が不十分だと硬くなりやすいため、検品時にふっくらしていても出荷しない。

単に過去のやり方を守るだけで、歴史を刻んできたわけではない。6代は街のにぎわいを求め、本店を創業の地から移した。12代は明治維新の息吹を感じて、商標を中国で幸運の印とされる現在の蝙蝠《こうもり》型に一新した。最近も、包装の形態を少しずつ変えている。

変えないのは、カステラを作る、売るというシンプルな仕事に、心を込める姿勢だ。だからこそ戦後も各社が自動化するのを横目に「手わざ」を続けた。当主は代々、誠実に本業に励むよう口伝されてきたから、バブル経済期に副業で失敗することもなかった。

カステラ本家福砂屋の殿村育生社長

味への自負から、店頭で試食品は出さない。販売員にも製造現場を見せる機会を作り、職人の「手わざ」の心と苦労を理解させることで、接客の際の商品説明の向上につなげている。そして明治から続く名物行事が「卵供養」だ。毎年5月、卵や商売への感謝を込めて地元の寺で読経してもらい、全役員や職人らが手を合わせる。

創業380年を機に、企業理念を整理して「福砂屋のカステラづくりの心」として表した。

手わざ　時をつなぐ　心をつなぐ

「時代を超えて手作りの古法を守りながら、作り手や売り手、お客様、そして贈答でカステラを受け取られた方の心までつないでいければ」。先代の父とともに言葉を考え、2002年に経営を継いだ殿村育生社長（58）が、今は16代当主の重みを担う。

（吉川啓一郎）

栗川商店

「涼」が機械化された現代。味わいある涼風を守る会社がある。栗川商店。熊本県北部の山あいを走る旧街道沿い、山鹿《やまが》市鹿本《かもと》町の来民《くたみ》地区にギャラリーを構える。

離れて住む母へのお祝い。夫婦の言葉を聞いて、4代目の栗川亮一さん（50）は筆を取り出した。うちわの絵の横に「祝傘寿」「松山邦子様」と、その場で書き入れた。

「しなり方が、ほかのうちわと違うんです」と話す夫婦は、数年来愛用するうちわを持参してもいた。縁《へり》の補修でうちわは、りりしさを取り戻した。

栗川さんは、オリジナリティーが商品の付加価値を高めると考えている。誕生祝いの「命名うちわ」や、家紋入りがそうだ。書画を描いた和紙を使って観賞用に、小ぶりの灯明消しは携帯用にと、使い方も提案する。封筒に収まってメッセージカードに使えるうちわもつくりたいという。

「来民渋うちわ」の歴史は、1600年ごろにさかのぼる。四国の産地、丸亀の旅僧が製法をもたらしたと伝えられている。昭和の初めの最盛期には、うちわ屋十数軒が並んだ。商店の販

本社所在地
熊本県山鹿市
主な事業内容
うちわ製造販売
創業年
1889年
売上高
8000万円
従業員数
6人

促品を主力に、2千人ほどの職人が年間600万〜800万本を生産した。だが、扇風機が普及し、クーラーも神器ではなくなっていく。うちわもプラスチック製の工業製品に姿を変え、廃業が相次いだ。

うちわは、職人一人ではつくれない。工程は、骨づくり、和紙の張りつけ、仕上げの柿渋塗りの三つ。幅2センチの竹を繊維に沿って30〜40本に割く「骨師」も、和紙を糊《のり》づけする「張り方」も、熟練の技がいる。販売減に直面しても職人を食わさねばならない。

高く売れる商品をつくるしかない。販促用ではなく贈答用のうちわにしよう——。20年ほど前に後を継いだ栗川さんは、こう考えた。

栗川亮一社長（左）が、すらすらと渋うちわに名前を入れていく。女性客は「いっそう愛着がわくのよねぇ」

若いころは「やんちゃだった」という栗川さんの背中を押したのは、亡くなった父・正一さんだ。「好きにせぇ」。地元の大学を卒業し、長男だからと店を継いだ。だが、職人を雇い、店や会社を切り盛りする青年会議所の仲間と交わるうち、経営の楽しさを知り、責任感も身につけていた。

「時代に合わせつつ、製法は崩さない」

狙いは当たる。柿渋を使った「丈夫で長持ち」が縁起物として受け止められるようになる。1980年代に1本500円だった来民渋うちわの売れ筋は今、千円から2千円だ。年約1万本を生産する。売り方も工夫する。工房の一部をギャラリーに併設し、「張り方」の手業を間近で見られるようにした。はみ出したうちわの紙を刃で切り落とす「型切《なり》り」や、竹を割く「もみおろし」を実演することもある。贈答用だけでなく、自分用にも買ってもらえる。

2006年には豪州のシドニーで開かれたイベント「日本祭り」に参加し、「UCHIWA」をアピールした。米大リーグや英国のテニス・ウィンブルドン選手権でうちわを観戦グッズにできないか、うちわを小道具にしたファッションショーが開けないか。アイデアは尽きない。

ただし、「時代に合わせつつ、製法は崩さない」。8月初旬、青く未熟なうちにもいだ地元の「がら柿」をつぶし、一晩井戸水につける。この柿汁を3~5年発酵させた渋。琥《こ》珀《はく》色に熟成した柿渋は、虫をよせつけず、年々深みのある色になる。竹は、阿蘇外輪山で秋から冬に採る真竹の3年もの。紙は、吉野の和紙と決めている。

「来民渋うちわ」は今、わずかに2軒。新しくても歴史をまとい、古くなるほどに味わいを醸し出す技と素材。しなやかで柔らかな発想が、会社を丈夫に、長持ちにする。（柴田菜々子）

太田旗店

萌黄《もえぎ》色の背景に鮮やかな赤で「第六十九代横綱　白鵬関江」の文字。染め上がったばかりの相撲《すもう》幟《のぼり》を職人が2人がかりで2本の支柱に渡し架けた。幟は縦5・4メートル、幅90センチ。「傾いたり、たるんだりすると染料が動いて微妙に色の濃淡がでる。乾かすにも技術が必要なんですよ」。太田恵三社長（63）は、そう言って頭上を見た。

幟、のれん、はんてん、旗、Tシャツ――。創業144年を迎える太田旗店《はたみせ》は、布への染め付けやプリントを幅広く手がける。幟だけでも年75万本生産し、外部への生産委託を含めると年110万本受注する。

染色の拠点は大分市内を流れる大分川河口付近の工業地帯に2カ所。一つはデジタル画像をそのまま生地に転写する大型インクジェットプリンターを備えた量産型の工場で、もう一つは職人の手による刷毛《はけ》染めのアトリエだ。

アトリエを訪ねた4月中旬は、大相撲5月場所を前に相撲幟の染め付けに追われていた。

刷毛染めは、絵柄から彫り抜いた型紙を生地にあて、染料が生地につくのを防ぐのり（防染

1866

本社所在地
大分市
主な事業内容
旗幟製造販売
創業年
1866年
売上高
約20億円
従業員数
約170人

アトリエに立つ太田恵三社長。染め上がったばかりの相撲幟が干されていた

のり）を置いて一色一色、刷毛で色づけしていく。壁には大小百数十本の刷毛が並び、室内は余分な染料を熱湯で洗い落とす洗浄機の湯気で蒸していた。

「のりの固まり方や染料の発色は気温や湿度にも左右される」と太田社長。デザインから縫製まで、専門の職人は約120人おり、それぞれの適性に合わせ、技が引き継がれていく。

太田旗店は、太田社長の曽祖父が大分市郊外に染工場として興した。仕事は近くの神社や寺の幟やはんてんづくりが中心。1935（昭和10）年に市中心部に移ったが、戦後しばらくは「家族と職人合わせて10人足らずの家内制手工業だった」と太田社長は振り返る。

「即答でノーはない」

転機は1970年代。太田さんの兄で当時社長だった光則さん（67）が全国でも珍しい両面スクリーン印刷の技術を確立。社員は試作の幟を手に福岡や熊本の旗屋に売り込んだ。スクリーン印刷は、型彫りした紙を張った薄い織物を重ねて、上からインクを刷りつけていく。大量生産向きだが、インクが生地に浸透しないため、片面刷りしかできないのが「欠点」だった。

また、同じころトロフィーや優勝カップなど景品の販売を始め、これも大当たり。「優勝旗とトロフィーはたいていセット」という当時営業担当だった太田社長の発想だった。折よく到来したボウリングやゴルフのブームに乗って売り上げを伸ばし、経営拡大に舵《かじ》を切った。

1990年に福岡、1994年に東京に支社を構えた。だが、競争の激しい東京で初めの3カ月間は受注ゼロ。好転するきっかけの一つは、偶然の出来事だった。

東京進出から1年ほどたち、国技館で開かれる有名演歌歌手の公演の幟を100本受注、納品した。うち十数本の色の出方が不十分だった。公演目前に発注者から指摘を受け、代わりの品を2日で納めた。「その時のやりとりを国技館が見てくれていたのかもしれない」と太田社長。その後、日本相撲協会から注文や紹介を受けるようになった。

金融危機の影響で2008年11月には売り上げが前年の7割まで落ち込んだが、すぐに持ち直して2008年の年間売り上げは前年並みを確保。その後も横ばいを維持している。「うちは商品の8割以上が注文生産。これからはお客さんのニーズを社員がどれだけくみ取れるかが大切」。単価が下がり続けるデフレに危機感は強いが、それを補うように仕事はむしろ増えている。「考えていたよりパイは広く、大きいのかもしれない」

（阿部彰芳）

京屋酒造

空にのびる赤れんがの煙突。蒸留用などに大正時代から使い込んだボイラー。床に埋められた約70個の甕《かめ》。宮崎県日南市の京屋酒造の蔵は、テレビ局がドラマのロケ地として何度も使ってきた風景でもある。ここで、容量800〜900リットルの甕を使って、杜氏《とうじ》を中心にした昔ながらの手仕事が続く。

まず、蒸し上げた米と酵母、水を混ぜ、約1週間寝かせて「一次もろみ」をつくる。主原料のイモなどを合わせて、さらに10日ほど発酵させる。ブクブクと沸き立つ「二次もろみ」を蒸留し、冷ましたものが原酒となる。

甕の底にある丸みは、発酵に伴う熱で起きる内部の対流を手助けする。温度調整をしなくても、人の手で時々かき混ぜるだけでいい。非効率ともいえる甕を使い続けるのは、自然な発酵にこだわるからだ。甕によって、味は微妙な違いが出る。6代目の渡辺真一郎社長（62）は「混ぜ合わせることで味に深みが出るのではないか」と考えている。

原料はすべて国産。一部は、関連会社の農場での無農薬栽培だ。約11ヘクタールの農場にカ

本社所在地
宮崎県日南市
主な事業内容
焼酎製造
創業年
1834年
売上高
約11億円
従業員数
約65人

メラを置き、芋畑などの様子をホームページで24時間公開している。気温、湿度、風速、鳥のさえずりや虫の音。焼酎をはぐくむ日南の気候や風土を伝える。

渡辺社長は、伝統の仕込みの技を守り、風土を生かしながら、新しい試みを次々に混ぜ合わせていく。1995年に発売した主力の「甕雫《かめしずく》」。先代が試していた地元のイモ「紅寿」が主原料だ。イモの皮をすべて手作業でむくことで、芋焼酎らしからぬ香りとまろやかさを引き出したという。焼酎ブームも手伝って、定価の倍以上で売られることもあるほどだ。

焼酎を仕込む甕に囲まれる渡辺真一郎社長

何を残し、何を変えるか

東京での銀行勤めを1976（昭和51）年に辞めて家業に専念。営業に出向いた小売店に「(味の選択肢の少ない焼酎には) 説明して販売するおもしろさがない」と指摘された。

1993年に経営を引き継ぎ、原料のイモを3種類に増やした。こうじは白黒の2種類、蒸留温度も低温と高温を用いる。味の幅を広げるためだ。すべての消費者を満足させる風味をつくるのは難しい。ならば、料理に合わせた焼酎をつくれないか。例えば、白身魚の刺し身や煮物、焼き肉にピザ――。「食中酒」へのこだわりで、商品は70種類以上になった。

販路の拡大でも、守るものと新たに採り入れるものとを見分ける。

「数カ月待ってもらっても必ず届ける」ため、インターネット経由での予約販売を顧客やファン向けに実施する。ただし、渡辺社長は「(取引先の)小売店に在庫があれば、(送料がかからない分だけ)そちらで購入していただいた方が安い」と強調する。世話になってきた小売店と共存共栄したいのだという。価格について交渉できないディスカウントストアなどとは取引しない。県外に出す場合は、卸会社を使わない方針も貫いている。

２００３年からは本格的に海外での販売に取り組む。「フランス料理の世界で認められたら、マーケットが倍に広がる」と考えている。

日南市は江戸時代、特産の海産物やスギ材を大坂方面に運び、乾物などを持ち込む貿易港として栄えた。京屋酒造の名は、もともと京都の商家だった名残だ。はっきりしたことは分からないが、何かのきっかけで焼酎づくりを始めて１７０年余り。会社は少しずつ変わっていく。渡辺社長は「伝統を守りつつ、そこからはみ出さないと、いずれ企業は消滅してしまう。何を残して、何を変えていくかが経営者のセンスなんだろうな」と話す。

(中島　健)

セイカ食品

本社所在地	鹿児島市
主な事業内容	食品製造卸
創業年	1903年
売上高	約230億円
従業員数	約540人

誰もが一度は口にしたことのある鹿児島生まれの名菓「ボンタンアメ」。誕生から80年余たつが、郷愁を誘うパッケージも味わいも、発売当時からほとんど変わらない。

鹿児島市中心部からほど近い市街地にある唐湊《とそ》工場は、ボンタンアメやアイスクリームなどの自社商品を原料加工から一貫生産する同社の中心拠点。ボンタンアメは1日平均約7万個が生産され、全国各地へと出荷される。ボンタンアメの主原料は、もち米と水あめ、砂糖、麦芽糖。独特の食感が特徴のオブラートはでんぷんだ。

「材料はありふれたものばかり。でも癖がなく、とんがっていない味が、時代を重ねても食べてもらえる理由の一つなんでしょうね」と、4代目の玉川浩一郎社長(44)は言う。

変わらぬ味を提供し続けるのは並大抵のことではない。生産現場では、原料選びから製造技術の改善まで、たゆまぬ努力と工夫が見え隠れする。

もち米は、佐賀、熊本産の「ヒヨクモチ」という品種を発売当時から使用。もち粉を練る蒸気釜は30基。釜ごとに異なる癖を見分けながら、熟練スタッフが煮詰まりの状況を絶えず確認

「ボンタンアメ」を手にする玉川浩一郎社長

する。加えるボンタン（ブンタン）の果汁は鹿児島・いちき串木野産で、皮から抽出したエキスは鹿児島・阿久根産。同じボンタンでも使う部位により産地を変えるこだわりぶりだ。

温度変化に敏感なアメの特性に合わせ「夏は硬め、冬は軟らかめ」に仕上げるなど、年間を通じて品質が一定になるよう、食感にも気を使う。安全面への配慮からパッケージをあえて開けにくくする工夫も見える。わずか1箱100円のお菓子だが、作り手の知恵と情熱が凝縮されている。

ピークを作らない

前身は1903（明治36）年に創業した菓子問屋の松浦屋商店。法人化後、鹿児島菓子に改称し、1926（大正15）年にボンタンアメを発売した。鹿児島菓子の初代社長が、水あめで作った朝鮮あめを工場の仲間がハサミで切って遊んでいる光景をヒントにして商品化した。

色鮮やかなボンタンが三つ描かれた南国らしいパッケージのデザインや素朴な味わいが受け、人気がじわじわと広がった。戦争による一時休業や工場の焼失などの苦難を乗り越え、194

7（昭和22）年に菓子製造を再開。10年後にはアイスクリーム事業に参入し、鹿児島名物の氷菓子「南国白くま」をヒットさせた。

会社の代名詞ともいえるボンタンアメだが、売り上げは年間10億円ほど。アイスクリームも20億円程度にとどまる。売り上げの大部分を支えているのが菓子・アイスクリームなどの卸業だ。自社を含め、扱う商品は約3千アイテム。商売を通じて見えた、さまざまなメーカーの成功や失敗例が生きた教材になっている。玉川社長は「メーカーとしては小さいほう。だが、卸業の顔を持つことで全国の卸業者とのネットワークがある。直接商談できるのが強み」。

もう一つの秘訣は、ピークを作らないこと。食にはサイクルがあり、嗜好《しこう》品であるお菓子は食べなくても済む代物。だからこそ、食のローテーションの一つにボンタンアメを加えてもらえるよう、忘れられない程度に店頭の目立つ位置に置いてもらうなど、控えめにPRし続ける。

この販売手法を、玉川社長は「サザエさん戦略」と呼ぶ。「たまにテレビをつけると、サザエさんが流れていて『まだやっているのか』と思うのと同時に、不思議な安心感があるでしょう。振り返るといつもあるさりげなさ。それが、ボンタンアメが目指すポジション」

ボンタンアメに安住した企業体質から脱皮しようと、自社が持つ技術ノウハウや強みなど、会社の底力を探る試みを始めた。

「伝統やブランドの重みを糧に、どんな新しい価値提供ができるか。出しゃばらず、でも長く愛される商品を世に送り出したい」

（安斎耕一）

大城織物工場

井げたや十字の文様が浮かぶ織物、琉球絣《かすり》。東南アジアに広まっていたものが14～15世紀ごろ伝わり、沖縄の伝統工芸品として人気を集めてきた。

琉球絣の特徴は柄の入れ方にある。織り糸の一部を別の糸でくくって染液に浸すと、くくった場所には色がつかず、柄になる。柄は約600種類あるとされ、星のように点が並んでいれば「群星」、翼を広げて羽ばたく形なら「鳥」と名前がついている。

沖縄県南風原町《はえばるちょう》は琉球絣に携わる人が約150人集まる産地だ。糸をくくるほかに染色、製織など、さまざまな工程を職人が分業制で担う。自宅で作業する人もいて、耳をすませるとカタン、カタンと機織りの音が聞こえることも。柄がそろうよう慎重に織るため、1反（約12メートル）を完成させるのに数カ月かかることもある。

「手を抜かずにいいものをつくりなさい」

創業1879（明治12）年の大城《おおしろ》織物工場は糸に色をつけてそろえるまでを手がける。約43

本社所在地	沖縄県南風原町
主な事業内容	琉球絣製造販売
創業年	1879年
売上高	約1500万円
従業員数	2人

平方メートルのプレハブ工場の庭で、代表の大城哲《さとる》さん(47)が草木染を実演してくれた。ミカン科の植物ゲッキツの葉と枝を煮出した染液を鍋に入れてコンロにかける。絹糸を垂らして、色が染まりやすい70度まで温度を上げる。まんべんなく色がつくよう糸をくぐらせながら、立ちっぱなしで約2時間。鍋から糸を引き揚げた。

ゲッキツを煮出した染液に、パイプにつるした糸を浸す大城哲さん。色むらが出ないよう作業はつきっきりだ

「やっぱりいいね、草木は色がやさしいよ」

戦禍に見舞われ、機織り機や一切の道具を失った大城織物工場は、戦後すぐに生産を再開。1965年ごろには百貨店に納めるまでになった。隆盛を支えたのは大城さんの祖母・カメさん。独自の柄を多く生み出し「現代の名工」に選ばれた。街で気になる着物を見かけると近寄っていき、覚えるまで見つめたほど研究熱心だったという。

カメさんの琉球絣は人気を呼び、大城さんの父・清栄さんが県外の販路を開拓した。県内でも那覇市中心部の国際通りに直営店「おおき屋」を出した。バブル期には年間売上高が約3億円。従業員十数人を抱えていた。染めた糸は社外の織り子に外注して織り上げていたが、一時は人手が足らず、離島の織り子に頼んでいた時期もあった。

大城さんは千葉県の大学卒業後、製薬会社に勤めたが、清栄さんが急死したため、3年で帰郷した。1991年からは技術を身につけるため県工芸指導所（現工芸技術支援センター）に通い、あとは職人に学んだ。

大城さんの作品は国内最大の公募工芸展、日本伝統工芸展でたびたび入選。2007年には西部工芸展（日本工芸会など主催）で最優秀の朝日新聞社大賞を受けた。2000年のサミット開催や翌年放映されたNHK朝の連続テレビ小説「ちゅらさん」などで沖縄に注目が集まり、生産も好調だった。しかし、一部の呉服販売業者が消費者と強引に契約を結ぶ手法が問題視され、2005年ごろから売り上げが激減。さらに金融危機が追い打ちをかけた。

琉球絣事業協同組合によると、05年度に9745反あった絣の生産は09年度には2970反まで落ち込んだ。大城織物工場も2008年には、いったん工場をたたみ、約1割の規模に縮小して再出発した。経営が厳しくても国際通りの「おおき屋」は残した。消費者の生の声を聞きたいからだ。問屋経由では「安い商品」を求められることが多く、技術が過小評価されている気がして悩んでいた。自然な色を好む声に後押しされて草木染に心血を注ぐ。

産地では後継者不足も深刻だ。「このままでは受け継いできた技術も途絶えてしまう。琉球絣のイメージを変え、若者を引きつける製品をつくりたい」と大城さんは話す。祖母・カメさんの「手を抜かずにいいものをつくりなさい」という言葉を胸に、産地の再興を目指す。

（末崎　毅）

終章

老舗は何を伝えてきたか

老舗のイメージと現実

創業・設立100年以上の老舗企業は、全国に2万1009社ある（帝国データバンク調べ、2010年10月現在〈非営利法人は除く〉）。もちろん、実際は、もっと多いと考えられる。創業時期が漠然としていたり、たとえいつごろの創業か定かでなくても、後々に文献が出てきて創業時期が判明したりすることが多いからだ。

都道府県別に見ると、企業全体のうち、老舗企業の比率が最も高いのは京都府の3・72％、以下、島根県（3・52％）、山形県（3・39％）、新潟県（3・38％）、滋賀県（3・14％）、福井県（3・07％）と続く。古くから都として栄え、第2次世界大戦時に大きな戦災を免れた京都府には、想像通り老舗企業が多い。また、寺社のバックアップがあり、「和」の伝統工芸を守り育てる土壌があることも、老舗企業の存続にはプラスに作用している。

島根県、山形県、新潟県、福井県などの日本海側に老舗企業が多いのは、江戸時代に北前船の寄港地となっていたり、城下町として栄えていた町があることが大きい。

また、燕《つばめ》・三条（新潟県）の金物・洋食器産業や、鯖江《さばえ》（福井県）の眼鏡産業などの地場産業もすでに100年以上の歴史を持っている。農家が冬場も安定した収入を得るための副業として、燕・三条では江戸時代から和釘《わくぎ》が、鯖江では明治時代から眼鏡枠が作られてきたからだ。

老舗を地図上にプロットしていくと、それらは宿場町や門前町、港町の街道沿いなどに集中する。人々が集うところに商いが生まれ、そのいくつかは何百年を経て今も時を重ねている。

しかし、歴史の教科書にはあまり出てこないし、戦国武将のようなヒーローも登場しない。普通に暮らす人々の、ひたむきな日々の営みの集積である。

少年のころから丁稚として働いて、やがて家庭を持ち、一生懸命働いたごほうびとして自分の店を持たせてもらう。あるいは、ベンチャー精神にあふれた青年が新しい事業を興す。そしてその子どもたちがやがて店を継ぎ、時代の荒波にもまれながらも工夫や決断を重ねて事業を大きくしていく。人間の命には限りがあるけれど、企業を媒体にして、人々の情熱が脈々とつながっているのだ。

こうやって見ると、老舗に対して愛おしさも湧いてくるのではないだろうか。

■都道府県別老舗企業数と比率

順位	都道府県名	社数	比率(%)
1	京都府	949	3.72
2	島根県	280	3.52
3	山形県	446	3.39
4	新潟県	984	3.38
5	滋賀県	374	3.14
6	福井県	401	3.07
7	長野県	686	2.97
8	三重県	485	2.75
9	富山県	367	2.63
10	福島県	523	2.58
11	鳥取県	157	2.51
12	石川県	343	2.50
13	香川県	285	2.45
14	奈良県	264	2.41
15	熊本県	278	2.30
16	徳島県	190	2.29
17	秋田県	255	2.28
18	佐賀県	219	2.25
19	岩手県	278	2.22
20	和歌山県	245	2.19
21	岡山県	451	2.17
22	長崎県	242	1.98
23	山口県	268	1.93
24	静岡県	730	1.90
24	山梨県	232	1.90
26	茨城県	472	1.88
27	岐阜県	387	1.87
28	兵庫県	780	1.83
29	栃木県	332	1.81
30	愛媛県	267	1.78
31	宮城県	368	1.76
32	高知県	145	1.74
33	愛知県	1,068	1.55
34	広島県	501	1.54
35	群馬県	353	1.51
36	青森県	194	1.33
37	千葉県	532	1.24
37	大分県	201	1.24
39	大阪府	1,059	1.20
40	福岡県	518	1.17
41	埼玉県	607	1.12
42	東京都	1,863	1.01
43	北海道	598	0.96
44	鹿児島県	127	0.94
45	神奈川県	584	0.91
46	宮崎県	111	0.85
47	沖縄県	10	0.08
	総　計	21,009	1.66

（非営利法人は除く）

■老舗企業として大事なことを漢字一文字で表すと？

順位	漢字	社数
1	信	197
2	誠	68
3	継	31
4	心	28
5	真	24
6	和	23
7	変	22
7	新	22
9	忍	19
10	質	18

帝国データバンク史料館では2008年3月、全国の老舗企業4千社に対してアンケートを実施した。

そのなかの、「老舗として大事なこと、重要視すべきことを漢字一文字で表すとどのような字になると思うか」という問いに対して、圧倒的な支持を集めた文字が信用、信頼の「**信**」。2位以下は「**誠**」、「**継**」、「**心**」、「**真**」と続いた。これらの文字からは、長い時間をかけてお客様や取引先、地域、そして社内で信頼関係を築き、真心をこめた商いを継続してきたこと。そんな老舗の基盤を形づくる想いが伝わってくる。

しかし、その一方で重要視すべきこととして、「**変**」、「**新**」といった、一見すると老舗らしくない文字も上位に並ぶ。

ここに老舗の神髄があると言えるだろう。

「うちは老舗といわれるけれど、いつも『変』わり続けて、『新』しいことをやってこなくては、ここまで続いていられないですよ」と老舗の社長は口をそろえて語る。老舗といえば、どんなことがあっても古いのれんを守りぬくイメージを持ってしまいがちだが、実際の姿は違う。

老舗ののれんは「信用」という裏打ちがされているものの、メンテナンスをしないとやがてボロボロになっていくからだ。

先ほど、京都の老舗の比率の高さについてふれた。

京都の老舗というと、祇園や四条河原町、西陣などにある仏具や和装関係、食品、陶磁器、伝統工芸品などの店が思い浮かぶが、それだけではない。写真館の経営から、その写真製版技術をベースにして電子回路基板の製造を始めた企業、仏具や屏風《びょうぶ》に使われる金銀の箔粉を作っていたところから、自動車や電子機器に使われる金属箔に分野を広げた企業、呉服取り扱いから織物メーカーとなり、そして自動車や飛行機の内装材メーカーとなった企業など、時代の先端を走っている企業も多い。

創業時から取り扱ってきた素材が先端技術に使われるように、長い時間をかけてその素材とつきあってきたことが、素材に関して新しい着眼点をもたらして、ビジネスで優位に働くこともある。そこには確かに「運」も作用しているのだろうが、いずれにしろ偶然をつかまえる力がなければ企業は前に進んでいくことができない。

老舗企業は地域の名士であり、穏やかな時間が流れているイメージもあるがこれも大違いで、むしろここまでの時間は挑戦の積み重ねといえるだろう。

老舗であり続けるための選択

業種別に見ると、老舗企業の率が高い業種がいくつか浮かび上がってくる。

老舗企業の率が高い業種ベスト10のなかには、清酒、醬油、味噌、蒸留酒・混成酒と、日本に古くから伝わる発酵技術をもとにした醸造関係の業種が多い。清酒はおよそ1300年前、

■業種別老舗企業数と比率

順位	業種名	社数	総数	率（%）
1	清酒製造	665	1,083	61.40
2	和たる製造	5	12	41.67
3	陶管製造	4	10	40.00
4	しょうゆ等の製造	143	366	39.07
5	みそ製造	99	260	38.08
6	蒸留酒・混成酒などの製造	105	278	37.77
7	麻織物製造	4	12	33.33
7	花火等煙火製造	16	48	33.33
9	ぶどう糖・水あめ・でんぷん等糖類製造	9	30	30.00
10	百貨店	30	105	28.57

醤油はおよそ８００年前には日本にあったと伝えられている。

醤油は保存がきき、樽などによる輸送が簡単なこともあって、江戸時代には千葉県や愛知県、兵庫県などの産地から、需要が多い江戸などに船で運ばれるようになる。キッコーマンやヤマサ醤油、ヒゲタ醤油などは、いずれも江戸初期から千葉県で手広く醸造を行っていた老舗である。

圧倒的に老舗企業の率が高いのは清酒製造で、10社のうち6社以上が１００年以上の歴史を持っている計算だ。

清酒は長い間飲み継がれてきたが、１９９０年代後半から飲まれる量が急減している。焼酎の全国的な普及や、飲酒運転の厳罰化、さらに若者の飲酒離れなど清酒に対する逆風は強く、事業をたたむ蔵元も少なくない。

清酒製造は免許制度などによって保護されてきたために、いつの間にか危機感が薄れてしまい、需要の減少に歯止めをかけられなかったことも事実だ。しかし、そのなかでもブランド力の向上や輸出の拡大を図って着実に前進する蔵元もある。新たなチャレンジを続ける企業と、そうでない企業の二極化が現れてきている。

小売りのなかで「老舗」のイメージが強い百貨店。ここにも容赦ない再編の嵐が吹き荒れる。1673（延宝元）年創業の三越と、1886（明治19）年創業の伊勢丹は、2008年に経営統合して三越伊勢丹ホールディングスを設立した。この持ち株会社のもとで、1872（明治5）年創業で、2009年に民事再生法を申請した北海道の百貨店、丸井今井（現・札幌丸井今井）を支援しているほか、1754（宝暦4）年創業の福岡県の岩田屋と福岡三越も、2010年10月に合併して岩田屋三越となった。

また、1717（享保2）年創業の大丸と1611（慶長16）年創業の松坂屋も2010年に合併して、大丸松坂屋百貨店となった。百貨店の市場が縮小するなかで、環境に合わせて変化し、老舗企業が生き残るための選択も年々シビアなものになっている。

企業の再編や合併というと、これまでは1＋1が2以上になるような相乗効果を求めるものが多かったが、昨今の合併は、市場が縮小することを前提としたうえで、1と1を足して2に満たなくても仕方がないという、縮み志向の再編へと変化してきている。百貨店の再編もそのパターンだ。

老舗同士が合併すると、これまで築いてきた仕事のやり方も、いつの間にか溜《た》まった澱《おり》も、少しずつかき混ぜられて新しいものになっていく。さて、これからどのような社風が作り上げられていくだろうか。

社会に必要とされるものを作り続ける

今から約100年前の明治40年代には、日本各地で鉄道や造船業、重工業が産声をあげた。ちょうど、社会のインフラが盛んに整備されていた時期といえるだろう。

日露戦争後に各地で電気鉄道の敷設が計画され、1910（明治43）年には近畿日本鉄道（当時は奈良軌道）が創業、また、それより以前の1907（明治40）年に設立していた阪急電鉄（当時は箕面有馬電気軌道）が、梅田―宝塚間と石橋―箕面間を開業している。

また、鋼船エンジン製造の赤阪鐵工所（東京都）やマキタ（香川県）は1910（明治43）年創業、造船業の名村造船所（当時は名村造船鉄工所）やサノヤス・ヒシノ明昌（当時は佐野安造船所）（いずれも大阪府）はそろって1911（明治44）年創業で、2011年に創業100年を迎える。当時は大陸へと視野が開けただけでなく、漁船などにも焼玉エンジンが搭載されるようになり、物流のスピードアップが図られた時期である。

1907年にはダイハツ（当時は発動機製造）が内燃機関を、1909年にはスズキ（当時は鈴木式織機製作所）が織機を、住友ゴム工業が自転車や人力車のタイヤを、1910年には日立製作所がモーターを、それぞれ作り始めている。彼らは当時のベンチャー企業。**「きっと、この機械が社会の役に立つ」という創業者の信念が、100年の時を経て、現代もインフラを支えているのだ。**

時代が変化する時期には追い風が吹き、このようにたくさんのベンチャー企業が生まれる。

その一方で、第2次世界大戦や多くの災害、恐慌など、停滞を余儀なくされる時期もやってくる。リーマン・ショックも、やがてその一つに数えられるだろう。

子どものころいつも通っていた懐かしい商店街。当たり前のようにそこにあった店が、いつの間にか店を畳んでいることが最近増えてきた。ことに最近は商店街の空洞化が問題となっており、21世紀に入ってからのこの10年あまりで、老舗企業のほぼ10社に1社が店を畳んでいるという。元気な老舗企業がある一方で、もう余力を残していない老舗企業がいくつも存在することも事実だ。ときどき、有名な老舗の倒産がマスコミをにぎわせるが、その陰でひっそりと歴史を終える百年企業が多いことも忘れてはならない。各地に伝わる伝統工芸品などでは、後継者不足が喫緊の課題になっている。

創業から100年経つと、オーナー企業の多くでは3代目か4代目が中心になって動いている。創業社長は勢いに任せて事業拡大に突き進んでもよいが、その後、どのような安定軌道に乗せていくべきか。自分の寿命を超えて企業を存続させて、取引先と従業員、地域にいつでも喜んでもらえるような「三方よし」の企業であり続けるために、どれだけ基盤を整えておく必要があるか。100年後には「老舗企業」となるかもしれない現在のベンチャー企業の若い経営者も、事業の将来や事業承継のやり方についてはなるべく早くから考えておいた方がよいだろう。

「株式を上場すると、株主などステークホルダーへの利益の還元が命題になり、成長が義務づけられてしまう。それよりは小粒でもいいから堅実にいきたい。100年後もきちんとした企業で社会に必要とされ、社員みんなが笑顔で働けるのであれば、企業の大きさにはこだわらない」と語る老舗の経営者は多い。

しかし、**どんな老舗でも時代に合わせて変化はしていかなければいけない。老舗の味は「懐かしい」だけでなく、「これからも食べたい」ものでなければならないのだ。**

帝国データバンク産業調査部　寿恵村峰子

初出　朝日新聞地域面連載「百年企業」（２０１０年3月〜）
肩書、年齢等は取材時のままとしました。売上高はとくに
記載のない場合、２００9年度（２０１０年3月期）です。

写真　朝日新聞社

日本《にっぽん》の百年《ひゃくねん》企業《きぎょう》

2011年1月30日　第1刷発行

編　者　朝日新聞
発行者　岩田一平
発行所　朝日新聞出版
〒104-8011　東京都中央区築地5-3-2
電話　03-5540-7772（編集）
03-5540-7793（販売）
印刷製本　凸版印刷株式会社

Published in Japan by Asahi Shimbun Publications Inc.
ISBN 978-4-02-330879-4
定価はカバーに表示してあります。
落丁・乱丁の場合は弊社業務部（電話03-5540-7800）へご連絡ください。
送料弊社負担にてお取り替えいたします。

朝日新書

百年続く企業の条件
老舗は変化を恐れない

帝国データバンク
史料館・産業調査部 編

日本は百年以上存続する企業が2万弱もある世界に冠たる老舗大国。その強さの秘密を、企業調査のプロが財務、歴史、社訓など、あらゆる角度から徹底分析。恐慌、災害、戦災を生き抜き優良企業となる条件を豊富なデータと取材で明らかにする。

社名・商品名検定
キミの名は

朝日新聞
be編集グループ

よく耳にする会社名、愛用している商品。なのに意外と知られていない名前の由来二一〇を公開。クロネコヤマトのモチーフは三毛猫⁉ 天ぷら「ハゲ天」は創業者が××だから⁉ 朝日新聞土曜「be」連載「キミの名は」をベースに難問・怪問を加えた検定本。

ゴーン道場

カルロス・ゴーン

愛妻家で、四人の子のよき父親でもある日産自動車のカルロス・ゴーン社長が、企業にも家庭にも通じる「人育ての奥義」を披露。共感する力が人を育て、自分も育ち、やる気がわいてくる！ 成功も失敗も知る、ゴーン流人生哲学が満載。

逆境を生き抜く 名経営者、先哲の箴言

北尾吉孝

バブルに浮かれ不況に凹んだ日本にとって、松下幸之助など名経営者の知恵や、孔子、孫子、ヘーゲルなど先哲の思想に学ぶべきことは多い。多くの名経営者の謦咳に接し、古今の思想にも明るい著者が語る、歴史から学ぶ「不変の原則」。

負けてたまるか！
若者のための仕事論

丹羽宇一郎

仕事は人生の喜びを深くする。ただし、その喜びは、努力を重ねた先でしか味わえない。まずはアリのように泥にまみれて働け！ 伊藤忠の丹羽宇一郎が20代、30代の若手に向けて語る「仕事論」。仕事の迷い、焦り、不満が消えていく一冊。